양송시兩宋詩 여행

최 금 옥

서울대학교 중어중문학과 학사 (영어영문학 부전공)
서울대학교 중어중문학과 석사 〈漢代 樂府詩의 句法 연구〉
서울대학교 중어중문학과 박사 〈陳師道詩 연구〉
전 동해대학 전임강사
현 서울대, 한양대, 방송통신대 강사

저서 《中國詩와 詩人》(공저)
《중국의 문학과 언어》(공저)
《中國詩와 詩論》(공저)
수필집 《요리사와 天下之士》(공저)

양송시兩宋詩 **여행**

최금옥 역해

초판 1쇄 인쇄 2007년 09월 15일 | **초판 1쇄 발행** 2007년 09월 20일
발행인 김종량 | **발행처** 한양대학교출판부
주소 133-791 서울 성동구 행당동 17번지
전화 02)2220-1432~4 | **팩스** 02)2220-1435
홈페이지 www.press.hanyang.ac.kr | **전자우편** presshy@hanyang.ac.kr
출판등록 제4-7호(1972년 2월 29일) | **인쇄처** (주)한컴애드

값 14,000원

ISBN 978-89-7218-325-9 93820

양송시兩宋詩 여행

최 금 옥 역해

한양대학교 출판부

최금옥 박사가 엮은 《양송시兩宋詩 여행》은 81명의 송대宋代 시인의 시 240수首를 우리말로 생동하게 옮긴 뒤 친절하고도 상세하게 해설을 붙인 최초의 시집이라서 그 가치는 무궁하다. 다양한 맛을 제공하는 송시宋詩는 송인宋人의 정서情緖를 바탕으로 생의 의미를 다각적이고도 밀도 높게 추적하였기에 인터넷 시대를 살고 있는 독자에게 생의 소중함을 일깨우는 동시에 많은 위로를 제공할 것이다.

송인宋人은 당시唐詩를 새롭게 변모시켜 신천지를 개척하려고 송시宋詩에 재주를 끌어들이고 의론議論을 출현시키는 특성을 보였기에 당시와는 구별되는 독특한 맛을 창조하였다. 때문에 독자는 송시가 당시에 결코 뒤질 수 없다는 결론에 도달하게 될 것이다.

최 교수는 송시를 전공한 학자로 송시 전반에 대한 이해가 깊고도 넓을 뿐 아니라 송시에 접근하는 방식도 새롭다. 따라서 독자는 최 교수가 안내하는 송시로의 여행에 매료되어 고전이 주는 즐거움을 풍성하게 얻게 될 것이다. 특히 21세기를 맞이하여 다양함을 추구하면서 새로운 가치관을 확립해야할 독자에게 송시는 참된 삶의 모습을 진솔하게 보여주면서 가치 있는 삶의 실체를 선명하게 제시할 것이다. 필자가 이 여행 가이드를 엮는데 드린 노고에 새삼 경의敬意를 표하며 많은 독자들이 이 여행에 동참할 것을 확신한다.

이 종 진

이화여대 교수, 중국어문학회 명예회장

분단의 시 / 양송시兩宋詩 여행

중국시문학사에서 당시와 송시는 흔히 대조되는 특성이 뚜렷한 것으로 평가된다. 그것은 시대배경의 다름에 따라 각기 다른 성격의 시를 배출했기 때문이다. 송시는 또한 중원 땅을 보존하였던 북송대와 금나라에 밀려 양자강 이남을 중심으로 존속하였던 남송대로 구분되어 북송시와 남송시간에도 차이가 있게 되었다. 따라서 송시를 이해하는데 있어서 당시와의 대조적 특성의 각도에서만 아니라 북송시와 남송시라는 송시 자체 내의 특수성에 근거한 이해가 필요하다. 그러한 취지에서 송시를 선록한 책에 흔히 쓰이지 않은 '양송시兩宋詩'라는 표제를 택해 보았다.

송대에는 운문으로 시외에 사詞라는 서정성이 강한 문학 형식이 발달하여 중국문학의 큰 흐름을 논할 때 당시唐詩·송사宋詞로 시대사적 특성이 거론되고 송시는 큰 성취가 있는 것으로 평가되지는 않았다. 그러나 시문학의 고유한 발전사 측면에서 본다면 송시는 엄연히 당시를 계승한 한편 시대적 변화에 따라 새로운 시세계를 개척하였으므로 독자적인 세계를 갖추고 있다고 할 수 있다. 따라서 청대에 이르기까지 당시와 구분되는 특성을 가진 송시를 배우는 사람들이 많았고 현대에도 송시에 대한 관심이 지속되고 있다. 시대적 분위기에 따라 송시는 때로 혹평을 받기도 하였고 일부 작가들만 선택적으로 칭송받는 경향이 있기도 하였는데 근래에 중국에서 나온 여러 권의 송시선집들은 당시와 같은 비중으로 송시를 한 권의 책으로 쉽게 접할 수 있게 해준다. 이처럼 중국고전문학에서 송시가 뚜렷하게 자리매김하게 된 것은 송시의 여러 가지 특성과 관련이 있지만 무엇보다 현대인이 공감할 수 있는 작품으로서의 나름대로의 예술성이 있기 때문이다.

송시의 가장 일반적인 특징은 시어가 당시에 비해 함축성이 덜하여 읊조리는 운문이라는 각도에서 볼 때 귀에 거슬리는 곡조가 많다는 점이다. 흔히 '以文爲詩 : 글을 짓듯 시를 썼다'라고 지적하는 것이 그것이다. 한시는 평측이 엇갈려 운율미가 있는 것이 특징이고 대개 큰 소리로 그것을 노래하듯이 읊으며 때론 앞 사람이 한 구절을 지어 읊으면 뒷사람이 따라 한 구절을 지어 읊기도 하는 사대부의 고급오락이라고 할 수 있다. 우리나라 고려조의 문인 이인로李仁老의 《파한집破閑集》에 이러한 정경이 나온다. 한 선비가 호숫가 절에 투숙하려고 배를 저어가다 흥에 겨워 〔바람은 쓸쓸하고 역수는 찬데 외로운 배를 저어 홀로 가노라 風蕭蕭兮易水寒, 孤舟獨往〕라고 소리 높여 읊조렸더니 갈대 사이 안개 속에서 〔안개는 침침하고 남천은 넓고 넓은데 나그네는 어디로 가는가, 靄沈沈兮楚天濶, 遊子何之?〕라고 화답하는 자가 있어 사람이 아니라 신선이 화답한 것으로 오해했었다는 이야기가 나온다. 이는 바로 운문과 작시의 특성을 잘 반영해 보이는데 산문에 가까워진 송시는 이러한 운문적이 특성이 감소되어 읊조리면 '일창삼탄一唱三嘆(한 번 읊조리면 세 번 탄식함)'하게 하는 느낌이 없게 되었다는 것이다.

청대 《송시초宋詩鈔》를 편찬한 오지진吳之振·여유량呂留良은 서문에서 송시가 '가죽과 터럭이 다 떨어지고 정신만 독존(皮毛落盡, 精神獨存)'하는 시라고 기술하였는데 이러한 특성은 율시의 전성기를 지나 송시가 결실기에 이른 까닭이라고 볼 수 있다. 이처럼 곱다란 운율미와 함축적인 시어를 떨쳐버린 송시는 율시의 한계를 타파해보고자 한 개척적 성향으로 현대시에 가까워진 한 현상이라고 할 수 있다. 송시의 대세는 이 같은 흐름 속에서 나름대로 시적인 의미상의 함축성, 형상화, 은유와 풍자 등을 발전시켰는데 당시의 전성기를 거친 이후라는 창작배경이 송시를 더욱 섬세한 관찰과 각고의 단련에 힘쓰게 하였다. 따라서 송시는 '詩者, 志之所之也(시란 뜻이 가는 바이다)'라는 중국시의 고전적 원론을 따랐으면서도 독자가 주의를 기울여 섬세히 읽지 않으면 뜻이 충분히 전달되기 어려운 단점이 있기도 하다. 이러한 단점으로 하여 송시의 성취가 뚜렷이 주목받지 못하고 송대의 시대상을 접할 수 있는 차원 높은 문학유산이 제대로 활성화되지 못하는 것은 아까운 일이라고 할 만하다.

그러한 생각에서 이 책에서는 일반적인 선록의 수준에서 대표적인 작품들을 골라 해설을 덧보탬으로써 송시의 이해를 돕는데 일조하고자 하였다. 이해하기 쉬운 번역과 작품에 대한 설명을 위주로 함으로써 되도록 한 눈에 송시의 전개과정을 살필 수 있게 하는데 주안점을 두었다. 한시漢詩에 익숙하지 않은 독자에게는 원문이 다소 어려울 수 있겠지만 번역을 참고하여 원문을 자세히 정독한다면 한시 원문에 대한 실력도 많이 향상될 수 있다. 전대의 시작품이 송시에 많이 수용된 것이 송시를 진부한 것으로 보이게 하는 단점도 있으나 북송의 불안정한 시대배경과 금나라에 의해 중원 땅이 점령된 남송의 현실은 송시에 나름대로의 깊은 감정을 부여하였다. 특히 남송인들의 시에 짙은 국토회복의 열망과 애향심, 이민족에 대한 저항의식이 담긴 점은 북송시와 남송시의 뚜렷한 차이점이자 뿌리 깊은 중화의식을 보여주는 것으로 송시를 이해하는데 있어 중요한 한 관건이 된다고 하겠다.

송시는 또한 종합 예술적 측면을 보이기도 하는 특성이 있다. 비록 여운이 풍부한 맛은 당시에 비해 덜하지만 이론적인 배경에 있어 그림과 서예의 예술론과 통합된 기반을 지녔으므로(즉 외면적 형상이 아니라 정신을 그려내야 한다든가, '풍성한 것 뿐 아니라 마른 풍격도 아름다운 것이다'라는 심미관 등) 송시를 이해하는데 있어서는 언어 문자적 접근과 함께 송대의 예술론을 함께 생각해보는 것이 많은 도움이 될 것이다.

이 책을 읽는 사람들이 모쪼록 송시에 대한 이해를 깊이 하여 '가죽과 터럭이 다 떨어지고 정신만 남은(皮毛落盡, 精神獨存)', '시가 아니라 문장으로 지은(以文爲詩)', '뜻을 위주로 삼은(以意爲主)', '학문으로 지은(以學問爲詩)' 등등으로 지적되는 송시의 특성 및 '청신淸新' '평담平淡' '노건老健' '수경瘦硬' 등등의 풍격용어로 지칭되는 송시의 풍격을 체득하고 당시와 구별되는 특징을 어느 정도나마 이해하게 된다면 소기의 목적을 넘는 것이라 하겠다.

덧붙여 바쁜 와중에서도 시간을 내어 졸고를 읽고 아낌없는 조언을 마다 않으신 이화여대 이종진 교수님에게, 한 권의 책으로 엮어주신 한양대학교출판부 여러분에게 감사드린다.

2007년 8월

최 금 옥

차 례

남송시 南宋詩 ■ 남도 시기의 시

■ 중흥기의 시

북송시

초기시

1 유 개 柳開

유개(947~1000)는 대명大名(하북성河北省에 있음) 사람으로 태조 개보開寶 6년(973) 진사가 되었다. 문관이었지만 송 태종의 북벌정책에 따라 거란족 요遼나라(916~1124)를 정벌하는 일에 참여하여 산서성山西省 태원太原 지역의 군대에 군량을 조달하는 일을 맡아보기도 하였고 스스로 태종에게 상서를 올려 요나라를 치러 갈 기병을 하사해 줄 것을 요청하기도 하였다. 태종은 문무를 겸비한 인재들을 북벌에 활용하였기에 그는 숭의사崇儀使로서 영변군寧邊軍의 지휘를 맡아 파견된 곳에 가서는 소수민족을 교화시키는데 힘쓰기도 하였다. 이처럼 용맹하였던 그는 문장에 있어서도 당말오대唐末五代 이래의 나약한 기풍을 교정하는 데 선구적 역할을 하였다. 시인으로 유명하기보다는 송초에 고문古文 쓰기를 제창한 작가중의 한 사람으로서 《하동선생집河東先生集》을 남기고 있다. 시는 4수首밖에 전하지 않는다.

변새지방에서

쏘아올린 매화살 천 척 높이로 치솟는데
하늘 맑고 바람 없어 그 소리 더욱 쟁쟁하다.
푸른 눈의 오랑캐 기마 삼백 명이
다같이 말굴레 쥐고 구름 높이 쳐다보네.

塞上

鳴骹•直上一千尺　　天靜無風聲更乾
碧眼胡兒三百騎　　盡提金勒•向雲看

교骹 화살　　**륵**勒 말굴레

해설

이 시는 당시에 널리 암송되었던 명작으로 병풍의 그림으로도 많이 그려졌다 한다(양신楊愼 《승암외집升庵外集》 권78 〈번마호아番馬胡兒〉조 참고). 북벌과 관련하여 몸소 접했던 변방지방에서의 풍경을 그린 것이지만, 변방지역의 긴장이 감도는 공간 속에 하늘 높이 쏘아올린 화살이 이민족의 생활상을 실감 있게 전달해주고 있어 당시 사람들의 관심을 끌었음을 알 수 있다. '鳴骹'의 '骹'(화살 교)는 판본에 따라 '鶻'(매 골)로 쓰여 있기도 한데 이는 요나라 왕실과 친족관계가 있는 회골回鶻(위구르)족의 화살인 듯하다. '우는 매'라는 시어는 시의 용맹스런 분위기에 잘 어울린다.

거란족은 몽고족과 퉁구스족 사이에 속하는 것으로 추정되는 북아시아민족의 하나로 요하遼河 지역을 중심으로 초원과 물이 있는 곳을 찾아 옮겨 다니면서 사냥과 목축을 위주로 생활하였다. 북송의 북부지역에 위치하여 변경지방을 위협하였던 거란족은 중국을 중심으로 볼 때 동북지역에 편향된 곳에 5경京을 두었지만 그 영토가 서북부지역 멀리까지 걸쳐 있었다. 이 시에서의 '벽안호아碧眼胡兒'는 북방 소수민족의 젊은이를 가리키는데 그들 중 특히 코카서스인종을 가리키는 듯하다.

2 장 영 張詠

장영(940~1010)은 복주濮州 견성鄄城사람으로 태종 태평흥국太平興國 5년(980) 진사가 된 후 숭양현崇陽縣 태수를 맡아보았고 추밀원 직학사直學士, 성도成都 익주지주益州知州, 예부상서 등 직을 역임하였다. 그 치적이 많아서 《송사·열전》에 촉蜀지방에서의 공적을 기록하고 있다. 성격이 강직하고 지식이 박식 심원하였으며 천하를 구제하려는 마음을 품었었다. 어려서부터 검술에도 능하여 그에 필적할만한 자가 없었다 한다. 속된 것을 싫어하여 자호를 괴애자乖崖子라 하였는데 그 뜻은 뭇 절벽을 거스를지언정 사물의 이익을 밝히지 않는다는 것이다. 이를 보아서도 강건한 성격과 높은 덕을 알 수 있다. 청대 오지진吳之振·여유량呂留良의 《송시초宋詩鈔》에서는 그의 시가 '웅건고담雄建古淡하여 기골氣骨이 있다'고 평하였는데 그의 위인됨과 같은 것이다.

진사 송엄과 이야기 나누고 헤어지며

사람이 서로 알려면 마음을 알아야 하니
마음에 도기道氣가 통하면 정도 절로 깊어지네.
산 넘고 땅을 건너 멀다하지 않고
나막신 신고 칼을 찬 채 찾아왔도다.
그대가 나를 보고 크게 웃는 것에 감동하니
팔뚝잡고 왕도에 대해 이야기하자 하네.
몇 번인가 미묘한 말 마음에 서로 맞는 듯하여
술잔 던져 땅에 놓고 상 밀며 소리쳤지.
이 일은 내처 두고 다시 말할 필요 없거니
잠시 음악 들으며 금빛 배를 재촉하리.
인생이란 요새는 방비하기 어려우니

한가로운 일로 마음 밭을 얽어 맬 필요 없다네.
흥이 다하여 홀연 떠나노라하니
등불 심지 돋우며 밤이 얼마나 되었는지?
거문고 뜯으매 일어나 함께 춤추고
손바닥 장단에 맞춰 애오라지 노래 부르네.
우리들은 본디 세속의 행태와 다르니
이별의 한 때문에 자꾸 쳐다보지 말게나.

與進士宋嚴話別

人之相知須知心　心通道氣情轉深
凌山跨陸不道遠　蹑屩佩劍來相尋
感君見我開口笑　把臂要我談王道
幾度微言似愜心　投杯着地推案叫•
此事置之無復言　且須擧樂催金船
人生通塞未可保　莫將閑事縈心田
興盡忽告去　挑燈夜如何?
彈琴起雙舞　拍手聊長歌
我輩本無流俗態　不教離恨上眉多

규叫 부르짖을 규. 呼와 같음.

해설

이 시는 《송시초》에 배열된 작품의 전후관계나 작품 내용으로 볼 때 성도成都의 익주益州 태수직을 할 때 그곳을 떠나오면서 지은 작품인 듯하다.

제3 · 4구에서는 촉蜀지방의 험난한 산세와 검객의 기개를 잘 표현해내고 있다. 그러한 가운데에 5 · 6 · 7 · 8구에서는 진사 송엄과 다정한 벗으로서 속마음을 털어놓고 의기투합하여 이야기를 나누는 장면이 진솔하게 그려져 있다.

11 · 12구에서는 인생을 요새에 비유하여 온전히 수비하기가 어렵다고 하며 한가로운 일에 마음 쓰지 말아야 한다고 하였는데 이별을 아쉬워하지 말라는 뜻과 함께 북송대의 불완전한 변방의 정세를 반영해보이고 있다. 맨 끝

의 두 구는 구양수가 〈저주滁州를 이별하며: 別滁〉 시에서 〔내 또한 마치 평일 날 취하듯이 여기리니 관현악기로 하여금 이별의 곡조를 내지 말게 하게나 我亦且如常日醉, 莫敎弦管作離聲〕라고 읊은 것과 같이 이별을 각별히 아쉬워하지 말고 헤어지는 마당에 자꾸 쳐다보지 말기를 당부하고 있다.

전체적으로 광달廣達한 시의 풍격이 이백의 시를 연상시키지만 인생을 요새에 비유한 시적 논리라든가 정경情景의 구체적인 세부묘사 등은 송시다운 특징을 보여준다.

3 왕 우 칭 王禹偁

왕우칭(954~1001)은 제주濟州 거야鉅野(산동성山東省에 속함) 사람으로 농가 출신이다. 태평흥국太平興國 8년(983)에 진사가 되었고 성무주부成武主簿, 장주현長州縣 태수 등 직을 지냈다가 간원諫院의 우습유右拾遺로 뽑혔고, 좌사간左司諫직 및 지제고知制誥 등의 직책을 맡았으며 《태종실록太宗實錄》을 예비수찬하는 일도 하였다. 직언하기를 서슴지 않고 여러 정치개혁안을 건의하였다가 권세가들을 거슬려 상주商州, 저주滁州, 양주揚州, 황주黃州 등지로 배척되었다가 48세의 나이로 죽었다.

그는 문장은 당대唐代 고문가古文家 한유韓愈의 문장을 주로 배웠는데 송초 고문가 중 창작 성취가 높은 편이다. 시는 당시 부화浮華한 서곤체가 성행할 때 홀로 담담한 송시의 기풍을 여는 단초적 역할을 하였는데 당대唐代 백거이白居易 시의 통속적이면서 이해하기 쉬운 면을 배웠지만 그중에서도 민생고를 읊었던 '풍유시諷諭詩'를 중점적으로 배워 그의 시에는 사회현실을 반영한 작품들이 특히 많다.

양수의 〔비를 축하함〕 시에 화답하여

내 중앙조정의 직책을 그만두고
나와서 영양의 백성이 되었는데
영양의 백성들 아무리 서민이라도
굶주리고 가난한 이 너무 많도다.
부유하게 하려도 재주가 없어
악착같이 몸을 수고롭게 하네.
올 여름의 가뭄을 견딜 수 있으리오?
불 놓은 듯하고 태우는 듯하네.
그 밭은 본래 진흙이었는데

바라다보니 먼지가 생겨나네.
어린애와 노인네들 호소할 곳 없어
울부짖으며 어진 하늘 바라볼 뿐
녹을 먹는 이는 남의 걱정을 걱정해야 하노니
아침저녁으로 눈썹을 펼 수가 없네.
옥중의 죄수들을 풀어주고
두루 경내의 신들께 기도드리노니
초사에도 〈산 귀신〉이 있었는데
묘당의 모습이 멱라수가와 같구나.
오랑캐 법에는 또 부처가 있어
절들이 성문에 줄지어 있네.
요채에 재계를 부탁하고
받들어 봉록을 공양하네.
북과 피리소리 폭포수를 맞이하고
향불 꽂은 황금바퀴 비추네.
옛적과 다르다는 것을 잘 알고 있지만
가뭄에 타들어가는 사람을 위해서라네
우연히 하늘의 비를 만나서
비 퍼부으니 사방의 이웃 고루 받아
이앙을 꽂고 제방을 다듬으니
들의 노인들 어찌도 기뻐하는지!
관부의 일을 조화롭게 한다면
농사의 괴로움도 면할 길 있구나.
조화롭게 돕는 것은 재상의 일이요
감응하는 것은 성군의 덕이라네.
내게 또 무슨 덕이 있으리오?
감히 찬송하기만 바랄 뿐이라네.
맑은 물길 같은 양수부군은
덕이 나와 같이 이웃되는데
원수의 향불에 관위는 깎였으나

하손과 같은 시의 격이 새롭구나
〈비를 축하함〉시를 보내오며
사람들로부터 들었다하네.
군은 아마도 나를 사사로이 보아
실제보다 지나치니 어찌 받아들일 수 있겠는가?
비 내리게 된 것은 나의 일이 아니요
내 하는 일은 오직 글 쓰는 신하로다
만약에 민요가 생기게 되면
응당 황제의 은택을 읊어야 하리니
시를 채집하는 관리가 온다면
음악에 부쳐 남쪽의 공훈이 더하길 바랄 뿐.

和楊遂〔賀雨〕

我罷內廷職, 出臨永陽民
永陽民雖庶, 未免多飢貧.
富之旣無術, 齪齪爲謹身
可堪今夏旱, 如燎•復如焚
厥田本塗泥, 坐見生塵氛
稚老無所訴, 嗷嗷•望穹•旻•
食祿憂人憂, 早夜眉不伸
從決獄中囚, 偏禱境內神
楚辭有山鬼, 廟貌羅水濱
胡法有浮圖, 寺宇連城闉•
齋莊命寮寀, 供給抽俸緡•
鼓笛迎湫水, 香花照金輪
誠知非典故, 且慰旱熯•人
偶與天雨會, 滂沱四郊勻
挿秧復修堰, 野叟何欣欣!
可辦官府調, 亦免農艱辛
燮調賴時相, 感應有聖君

于吾復何有,　　敢望歌頌云
清流楊水部,　　德與我爲鄰
仇香官位屈,　　何遜詩格新
見投賀雨詩,　　言自人口聞
夫君蓋私我,　　過實豈相親?
爲霖非我事,　　職業惟詞臣
若有民謠起,　　當歌帝澤春
庶使採詩官,　　入奏助南薰

료燎 불 놓을 료, 불 붙을 료.
오오嗷嗷 슬픔에 젖은 뭇사람들의 소리.
궁穹 높을 궁, 하늘 궁.　**민**旻 가을 하늘 민, 어진 하늘 민.
인闉 성문, 굽은 성〔曲城〕. **민**緡 입힐 민, 입을 민. 돈꿰미 민.
선熯 불 이글이글할 선, 마를 한.

해설

이 시는 작자가 중앙조정의 직책에 있다가 몇 차례 밖으로 출임되기를 반복하였을 때 중의 한 시기의 작품이다. 영양永陽은 역대로 호북성湖北省, 하남성河南省, 안휘성安徽省 등지에 위치하였으므로 정확히 어느 지역인지 알 수 없으나 당대唐代에는 안휘성에 있었으므로 그에 가까운 송대에도 역시 그 비슷한 지역일 듯하다. 시중에 전국戰國시대 남방문학의 대표이자 애국시인 굴원屈原이 지었다는 초사《구가九歌》 중의 〈산귀山鬼〉(〔동풍이 표연히 불어 신령이 비를 내리시네 東風飄兮神靈雨〕 구절이 있음)를 거론하고 있는 것으로 보아 안휘성에서도 형초荊楚지방에 가까운 지역인 듯하다.

작품의 주된 내용은 비가 내리지 않아 농사를 짓지 못하는 농민들의 고충을 관리인 자기 자신의 고충으로 삼아 〔食祿憂人憂〕라는 견지에서 온갖 정성을 기울여 기우제를 지냄으로써 결국 비를 얻어 농사를 짓게 한 내용을 읊은 것이다. 이러한 공로를 수부水部를 지내던 양수가 축하하여 시를 써 보내온 것에 대해 비가 내리게 된 은택을 재상과 성군에게 돌리고 작자 자신은 단지 그 내용을 시로 읊을 수 있기를 바랄 뿐이라 하였으니 겸손하고 직분에 충실한 충군사상을 엿볼 수 있다. 또한 중국의 고대로부터 있었던 채시採詩의 전통을 이 시와 연결시켜 자기가 있는 남방지역의 공훈으로 인정받는다면 그것으로 흡족하다고 한 것에서 역사와 전통을 중시하는 작자의 마음을 볼 수 있다.

호구산의 절에서 노닐며

절의 담장으로 푸른 산이 솟아 둘렀으니
일찍이 당년의 해용산이라.
멋진 봉우리 되도록 뜰 안에 담고
깊은 경치 인간 세상에 풀어놓지 않았네.
칼로 찔러 죽였던 연못엔 풀빛이 겨울지나 푸르고
돌 자리의 이끼 풀은 예부터 뒤덮인 것.
진중한 진나라 조정 우리 조상의 집이니
한 번 와서는 돌아 갈 줄을 잊었다네.

遊虎丘山寺

寺墻圍着碧孱顔• 曾是當年海湧山
盡把好峰藏院裏 不放幽景落人間
劍池草色經冬在 石座苔花自古斑
珍重晉朝吾祖宅 一廻來此便忘還

진안孱顔 孱은 산이 높이 솟은 모양. 孱顔은 산의 준엄한 모양.

해설

이 시는 역사고사와 자연의 승경을 함께 읊은 시이다. 호구산은 《오월춘추吳越春秋》에 의하면 합려闔閭의 묘(합려총闔閭塚)가 강소성江蘇省 오현吳縣 창문閶門 밖에 있었는데 장례 후 3일 뒤 흰 호랑이가 그 위에 엎드려 있어 호구虎丘라 이름하였다 한다. 또한 《명일통지明一統志》에 의하면 호구산은 일명 해용산海湧山이라고도 하였는데 가운데 검지劍池가 있고 천 명이 앉을 돌이 있었다 한다. 오吳왕 합려의 묘는 바로 그 산 아래 있었다고 한다.

제1 · 2구에서는 호구산의 절을 둘러 싼 산세와 오왕 합려가 활약했던 시기를 읊었다. 특히 제3 · 4구에서는 호구산의 속세와 격절된 승경을 운치있게 읊어내었다.

제5・6구는 호구산의 검지劍池와 석좌石座를 댓구로 만들어 역사의 무상함과 자연의 변함없음을 묘사하였다. 끝의 두 구에서는 사마씨司馬氏가 위魏나라를 이어 세운 진晋나라의 조정을 상기하면서 역사를 회고하고 되돌아갈 것을 잊은 망연한 몰입의 심경을 읊었다.

마을을 다녀와서

말 타고 산길 지나자니 국화꽂 막 시들어가고
말발굽 닿는 대로 유유히 달리노니 들의 흥취 짙도다.
수 만 골짜기는 저녁 숨소리 머금었고
산봉우리 몇 개 말없이 석양 속에 서 있네.
팥배나무 지는 잎사귀는 연지 빛이요,
메밀 꽃 피어나니 백설의 향기로다.
어쩐 일로 읊조림 끝에 홀연 서글퍼지나?
마을의 다리, 들판의 나무가 나의 고향과 같기에.

村行

馬穿山徑菊初黃　　信馬悠悠野興長
萬壑有聲含晩籟　　數峰無語立斜陽
棠梨•葉落胭脂色　　蕎麥•花開白雪香
何事吟餘忽惆悵?　　村橋原樹似吾鄕

당리棠梨 팥배나무 **교맥**蕎麥 메밀

해설

이 작품은 상주商州에 출임나가 있을 때의 작인데, 국화 꽃 시들고 팥배나무 낙엽 지는 가을 조용한 시골길을 말발굽 닿는대로 다니면서 자연의 섬세한 소리, 메밀꽃 향기에 심취하는 모습을 읊었다. 그러나 유유히 시를 읊는 가운데 눈에 닿는 자연경물이 고향과 유사함으로 하여 고향을 떠나온 자신의 처지가 되새겨지고 슬픔에 잠긴다고 하였다. 작자의 고향은 산동山東이고 그곳의 농가출신인데 멀리 섬서성陝西省에서 고향의 산촌을 그리는 모습을 통해 자연 속에서 고독감에 잠긴 작자의 심경을 느낄 수 있다.

4 혜 숭 惠崇

혜숭(?~1017?)은 승려 시인으로 송초 '구승九僧'으로 불리웠던 아홉명의 승려시인들 중의 하나이다. 그들의 시는 만당시晩唐詩와 같이 자연의 경치와 산 속의 생활을 정교하게 읊었다. 혜숭은 특히 그림에도 뛰어나 소품화小品畵로 유명하여 그의 그림을 '혜숭소경惠崇小景(혜숭의 작은 경물화)'이라고 하였다. 소식의 시 〈혜숭惠崇〔춘강만경春江晩景〕〉은 그의 그림과 시풍을 생생한 느낌이 전해지게 그려낸 작품으로서 참고할 만하다.

양운경의 회수물가 농막별장을 찾아서

가까운 곳이라 자주 찾아
함께 들판의 정자로 향하네.
두 갈래 강물에는 바람 기운 꺾였고
봄이 오니 불태운 들판엔 푸른 풀 돋아나네.
한참 만에 낚시꾼은 낚싯대를 거두고
읊조림 소리에 학은 날개를 치는데
돌아갈 길 늦을까 걱정하지 않는 건
밝은 달이 앞 강물에 떠올랐기 때문…

訪楊雲卿淮上別墅

地近得頻到　　相携向野亭
河分風勢斷　　春入燒痕靑
望久人收釣　　吟餘鶴振翅•
不愁歸路晩　　明月上前汀•

시翅 날개　**정**汀 물가

해설

이 시는 그가 회하淮河 이남지역에 있을 때 회수淮水가에 있는 벗 양운경楊雲卿의 농막 별장에 찾아가 그때 본 풍경과 감회를 읊은 시이다.

봄이 온 회수가의 풍경과 벗과의 교유의 정을 섬세하게 그려내었는데 3·4구는 당시 인구에 회자되었던 구절이자 논란을 일으켰던 구절이다. 3구는 '도도히 흘러오는 강물이 바람의 기세를 둘로 나누었다'고 풀이하는 경우가 많은데 이 구절은 당대唐代 사공서司空曙의 싯귀와 관련되어 '범고犯古: 옛 싯귀에 저촉됨'의 구절이라 지목되고 있다.(《온공속시화溫公續詩話》, 《중산시화中山詩話》 참고)

관련되는 사공서司空曙의 시는 〈분류수分流水: 두 줄기 흐르는 눈물〉인 듯한데 그 시는 다음과 같다.

옛 적에 이별을 근심하던 눈물, 방울져 나뉘어 흐르게 되었네. 밤낮으로 동서로 흘러 흐름이 나뉜 지 몇 천 리 되었는지? 두루 막혀 서로 보지 못한 채 파란만 각자 일으키네. 그대와 서로 등지고 날아 떠나고 떠나면 그 마음 이러하리. 古時愁別淚, 滴作分流水. 日夜東西流, 分流幾千里? 通塞兩不見, 波瀾各自起. 與君相背飛, 去去心如此.)

혜숭의 시의 셋째 구절이 이 시의 범고犯古에 해당되는 듯한데 이 시에서는 나뉘어 흘러 각자 파란이 일어난다하였지만 혜숭의 경우는 나뉘어 흘러 바람의 기운이 끊겼다고 하였으니 내용이 반대가 된다. 봄이 되어 강물이 세차게 두 갈래로 나뉘어 흐르고 바람이 그 물결에 파도를 별로 일으키지 못한다는 자연의 계절적 변화를 읊은 것으로 '벗과의 이별'보다 '겨울의 추위와의 이별'이라는 의미에서 감상해 볼 만하다.

5 위 야 魏野

위야(960~1019)는 섬주陝州(하남성 섬현陝縣) 사람이고 송宋초의 유명한 은둔시인이다. 만당晩唐시인 가도賈島와 요합姚合의 시를 배워 담담하고 한가로운 운치가 있는 작품을 썼다.

친구의 집 벽에 씀

통달한 사람은 지위를 가벼이 여겨
거처하는 곳이 수풀과 샘에 가깝네
벼루 씻으면 물고기가 먹물을 삼키고
차를 끓이면 학이 연기를 피하네
한가로이 태평성대만을 읊으며
늙어도 흘러가는 세월 한탄하지 않네
조용히 한가로이 오는 자를 생각한다면
그래도 내가 가장 마음이 외지겠거니…

書友人屋壁

達人輕祿位　居處傍林泉
洗硯魚呑墨　烹茶鶴避烟
閑惟歌聖代　老不恨流年
靜想閑來者　還應我最偏

해설

작자는 이 시에서 자신의 벗을 사리에 통달한 달인이라 칭송하고 그의 심산 속에서의 일상사를 고원하게 읊었다. 진연陳衍의 《송시정화록宋詩精華錄》에서는 제6구가 '고인高人(격이 높은 사람)의 말'이라고 하였는데 실로 공감을 자아낸다.

끝구에서는 동진東晋 시대의 시인 도연명陶淵明의 싯귀 〔마음이 한가로우면 사는 곳도 절도 외지게 된다네. 心閑地自偏〕에서 '偏'자를 따와 자기 자신이 가장 속세를 벗어난 벗임을 나타내고 왔다 간 사람이 자기임을 알아주기를 기대하였는데 재치 있게 썼다고 하겠다. 율시에서는 같은 글자의 반복을 피하는데 이 시에서는 〔閑〕자를 두 번 써서 시의 한정閑情을 강조함과 동시에 율격을 깨뜨리는 효과를 내었다.

작자에게는 이밖에도 이 시의 정황과 유사한 〈은자를 찾아갔다가 못 만나고 尋隱者不遇〉시가 있는데 이와 같이 벗을 찾아갔다가 못 만난 애석함을 노래하는 것은 전통이 깊은 것이다. 우리나라 고려조의 시인 이인로李仁老에게도 이러한 유의 시가 있는데 그것은 다음과 같다. 〔객을 기다렸지만 객은 아니 오고, 스님을 찾았건만 스님도 없네. 오직 숲 속에 새만 남아서 마치 술잔 기울이라 노래하는 듯. 待客客未到, 尋僧僧亦無. 唯餘林外鳥, 疑曲勸提壺. 〈書天壽僧院壁〉〕 찾아간 사람을 못 만난 애석함은 다 같지만 끝 두 구의 외로운 심경을 술로 달래라고 새들이 재촉하는 것 같다고 한 것은 이러한 유의 중국 시에 보이지 않는 의경이니 새로운 경지를 개척한 것이라 하겠다.

6 구 준 寇準

구준(961~1023)은 화주華州 하방下邽(섬서성陝西省 위남渭南)사람이다. 열아홉 살 때인 태종 태평흥국 5년(980)에 진사가 되어 파동현巴東縣(호북성湖北省에 있음)에 파견된 후 누차 승진하여 재상직에 해당되는 중서문하성中書門下省의 동평장사同平章事직을 지냈다.

진종眞宗 경덕 원년(1004년)에 요나라가 황하 북안에 있는 단연澶淵(하북성河北省 복양현濮陽縣 서남쪽)까지 침입하여 수도 개봉開封(즉 변경汴京)을 위협해 왔을 때 주전파인 구준은 진종에게 친히 정벌할 것을 강력히 청하였다. 송은 단주澶州에서 거란과 대치하다 거란에게 공물을 제공하고 형제국가로 삼는다는 '단연澶淵의 맹약'이라 불리는 화의를 맺었는데 송나라로서는 굴욕적인 화의였지만 구준은 이 화의의 성립에 공을 세운 것으로 내국공萊國公에 봉해졌다.

이처럼 그는 유명한 정치가이고 과단성 있는 강직한 성격의 인물이지만 시에 있어서는 당나라의 대표적인 자연시파 시인 왕유王維와 위응물韋應物의 시를 좋아하였다. 그러나 작시기법은 이전 시인들의 싯구를 활용하여 재창조하는 송시의 대세를 벗어나지 않았다.

봄날 누각에 올라 고향을 그리며

높은 정자에 올라 경치 바라다보니
아득히 한줄기 평평한 강물
들판의 강물엔 건너는 사람 없이
외로운 배 종일토록 가로 놓였네.
거친 촌마을엔 아지랑이 피어오르고
오래된 절에선 이리저리 나는 꾀꼬리 소리
옛 고향집은 멀리 맑은 위수渭水가에 있으니

깊이 사념에 잠겼다가 문득 홀로 놀라네.

春日登樓懷歸

高樓聊引望	杳•杳一川平
野水無人渡	孤舟盡日橫
荒村生斷靄•	古寺語流鶯
舊業•遙淸渭	沈思忽自驚

묘杳 아득할 묘　**애**靄 구름 피어오를 애, 아지랑이 애
구업舊業 옛 고향. 業은 집의 뜻. ex) 別業 : 별장

해설

이 시는 젊어서 파동현령巴東縣令직에 있을 때 그곳의 추풍정秋風亭에 올라 바라다 보이는 봄 경치와 고향을 그리는 마음을 읊은 것인데 3 · 4구는 위응물韋應物의 〈저주서간滁州西澗〉시의 〔들판의 나루터엔 사람 없고 배만 가로 놓였네, 野渡無人舟自橫〕 구절을 응용하여 좀더 섬세하게 표현해 낸 것이다. '古寺'는 '深樹'로 되어있는 판본도 있는데 성률로 볼 때 '古寺'가 앞의 구와 〔平平平仄仄, 仄仄仄平平〕으로 더 적확하게 어울린다.

끝 두 구는 누각에서 강물을 바라보다 고향의 맑은 위수渭水물을 떠올리고 깊은 사념에 잠겼다가 홀로 놀라는 모습을 그렸는데 이 구절은 두보가 〈춘망春望〉시에서 〔이별을 한하매 새조차 마음 놀라게 하네 恨別鳥驚心〕이라고 '안사의 난'으로 인한 생이별을 읊은 것을 상기시킨다. 멀리 타향에서 관직생활을 하면서 한 마리 새처럼 고향을 떠나온 이별에 놀란다는 의미는 중국시에 보편적인 사향思鄕의 주제를 빌려 국세가 튼튼하지 못한 송조에 대한 염려를 은연중에 드러내었다고 하겠다.

7 임 포 林逋

임포(967~1028)는 전당錢塘(절강성浙江省 항주杭州)사람으로 어려서는 회수淮水와 장강長江지역을 노닐며 지내다가 뒤에 항주 고산孤山에 은둔하여 살았다. 매화와 학을 벗 삼고 홀로 산(매처학자梅妻鶴子) 것으로 유명하다. 그의 시는 따라서 매화를 읊거나, 은둔생활의 한가로움을 읊은 것이 많다.

매화꽃

시 짓고 싶은 마음 꽃 시절 아님을 한탄하다가
매화꽃 보고서는 곧 시를 쓰노라.
동산에 눈 내렸을 때엔 반쯤 피었는가 싶더니
물가의 울타리귀퉁이에 홀연히 가지 드리웠네.
사람들이 속되이도 붉은 꽃만 좋아하니
하늘이 사사로이 맑은 향기 주신 듯.
가소로운 오랑캐도 풍치를 알아
매화곡 곡조를 호각胡角으로 연주하네.

梅花

吟懷長恨負芳時　　爲見梅花輒入詩
雪後園林才半樹　　水邊籬落忽橫枝
人憐紅艷多應俗　　天與淸香似有私
堪笑胡雛•亦風味　　解將聲調角中吹

추雛 새 새끼 추, 어린아이 추

해설

이 시의 1・2 구, 3・4 구는 모두 유명한 구절인데, 특히 황정견이 3・4

구를 두고 임포의 대표작 〈산원소매山園小梅〉시의 〔성긴 그림자 맑고 얕은 물속에 가로 놓였고 짙은 향기 황혼녘 달 아래 흔들거리네 疏影橫斜水淸淺, 暗香浮動月黃昏 〕구절보다 낫다고 한 것은 시의 생동적인 운미韻味보다 '뜻의 섬세한 맛'을 더 중시한 송시의 관점을 보여주는 평가이다. 또한 매화를 읊은 영물시咏物詩이지만 매화의 자태를 표현해내는 데만 치중하지 않고 매화꽃과 관련된 정서를 서술한 가운데에 매화꽃의 맑은 향기가 두드러지게 하였다.

끝 두 구에서는 이민족 오랑캐도 매화의 고상한 풍미를 알아 호각胡角으로 곡조를 부쳐 연주한다는 것을 들어 매화의 지고한 미를 부각시켰다. 당시 임포는 술자리를 자주 접하면서 가창歌唱하는 분위기속에서 시를 짓곤 하였는데 호각胡角으로 매화를 찬미하는 곡을 연주하는 것을 자랑스럽게 여긴 것에서 매화를 중화中華사상과 관련시킨 관점을 볼 수가 있다. 매화에 관련된 곡으로는 한漢 무제武帝때 서역西域에서 전래된 오랑캐가 만든 〈매화락梅花落〉이란 횡취곡橫吹曲이 있다.

은둔생활에 부침

대나무가 둘러싼 나의 집은
맑고 그윽하여 운치 넘치네.
한가로운 학은 물가에 오래도록 노닐고
게으른 꿀벌들 꽃 찾는 발길 뜸하네.
숙취로 책장 들추는 것 어려우면
호미 메고 녹음 속으로 들어서네.
좋아하는 옛 그림들은
대개가 나무꾼과 어부그림이라네.

小隱自題

竹樹繞吾廬　清深趣有餘
鶴閑臨水久　蜂懶•采花疏
酒病妨開卷　春陰入荷•鋤•

嘗憐•古圖畫　　　　多半寫樵•漁

란懶 게으를 란　**하**荷 메다　**서**鋤 호미
련憐 불쌍할 련, 사랑할 련　**초**樵 땔나무 초, 나무할 초

해설

이 시는 임포의 평소 은둔생활의 한가로운 정취를 읊었는데, 3·4구에서는 그의 시를 두고 〔읊조리노라면 온갖 사념을 잊게 된다 咏之令人忘百事〕(매요신梅堯臣, 〈임화정선생집서林和靖先生集序〉의 평)라 한 것처럼 느릿느릿한 시간을 느낄 수 있지만 후반 4구에서 읊은 농무農務와 취미생활의 향유는 도연명陶淵明류의 전원시를 상기시켜준다.

8 양 억 楊億

양억(974~1020)은 건주建州 포성浦城사람(복건성福建省에 있음)이다. 11살 때 비서성秘書省의 말단교정직인 정자正字를 지냈고 18살 때 진사가 되었다. 《태종실록太宗實錄》과 《책부원구冊府元龜》를 편찬하는 일에 참여하였다. 그의 시는 만당晩唐의 이상은李商隱 시를 본받았는데 비슷한 취향의 시를 쓴 유균劉筠, 전유연錢惟演 등 17인이 서로 창화唱和한 《서곤수창집西昆酬唱集》이 전하므로 그들의 시를 서곤체西昆體 시라 한다. 이들의 시는 번다하고 화려한 글귀, 정밀한 대귀, 전고典故의 빈번한 활용 등이 특징인데, 이는 이상은 시의 형식적 성취를 계승한 것이지만 이상은 시가 그러한 속에 의미 있는 주제를 많이 담아냈음에 비해 글귀 다듬기에만 치중한 것으로 평가되어지고 있다.

한 무제

봉래산 은궁궐엔 파도가 가없고
약수에 바람 몰아쳐 도달하기 어렵네.
죽궁에 불 켜놓고 밤 제사에 바쁘고
금동선인 받혀든 접시의 이슬 아침으로 삼네.
세력이 청해에까지 이르러 용마를 구하고
죽인 문성장군은 말간을 잘못 먹은 것이라고 속이네.
치아가 조개처럼 고른 동방삭은
어찌하여 장안에서 적은 봉록을 받게 하나?

漢武

蓬萊銀闕浪漫漫　　弱水回風欲到難
光照竹宮勞夜拜　　露溥•金掌費朝餐

力通靑海求龍種	死諱文成食馬肝
待詔先生齒編貝	那教索米向長安?

단漙 이슬방울 맺힐 단

해설

이 시는 서곤체西昆體의 다른 시들에 비해 내용이 있는 시로 볼 수 있다. 송초에는 변방지역을 수비하기 위한 군비의 지출 및 많아진 관리의 수로 하여 봉록지출이 과다했는데 진종眞宗 때에는 북방 거란과의 관계에 있어 화의和議를 주장하던 왕흠약王欽若 등인의 부추김으로 '천서天書'를 위조하여 진종 자신이 천하의 정주正主임을 주장하고 그에 맞춰 국력과 재물을 태산泰山에 제사지내는데 낭비하였다. 이에 대해 양억 등인은 불만을 품고 한漢 무제武帝가 만년에 제사와 신선술을 숭상했던 것을 비유로 삼아 진종을 풍자하는 이 시를 지었다.

6구는 한 무제가 문성文成 장군의 술책이 신통치 않자 그를 모함하는 글을 써서 소에 먹이게 하고는 짐짓 소의 뱃속을 갈라 그의 죄를 추궁하였는데 나중에 방사方士들이 그러한 일을 두려워하여 입을 다물자 '문성장군은 말의 간을 먹고 죽은 것이다.'라고 일축하였던 전고(《사기史記 · 봉선전封禪傳》 참고)를 쓴 것으로 역시 진종의 실책을 풍자한 것이다.

끝의 두 구는 한 무제 때의 문인 동방삭東方朔이 자기의 재주에 비해 남들을 더 대우해 주는 것을 불평했던 것을 들어 재주가 나은 자신들이 지모가智謀家인 왕흠약 등인에 비해 대우를 더 못받는 것을 풍자한 듯하다. 만당시풍晩唐詩風의 화려한 글귀로 한 무제의 일을 읊었지만 실은 당시의 현실을 풍자한 점에서 서곤체시가 수사기교와 형식미 추구에 치우쳐 있다는 평가가 꼭 그렇지만은 않음을 알게 해준다.

9 유균 劉筠

유균(971~1031)은 대명大名(하북성河北省에 있음)사람이고 함평咸平 원년(998년) 진사가 되었다. 양억과 함께 활약하였고 시에 있어서도 양억과 이름이 병칭되는 서곤파의 중요한 시인이다.

우연히 지음

푸른 죽간서에 묵 갈아 글 쓰며 세월 보내고
배불리 먹으며 공 세우는 바 없이 바람에 흰 머리털 날리네.
대추나무 많은 안읍의 제후가 되기를 바라고
세상 사람들이 좋아하는 돈은 추구하지 않네.
달 밝은 수 천 산봉우리 원숭이 나무위에서 울고
바람 드센 천지사방 독수리 하늘에 떠 있네.
〈초은시〉를 지었으되 누가 박자 맞춰 주리오?
고깃배에 싣고 온 집에서 빚은 술 기울이려 하노라.

偶作

殺靑和墨度流年　　飽食無功鬢颯然•
却憶候封安邑棗　　不能兄事魯褒錢
千峰月白猿啼樹　　六幕•風高鶚•在天
招隱詩成誰擊節?　　願傾家釀載漁船

삽연颯然 가볍고 시원스럽게 부는 바람소리, 또는 그 모양.
육막六幕 천지와 사방, 幕은 덮는다는 뜻. 六合과 같음.
악鶚 독수리

해설

이 시는 《서곤수창집西崑酬唱集》의 후반부에 실린 시인데 세상에서 공을 세우지는 못하고 필묵으로 소일하며 세속적 가치보다 자연을 벗 삼는 은일적인 생활을 구가한 시이다.

첫 구에 보이는 살청殺青은 곧바로 푸른 대나무죽간에 글씨를 써넣는 것을 가리키고 화묵和墨은 묵을 가는 것이다. 즉 죽간서에 글을 쓰며 세월을 보낸다는 뜻이다.

3·4구는 전고를 활용하여 '차라리 자연과 더불어 사는 것을 벼슬로 여기고 세속의 돈을 추구하지 않는다.'는 뜻을 나타낸 것인데, 3구는 《사기史記·화식열전貨殖列傳》에서 '안읍安邑(산서성山西省의 현縣 이름)에 천 그루의 대추나무, 연나라·진나라 지방에 천 그루의 밤나무, 촉한·강릉지역에 천 그루의 귤… 등을 심는 것은 천호후에 해당된다.(安邑千樹棗, 燕秦千樹栗, 蜀漢江陵千樹橘, …及名國萬家之城, 帶郭千畝, 畝種之田… 此其人皆與千戶候等. 然是富給之資也.)'라 한 것에서 인용한 것으로 봉록에 의존하지 않고 직접 재물을 소유하는 것을 뜻한다.

4구는 《진서晉書·노포전魯褒傳》에서 노포가 세상 사람들이 재물을 탐하는 것을 비난하여 〈전신론錢神論〉을 지어 풍자하기를 '돈은 세상의 신묘한 보물로 형처럼 가까이 아낀다. 錢爲世神寶, 親愛如兄.'이라 한 것을 인용한 것인데 시의 전체적인 전후 문맥을 통해 볼 때, 스스로 공을 세우려고 분분히 애쓰지 않고 자연 속의 재물을 흠모한다는 것은 자기비난이 아니라 자연에의 동경을 나타낸 것으로 보인다.

〈초은시〉는 진晉나라 때 좌사左思와 육기陸機가 지었던 바가 있는 시로 부귀공명을 버리고 산수에 은둔하는 삶을 구가한 시로서 이 구절을 두고 볼 때 이 시의 주제 역시 은둔을 지향함을 알 수 있다. 그러나 은둔을 추구하면서도 은일시의 보편적인 부드러운 정조와 거리가 있는 면을 보이는 것은 당시의 현실에 대한 투쟁적인 경향이라 하겠다. 이 시를 지을 때에 있었던 '천서天書' 위조 사건에 대해 양억, 유균 등은 반감을 가지고 있었기에 은일생활을 지향하는 시임에도 다소 거친 느낌의 시를 쓴 듯하다.

10 곽 진 郭震

곽진은 사천성四川省 성도成都 사람이고 현재 그의 시로 전하는 것은 모두 절구絶句시이다.

종이 창

칠로 도배한 벽 한 켠에 어울려 한가로운 정취에 걸맞네.
희기는 계곡의 구름 같고 엷기는 얼음 같은데
시골 사는 사람 달빛을 싫어해서가 아니라
바람이 독서하는 등불에 불지 않게 하려고…

紙窓

偏宜酥壁•稱閒情　　白似溪雲薄似氷
不是野人嫌月色　　免敎風弄讀書燈

소벽酥壁 칠로 도배한 벽. 酥는 소나 양의 젖.

해설

이 시는 흰 종이창을 새로 내고서 그것의 정결함과 안온하게 독서를 즐길 수 있게 해주는 고마움을 읊었는데 일종의 영물시咏物詩라고 할 수 있다.

증기시

11 범 중 엄 范仲淹

범중엄(989~1052)은 강소성江蘇省 오흥吳興 사람으로 당대唐代 재상 범리빙范履冰의 후예이다. 두 살 때 부친이 죽고 개가한 모친을 따라 어렵게 살다가 23세 때 모친을 떠나 응천서원應天書院에서 발분독서하여 27세 때 진사가 되었다. 조정의 잘잘못에 대해 강력히 비판하고 개혁을 주장하여 이름이 높았다. 인종仁宗 보원寶元 3년(1040)에는 서북부 섬서성 초토부사招討副使직으로 연주延州에 가서 당항족黨項族이 투르판吐蕃과 위구르回鶻를 물리치고 세력을 확장하여 세운 하국夏國에 맞서 그 침공을 막아내는 공을 세웠다. 인종 경력慶歷 4년(1044) 하나라와 화의가 이루어진 뒤에는 추밀원樞密院의 추밀부사樞密副使, 중서문하성中書門下省의 참지정사參知政事 등 부재상직을 지내며 송나라의 강성을 도모하는 혁신적인 정치개혁안을 제출하였는데 이를 '경력신정慶曆新政'이라고 한다. 그러나 보수파의 반대에 부딪쳐 중지되고 섬서성 빈주목邠州牧 겸 섬서서로안무사陝西四路安撫使로 출임되었다.

강가의 어부

강을 왕래하는 사람들은
농어가 실하다고 좋아하지만
보시라, 저 일엽편주가
파도 속에 출렁거리는 것을…

江上漁者

江上往來人　但愛鱸•魚美
君看一葉舟　出沒風波裏?

노鱸 농어

해설

이 시는 짧은 형식에 사회에 대한 관심, 세속 비판적 내용을 아름답게 담아내어 널리 애송되는 시이다. 절구絕句시는 대개 우구偶句(짝수구)에 평성운을 쓴 것이 많은데 이 시는 측성운을 썼지만 음송하기에 적절하고 함축된 뜻도 풍부하다.

들의 경치

연기도 아니고 안개도 아닌 것이
희뿌옇게 누대에 비치는데
흰 새 홀연 물을 차며 날고
석양은 다시 환히 비추네.
향긋한 풀밭에서 쉬려하지
멀리서 오는 배 따르려 하지 않네.
뉘라서 산에 오른 뜻을 알리오?
높이 올랐다 취하면 돌아가는…

野色

非烟亦非霧	冪冪•映樓臺
白鳥忽點破	夕陽還照開
肯隨芳草歇	疑逐遠帆來
誰會山公意	登高醉始回?

멱멱冪冪 구름 같은 것이 덮여 있는 모양. 冪은 '덮다'의 뜻.

해설

이 시는 들의 호젓한 정취에 젖어 그 속에서 휴식의 기쁨을 맛보고 은일을 지향하는 심정을 노래한 시이다. 5·6구의 뜻은 전원 또는 세상을 멀리 떠난 곳의 생활을 그리고 그러한 곳에서 세속으로 되돌아오는 것에 회의를 나타낸 것으로 보인다. 7·8구는 이러한 유의 작품에서 흔히 보이는 자연과의 이별의 아쉬움을 읊었다.

동려군으로 가는 길에 회수에서 바람을 만남

조각배 하나 잎사귀처럼 위태로운데
가까이서 보니 정신을 잃을 지경
나중에 평탄한 땅에서라도
곤경에 처한 사람 홀시하지 말아야지.

赴桐廬郡, 淮上遇風

一棹危於葉　　傍觀亦損神
他時在平地　　無忽險中人

해설

이 시는 절강성浙江省 항주杭州 근교의 동려군을 향해 가는 길에 도중의 회수淮水가에서 풍랑을 만나 느낀 감회를 쓴 시이다. 내용만을 볼 때 반성문 같은 느낌을 주지만 읊조려보면 1·2구는 파도치는 듯한 리듬이 있고 1구와 3구가 비슷한 리듬으로 반복되어 운율미가 있어 시다운 맛을 준다.

12 안 수 晏殊

안수(991~1055)는 임천臨川(강서성江西省에 있음) 사람이고 신동으로 시험에 응시하여 진사출신進士出身을 하사받았다. 인재를 잘 알아보아 범중엄范仲淹, 한기韓琦, 부필富弼 등 명신들이 그의 문하에서 나왔다. 시보다 사詞작가로 더욱 유명하다.

장사승과 왕교감에게

삼짇날 청명절이 아직 안된 때에
작은 동산 그윽한 길 홀로 거니네.
부슬부슬 내리는 비에 봄추위 가시지 않고
그득한 술잔 숙취를 금할 수 없네.
어찌할 수 없이 꽃은 시들어 가는데
왔었던 곳인양 제비는 돌아왔네.
양원梁園의 시객들에게 풍류 많으리니
백발백중의 글 짓는 재주 아끼지 말기를…

示張寺丞・王校勘

元巳•清明假未開　　小園幽徑獨徘徊
春寒不定斑斑雨　　宿醉難禁灩灩•杯
無可奈何花落去　　似曾相識燕歸來
游梁賦客多風味　　莫惜青錢萬選才

원사元巳 음력 삼월 첫 巳日(日辰의 地支가 巳인 날 ex: 乙巳), 삼짇날.
염염灩灩 물이 가득한 모양. 灩은 물이 그득하다, 물결이 출렁거리다의 뜻.

해설

이 시는 작자의 벗인 장선張先(장사승)과 왕기王琪(왕교감)에게 써 보인 시이다. 음력 삼월 삼일 삼짇날과 동지로부터 백오일 째인 청명절 무렵에 동산을 거닐며 봄 시름을 읊었는데, 3구에서 6구는 만당晩唐 이상은李商隱의 시풍을 모방한 서곤체의 풍격 및 연약하고 감성적인 정서를 보여 시보다 사詞에 가까운 느낌을 준다. 특히 5 · 6구는 사작품 〈완계사浣溪詞〉에도 쓰인 구절로서 사詞작가의 시詩작품이라는 분위기가 강하지만 끝 두 구는 자기의 시객들에게도 봄 시름을 시로 읊을 것을 권하고 있어 교유시交遊詩로서의 특징을 보인다.

13 반 랑 潘閬

반랑은 스스로의 호를 소요자逍遙子라 하여 남들이 반소요潘逍遙라 불렀다. 대명大名(하북성河北省에 있음)사람이고 전당錢塘(항주杭州)에 살았었다. 북송의 수도 개봉開封에서 약을 파는 일을 하였고 무신 왕계은王繼恩과 교분을 맺어 그가 하옥될 때 덩달아 구금당하기도 하였다. 그러나 대체로 벼슬하지 않은 처사處士로 지냈고 높은 절조가 있는 것으로 알려져 있다. 그의 시는 송대에 그래도 이름이 높은 편이어서 화가 허도녕許道寧이 〈반랑도기려도潘閬倒騎驢圖〉를 그렸다고 《도화견문지圖畫見聞志》에 전한다. 만당晩唐시인 가도賈島의 시의 영향을 많이 받은 편이다.

세모에 동려군에서 전당으로 돌아오다 저녁에 어포에 묵음

오랜 나그네 생활에 머리털 희끗해진 채
외로운 조각배로 동려에서 돌아오는데
새로 뜬 달은 아직 환하지 않고
지는 해는 남은 빛 있네.
어촌 강가엔 파도가 거세고
용산엔 밥 짓는 연기 어렴풋한데
때때로 모래펄의 기러기소리
하나씩, 하나씩 등 뒤편으로 날아가네.

歲暮自桐廬歸錢塘, 晩泊漁浦

久客見華髮　孤棹桐廬歸
新月無朗照　落日有餘暉
漁浦風水急　龍山烟火微
時聞沙上雁　一一背人飛

해설

이 시는 전당錢塘(절강성浙江省 항주杭州) 근교의 동려桐廬에서 조각배를 타고 전당錢塘으로 돌아오다 전당강錢塘江 남안의 어포에서 숙박하며 느낀 여로의 정취를 읊은 시이다. 감정의 직접적인 표출보다 경치의 묘사를 위주로 하여 고적한 여로의 객수를 그려내었는데 운미韻味가 풍부하다. 특히 끝 두 구의 기러기 떼의 소리와 방향성 있는 움직임이 여로의 정경을 생동감 있게 전해 준다.

구화산

화산에 비기면 여섯 봉우리가 많고
무산과 견주면 세 봉우리가 적다네.
좋기로는 비 그친 뒤 강가에서 바라보면
흰 구름더미 속에 짙은 쪽빛 뿜어내는 모습.

九華山

將齊華嶽猶多六　　若並巫山又欠三
好是雨餘江上望　　白雲堆裏潑•濃藍

발潑 물 뿌릴 발, 활발할 발. ex) 潑墨: 그림이나 글씨에 있어서 먹물이 퍼지는 일.

해설

이 시는 안휘성安徽省에 있는 구화산을 읊었는데 섬서성陝西省의 화산華山보다 봉우리가 더 많고 사천성四川省 무산巫山보다는 더 적다는 계수적 개념으로써 구화산의 전모를 다른 산과 비교한 것이 특징이다. 후반 두 구에서는 갓 아름다운 때의 모습을 잘 그려내었다.

구화산은 불교의 명산으로 크고 작은 99개의 산봉우리가 있지만 가장 유명한 것은 아홉 개의 봉우리이다. 비 개인 뒤 흰 구름 속에 짙은 쪽빛을 뿜어내는 구화산의 아름다움은 소식이 비 내린 뒤의 서호西湖를 의인화시켜〔서호를 월나라 미인 서시에게 비유코자 하니 담담한 단장 짙은 화장 모두 다 어울리네. 欲把西湖比西子, 淡妝濃抹總相宜〕라 읊은 것과 비교해 볼 만하다.

14 송 기 宋祁

송기(998~1061)는 본래 안륙安陸(호북성湖北省에 있음)사람이나 옹구雍丘(하남성河南省 기현杞縣)로 옮겨가 살았다. 형 송상宋庠과 동시에 진사에 급제했는데 송기가 일등이고 형 송상이 삼등인 것을 유태후劉太后가 아우를 형보다 높일 수 없다하여 송상을 일등으로 하고 송기를 십등으로 바꾸었다 한다. 구양수歐陽修와 함께 《당서唐書》를 편수編修하기도 하였다.

그의 시는 서곤체의 여파로 볼 수 있고 수사에 힘쓴 흔적이 있고 격이 높지 못한 흠이 있지만 사관史官직을 지냈고 강직한 면이 있는 것에서 알 수 있듯이 시에도 그러한 경향이 반영된 감이 있다.

낙화

떨어진 흰 꽃 펄럭이는 붉은 꽃 각기 애달프니
푸른 누각의 안개와 비 차마 잊혀지리오?
휘날리다가 다시 바람 따라 춤추고
떨어졌어도 반쪽은 화장한 얼굴
물속에 떨어진 꽃잎엔 이슬 눈물 맺히고
길가로 떨어진 꽃엔 향기가 남아 있네.
쌍 지어 나는 나비에게 전해준 뜻 없겠으랴?
향기로운 마음과 단 꿀을 모두 부쳤다네.

落花

墮素翻紅各自傷　　青樓烟雨忍相忘?
將飛更作回風舞　　已落猶成半面粧
滄海客歸珠進淚　　章臺人去骨遺香
可能無意傳雙蝶?　　盡付芳心與蜜房

해설

이 시는 젊었을 때의 작품으로 낙화를 노래함으로써 조정에 공을 세우려는 포부를 피력한 것인데 영공英公 하송夏竦이 안주태수安州太守직을 할 때 송기와 그 형이 찾아뵙고 이 시를 읊어 그러한 뜻을 나타냈다. 끝의 두 구에서 '雙蝶'이라 한 것이 바로 두 형제 자신을 가리킨다 하겠다.

5・6구는 이상은李商隱이 〈금슬錦瑟〉시에서 〔달 밝은 창해에 구슬엔 눈물 어리고 남전에 날 따스하니 옥에 연기가 생겨나네 滄海月明珠有淚, 藍田日暖玉生烟〕이라고 문자 상 글귀가 아름답고 농울濃鬱한 가운데 꿈결 같은 정경을 그려낸 것과 비슷한 구절을 썼지만 의미상으로는 '骨遺香'같은 고결하고 강직한 뜻을 나타내었으니 당시唐詩를 이어받았으나 골기骨氣를 중시한 송시의 특징을 볼 수가 있다.

주운에 대하여

주운의 영웅다운 기세 늠름하여 바람이 일 듯하니
죽음에 임하여서도 위태로운 직간 서슴지 않아 임금의 귀 밝게 깨우쳤네.
어전의 부러진 난간 고치지 않고 직간의 표식으로 삼게 하였고
안창후는 여전히 삼공의 존위에 머물었다네.

> **朱雲傳**
>
> 朱游英氣凜生風　　瀕死•危言悟帝聰
> 殿檻不修旌•直諫　　安昌依舊漢三公
>
> **빈사**瀕死 빈은 물가 빈, 가까울 빈. 瀕死는 죽음이 가까워 오는 것.
> **정**旌 표할 정, ex) 旌別: 善人과 惡人을 구별함.

해설

이 시는 역사인물을 읊은 시이다. 한漢 성제成帝 때 성품이 강직했던 인물인 주운朱雲(어렸을 때의 자字는 주유朱游, 임협으로 유명하였고 후에 학업을 닦은 후에 논어와 주역에 정통하였음)은 성제의 스승 안창후安昌侯 장우張禹가 일하지 않고 봉록과 부귀를 탐내는 아첨하는 신하이니 죽여야 마땅

하다, 라고 상소하였는데 성제는 아랫사람으로서 스승을 모욕하였다고 여겨 도리어 주운을 사형에 처하려 하였다. 어사가 주운을 끌어내려 하자 주운이 어전의 난간을 부여잡고 버티는 바람에 난간이 부러졌는데 이에 주운이 '신은 아래로 내려가 용을 따르다 비간比幹(은殷대 말엽 주紂왕에게 그의 숙부의 죄를 간언하다 죽음에 처해짐)을 만나 지하에서 노니는 것이 좋겠습니다.'라고 하는 바람에 성제는 부러진 난간을 두고 '그대로 두어 직간하는 신하의 모범으로 삼으라.'하였다.(《한서漢書 · 주운전朱雲傳》)

이 시는 강직한 성품의 주운이 직간을 서슴지 않아 죽음에 이르게 되었어도 끝내 굴하지 않음으로써 황제의 화를 누그러뜨리고 직간의 중요성을 일깨운 것과 황제의 스승인 안창후는 해를 입지 않았던 역사 고사를 읊은 것으로 영사시詠史詩로 분류할 수 있다.

우리나라 고려조 의毅왕 때에 정언正言을 지냈던 문극겸文克謙도 간언이 받아들여지지 않자 다음과 같이 주운을 예로 들은 시가 있다. 〔주운이 난간 부러뜨린 건 명예를 위해서가 아니고 원앙이 문제의 거친 수레 막은 건 어찌 자기를 위해서리오? 일편단심을 천제께서 몰라주시니 억지로 말 채찍질하여 물러나 방황하네. 朱雲折檻非干譽, 袁盎當車豈爲身? 一片丹誠天未照, 强鞭羸馬退逡巡.〕

15 한 기 韓琦

한기(1008~1075)는 상주相州 안양安陽(하남성에 속함)사람으로 약관의 나이에 진사가 되었고 섬서안무사로 임명되어 범중엄과 같이 서하西夏를 방비하기도 하였다. 영종英宗, 신종神宗이 서는 데에도 힘을 썼기에 위국공魏國公으로 봉해졌고 사공겸시중에 배수되었다. 그가 북경유수北京留守로 있을 때 요나라 사신들이 국경을 넘을 때면 늘 그를 외경하였다 한다. 이렇듯 명신으로 유명하며 뛰어난 시인은 아니지만 그의 시는 가슴속에 있는대로 써내었어도 의미가 깊고 단련에 힘쓰지 않았어도 이취理趣가 흘러나왔다.

북쪽 연못에서의 피서

온 집안과 우거진 연못 더위 씻어내느라 바쁘니
드넓은 모양 천지아래 있는 것 같지 않네.
뉘라서 감히 맑은 바람의 값을 따질 수 있으리오?
한가로운 대낮 보낼 다른 낙이 없다네.
고기 잡은 물새는 길이 즐거워하고
산고개의 구름은 비를 머금고 왔다 갔다 할 뿐.
술 다한 뒤 무엇이 혼의 꿈을 깨우는가?
만 그루 연꽃 향기 한 산을 베고 누운 듯.

北塘避暑

盡室林塘滌暑煩	曠•然如不在塵寰•
誰人敢議淸風價	無樂能過白日閑
水鳥得魚長自足	嶺雲含雨只空還
酒闌何物醒魂夢	萬柄蓮香一枕山

광曠 밝을 광, 빌 광, 넓을 광.

환寰 경기지방의 고을. 대궐 담. 寰區에는 천지, 천하의 뜻이 있다.

해설

이 시는 더운 여름날의 한정을 읊은 것이다. 제2구는 상4하3의 칠언구의 보편적인 구식을 벗어난 파격적인 구식을 써서 더위 가득한 천지를 묘사하였다. 제3구는 바람의 값을 의론하듯이 써내어서 의론에 가깝다는 송시의 특성을 보여준다.

끝의 두 구는 술에 취하여 누운 작자의 느낌이 마치 연꽃 가득한 산을 베고 누운 것과 같다고 하였는데 이는 후에 소식의 싯귀에서 즐겨 쓰는 의경을 이루었으니 〈유월이십칠일망호루취서六月二十七日望湖樓醉書〉 제2수 중의 〔물 베게는 산으로 하여금 오르락내리락 하게하네. 水枕能令山俯仰〕구와 〈영수물을 나와 처음 회산을 보며 出潁口初見淮山〉시에서 〔청산이 오래도록 배와 함께 올랐다 내렸다하네. 青山久與船低昂〕이라고 한 것 그리고 〈이사훈이 그린 〔장강의 절경 섬 그림〕 李思訓畵〔長江絕島圖〕〉에서 〔고산이 오래도록 배와 함께 올랐다 내렸다하네. 孤山久與船低昂〕 등이 그것이다.

16 조 변 趙抃

조변은 서안西安사람으로 인종仁宗 경우景祐 원년(1034)진사에 급제한 뒤 의주宜州 통판을 지냈다. 모친상을 당했을 때 삼년상을 지켰으므로 손처위孫處爲가 효자전을 쓰기도 했다. 전중시어사殿中侍御史로 조정에 불려 들어갔을 때는 철면어사로 유명하였다. 영종 때에는 용도각직학사龍圖閣直學士에 제수되었고 성도成都 촉蜀지방의 익주益州를 다스렸다. 신종초에 간원諫院에 초빙되었으나 왕안석과 정론이 맞지 않아 나가기를 구하여 자정전資政殿 학사가 된 후 월주越州로 옮겨 갔다. 시호諡號를 청헌淸獻이라 하였고 〈청헌시초淸獻詩鈔〉가 《송시초》에 전한다. 그의 시는 입에서 나오는 대로 이루어 공교하거나 졸렬함이 들쭉날쭉하나 폐부에서 흘러나오는 말이 많은 편이다.

두 줄기 대나무

나의 집에 오래된 뜰이 있는데
뜰 안의 모습 기록해 볼 만하다.
자연히 자란 뿌리 하나가
한 뿌리에 두 줄기 대나무 내었으니
하나는 길고 하나는 짧아
수족에다가 비할 만하네.
긴 것은 형님과 같고
짧은 것은 따르는 아우 같네.
내가 사람들 형제 됨을 보건대
서로 화목한 이 드물더라
대나무도 장유의 정이 있는데
사람이 어찌 존위가 없으리오?
대나무를 사람 마음에 비긴다면

사람은 거의 금수에 가깝네.
오륙 세 때에는 늘 기억하며
보이지 않으면 울며 부르다가
자라나 크게 되면
처자식과 친족을 이루네.
지척임에도 만나지 않으니
소원해짐이 어찌 그리 빠른지!
부모가 낳았음을 돌보지 않으니
한 배의 친형제이건만.
아침저녁으로 즐겁게 노래하기만 바라니
어찌 골육을 생각할 수 있으리오?
엉뚱하게도 남의 눈썹만 편안케 하고
하늘의 오곡을 받아먹네.
조용히 이런 사람들 생각하노니
다툼이 뜰 안의 대나무에 이르는 듯.

雙竹

余家有故園　園中可圖錄
天然一派根　一根生兩竹
一長復一短　比之如手足
長者似乃兄　短者弟相逐
我見人弟兄　少有相和睦
竹分長幼情　人豈無尊宿?
將竹比人心　人殆類禽畜
常記五六歲　不見還嘷哭
及至長大時　妻孥相親族
咫尺不相見　相疎何太速!
不顧父母生　同胞又同腹
旦夕慕歌歡　豈能思骨肉?
枉安人鬚眉　而食天五穀

靜思若斯人	爭及園中竹

해설

이 시는 대나무를 읊은 일종의 영물시詠物詩이다. 그러나 대나무의 형상을 읊는데 치중하지 않고 거기에서 연상된 형제간의 우애의 실상을 풍자하는데 초점을 맞추었다. 싯귀를 조탁하지 않고 진솔한 기운을 직서적으로 펼쳐 내었는데 어렸을 때의 형제간의 순진한 우애의 정이 자라면서 이기적으로 변모하여 자기 식구만 아는 모습이 두 줄기 대나무에 비하면 금수에 가깝다고까지 풍자하였다. 이러한 형제의 경우는 한 뿌리에서 나온 두 줄기 대나무가 다정히 자라고 있는 것만 못하다고 할 수 있다. 형제간의 갈등을 읊은 시로서 위魏나라 조조曹操의 아들 조비曹丕가 아우 조식曹植을 시기하여 콩볶듯이 볶아대어 일곱 걸음 걷는 사이 시를 지어내면 목숨을 살려 주겠다고 해서 나온 〈칠보시七步詩〉를 연상시키기도 한다.

17 증 공 량 曾公亮

증공량(999~1078)은 천주泉州 진강晋江(복건성福建省에 있음) 사람이고 인종 천성天聖 2년(1024) 진사가 된 뒤 한림학사원翰林學士院의 한림학사 및 추밀원樞密院의 장관인 추밀사樞密使 등 직을 지냈다.

감로사 승방에 머물음

구름기운 서린 수많은 산봉우리 베고
수만 골짜기의 슬픈 소나무소리위에 누워
흰 파도산더미가 하늘물결 치는 것 보려고
창을 열었더니 큰 강물 쏟아져 들어오네.

宿甘露僧舍	
枕中雲氣千峰近	床底松聲萬壑哀
要看銀山拍天浪	開窓放入大江來

해설

이 시는 산사에 숙박하며 접한 세속과 동떨어진 대자연을 그렸는데 산사의 탈속脫俗적인 운치를 흠뻑 느끼게 해준다. 한 폭의 웅대한 수묵 풍경화같이 그려낸 시의 분위기는 '시속에 그림이 있다 詩中有畵'라 할 만하다. 감로사는 안휘성 양자강남안의 진강鎭江 북고산北固山 위에 있는데 강이 내려다 보이는 경치를 두루 볼 수 있게 지은 다경루多景樓가 유명하다.

18 매요신 梅堯臣

매요신(1002~1060)은 선주宣州 선성宣城(안휘성安徽省에 있음)사람인데 선성의 옛 이름이 완릉宛陵이었으므로 세간에서 완릉선생이라고 불려졌다. 진사시험에 급제하지 못했으나 은음恩蔭(조상의 은공으로 벼슬을 하사받음)으로 하남河南, 하양河陽 등 지역의 주부主簿·현령縣令직을 지냈고 건덕建德(안휘성에 있음), 양성襄城(하남성에 있음) 등 지역의 현縣을 다스리기도 하였다. 황우皇祐 3년(1051)에 시험을 거쳐 진사출신을 하사받은 후 공경대부公卿大夫의 자제를 가르치는 국자감國子監의 직강直講직을 맡아보았고 과거시험 시험관을 맡기도 하였다. 상서성尙書省의 관리인 도관원외랑都官員外郎직을 지냈으므로 매도관梅都官이라고도 한다. 가우嘉祐 5년(1060), 수도 변경汴京에 대 역병이 돌아 병에 걸려 죽었다.

일찍이 시문詩文에 뛰어나 서곤파 시인 전유연錢惟演의 칭찬을 받기도 하였지만 구양수歐陽修, 윤수尹洙 등과 교유하며 시예詩藝를 닦아 서곤제의 화려하기만 하고 의미가 얕은 문장의 단점을 개혁하는 시문詩文 혁신운동에 주력하였다. 그러한 관점에서 추진한 창작의 성취가 몹시 뛰어나 송시의 '개산대조開山大祖'라 평가되고 있다. 그의 시는 섬세한 관찰과 깊은 감정, 구상의 단련 등에 힘써 뜻을 펴냄과 아울러 "조어造語"에도 심혈을 기울인 특징이 있다. 시 창작에 전념한 '고음苦吟시인'에 속하기도 하는데 평담平淡한 경지를 지향하였으므로 애상의 감정이 깊은 작품을 제외하고는 대체로 담담한 격조를 보이지만 담담함이 지나친 것은 바싹 마른 느낌을 준다.

우리나라 고려조의 문인 이규보는 《백운소설白雲小說》에서 옛 사람들이 매요신을 '시옹詩翁'이라 일컫게 된 까닭을 몰랐으나 차츰 그의 시가 겉으로는 약한 듯하나 속으로는 단단한 힘이 있어 우수한 시임을 알게 되었다고 칭찬한 바 있다. 이는 바로 매요신 시의 평담한 경지를 찬양한 것이라 하겠다.

요주태수 범중엄의 좌중에서 객들과 복어를 먹는 것에 대해 이야기를 나눔

봄이 온 물섬에 갈대 싹 돋고
봄 강안엔 버들 꽃 날리니
복어는 이때가 바로
해산물중 가장 귀한 때라네.
그 생김새가 괴상한데다
그 독 또한 더한 것이 없다네.
튀어나온 배는 큰 돼지 같고
부라린 눈은 오 지방의 개구리 같네.
주방에서 요리하다 잘못되면
목구멍에 들어가 칼날이 된다네.
이와 같이 신체를 잃게 된다면
무엇하러 입 빌려 먹으리오?
남방 사람들에게 물어보니
무리지어 두둔하며 자랑까지 하네.
모두들 맛이 더 할 나위 없는데
누가 사람 죽인다하느냐고
내 말로는 그들을 굽힐 수 없어
홀로 생각하며 헛되이 탄식하네.
한유가 조주에 유배되었을 때
처음엔 뱀 고기 먹는 걸 꺼렸고
유종원은 유주로 나가 있을 때
개구리 두꺼비 달게 먹었네.
이것들은 비록 혐오스럽긴 해도
목숨을 어그러뜨리지 않는다네.
복어의 맛이 그에 못하지야 않겠지만
그중에 끝없는 화가 숨겨 있다네.
지극한 미美는 싫어해야 마땅하다는
그 말이 실로 옳다하겠네.

范饒州坐中客語食河豚魚

春洲生荻芽　　春岸飛楊花
河豚•當是時　　貴不數魚蝦
其狀已可怪　　其毒亦莫加
忿•腹若封豕•　　怒目猶吳蛙
庖煎苟失所,　　入喉爲鏌鋣•
若此喪軀體　　何須資齒牙?
持問南方人　　黨護復矜誇
皆言美無度　　誰謂死如麻?
我語不能屈　　自思空咄嗟
退之來潮陽　　始憚餐籠蛇
子厚居柳州　　而甘食蝦蟆
二物雖可憎　　性命無舛差
斯味曾不比　　中藏禍無涯
甚美惡亦稱　　此言誠可嘉!

하돈河豚 복어.　**분**忿 성내다.
봉시封豕 큰 돼지. 封은 크다는 뜻.
막야鏌鋣 莫邪라고도 하며 날카로운 검의 이름이다.

해설

이 시는 경우景祐 5년(1038) 강서성 요주태수饒州太守직을 지내던 범중엄范仲淹의 좌중에서 지은 시이다. 복어 상을 앞에 놓고 일필휘지로 써내려간 절창絕唱으로 유명하지만 한편 시의 함축미를 중시하는 관점에서는 앞의 네 구 이하는 모두 사족과 같다고 보기도 한다. 앞의 네 구는 소식의 〈혜숭〔춘강만경〕惠崇〔春江晩景〕〉시에서 〔쑥대 풀 땅에 가득하고 갈대 싹은 짧은데 바야흐로 복어가 올라올 때라네. 蔞蒿滿地蘆芽短, 正是河豚欲上時〕라 한 것과 유사한 함축적 운미韻味가 있지만 나머지 부분은 시비를 논하는 느낌의 내용을 서술하였기 때문이다.

복어를 먹는 것의 위험성이 자칫하면 목숨을 앗아가는 정도인데도 맛이 뛰어나다고 먹는 것을 사양하지 않는 사람들을 풍자한 것은 세속적인 것에 맹목적으로 탐닉하는 세태를 경계한 것이다.

당시 구양수의 시에도 〈초식거오初食車螯〉, 〈초식계두初食鷄頭〉등 특별한 요리를 먹은 것에 관한 시가 보이는데 이러한 점은 송시의 제재가 다양해진 것을 반영해 보인다. 한편 황정견의 시를 두고 소식이 〔황정견의 시는 꽃게나 살 조개와 같아서 격과 운이 뛰어나게 높아 다른 요리를 거들떠보게 하지 않지만 많이 먹어서는 안 되니 많이 먹으면 풍병이 발하여 기를 다치게 된다.(魯直詩文如蝤蛑江瑤柱, 格韻高絶, 盤飧盡廢, 然不可多食, 多食則發風動氣.〈書魯直詩後〉)〕라 한 것에서 볼 수 있는 것처럼 송시의 특이한 맛을 추구하는 시취와도 관련이 있는 듯하다.

여수물가의 가난한 집 딸

이 무렵 다시 궁수를 차출하느라 노인과 소년들을 모두 모이게 했다. 큰비 내리고 몹시 추워 길에서 죽는 자가 백여 명이 되었다. 양하에서 곤양의 노우파 언덕까지 얼어 죽은 시체가 줄 이었다.

여수가의 가난한 집 딸
울고 있는 그 목소리 처참하다
하소연하기를 연로하신 부친 뿐
집안에 장정이라곤 없는데,
군의 이졸 어찌도 포악한지
지방관들은 대항하지 못하고
전쟁터에 내보내 남게 하지 않으니
구부정하게 지팡이 짚고 떠나면서
주위 이웃들에게 정성껏 부탁하기를
서로 도와주기를 바란다 하셨지요
마침 마을사람들 돌아왔다기에
아직 강건하신가 물었더니
과연 추운 빗속에
양하가에 얼어 죽었다 하네.

미약한 몸 의탁할 곳 없어
가로 누운 시체 장사도 못 지내네.
딸 낳는 것이 아들만 못하니
살아남아 있어야 무엇을 해 내리오?
가슴 치며 창천에 호소하거니
살아야 할지 죽어야 할지?

汝墳貧女

時再點弓手, 老幼俱集. 大雨甚寒, 道死者百餘人; 自壤河至昆陽老牛陂, 僵尸相繼.

汝墳貧家女	行哭音凄愴
自言有老父	孤獨無丁壯
郡吏來何暴!	縣官不敢抗
督遣勿稽留	龍鍾去携杖
慇懃囑四鄰	幸願相依傍
適聞閭里歸	問訊疑猶强
果然寒雨中	僵死•壤河上
弱質無以托	横尸無以葬
生女不如男	雖存何所當?
拊膺•呼蒼天	生死將奈向?

강사僵死 뻣뻣이 죽음. 僵은 엎드러질 강. ex) 僵屍(강시): 넘어져 있는 시체, 얼어죽은 시체.
부응拊膺 가슴을 두드림. 부는 어루만지다, 두드리다. 膺은 가슴.

해설

송의 서북방에 위치한 강대국 서하西夏는 인종 보원寶元, 강정康定, 경력慶曆 연간에 대규모로 송나라를 침공하였는데 이 시는 그중 강정원년(1040)에 침입한 서하를 막기 위해 송의 섬서陝西, 하북河北, 하동河東, 경동서京東西 등 지역에서 향군鄕軍을 모집하여 전투에 동원함으로써 민생에 큰 피해가 있던 것을 두고 '하정상달下情上達'의 견지에서 읊은 시이다.

당시 작자는 하남성河南省 양성현襄城縣의 현령직을 지내고 있었는데 여분汝墳은 하남성 경내에 있는 여수汝水의 제방堤防을 가리킨다. 노인까지 향군에 동원되어 길가에서 얼어 죽은 참상을 전형적인 현실 고발적 악부시로 형상화한 '전쟁문학'유에 속하는 작품이라고 볼 수 있다.

노산을 다녀와서

산수 즐기는 마음에 흥겹게도
높고 낮은 수많은 산들
가는 곳마다 새로운 산봉우리
길 잃을까 두려운 깊숙한 길
서리 내리니 곰은 나무위로 오르고
조용한 숲에선 사슴이 계곡물을 마시네.
인가는 어디쯤 있는지?
구름너머 한 마디 닭 울음소리

魯山山行

適與野情愜• 千山高復低
好峰隨處改 幽徑獨行迷
霜落熊升樹 林空鹿飲溪
人家在何許? 雲外一聲鷄

협愜 쾌할 협, 뜻에 맞을 협.

해설

이 시 역시 강정원년(1040) 양성현壤城縣(하남성에 있음)을 다스리고 있을 때 지은 시이다. 홀로 조용한 자연 속을 거니는 한적한 정취와 아득한 곳의 인가人家의 존재는 세속과 탈속脫俗이 조화된 공간을 느끼게 해준다. 전고典故를 쓰지 않고 산행의 정감을 자연스레 전개하였는데 섬세한 관찰과 예술적 성취가 돋보인다.

슬픔을 적음

하늘이 내 아내를 앗아가더니
다시 또 내 아들을 앗아갔네.
내 두 눈의 눈물은 다 마르지 않았지만
한 조각 일편단심에 죽고 싶어지네.
비는 떨어져 땅으로 스미고
빗방울은 바다 속으로 가라앉으니
바다에 가면 물방울 볼 수 있고
땅을 파면 물을 볼 수 있건만
오직 사람만은 황천으로 돌아가면
만고의 인연 끝나고 만다네.
가슴 치지만 누구에게 물으리오
초췌하구나, 거울 속의 몰골이

> **書哀**
>
> 天旣喪我妻　又復喪我子
> 兩眼雖未枯　片心將欲死
> 雨落入地中　珠沈入海底
> 赴海可見珠　掘地可見水
> 唯人歸泉下　萬古知已矣
> 拊膺當問誰　憔悴鑑中鬼

해설

이 시는 경력慶曆 4년(1044) 매요신이 호주湖州에서 변경汴京으로 가던 뱃길에서 부인이 병을 얻어 죽고 곧 이어 둘째 아들도 죽는 불행을 당하고 그 슬픔의 감정을 적은 것이다. 죽은 사람, 특히 부인을 잃고 지은 시로는 반악潘岳의 〈도망悼亡〉시가 유명한데 매요신에게도 이 시외에 〈도망悼亡〉시 3수首와 아들의 죽음을 애도한 〈도자悼子〉시가 별도로 있다. 모두 비통한 감정이 짙게 담긴 시들인데 이 같은 시는 그 특성상 담담한 격조를 유지하기 어렵다. 특히 5구에서 10구에서는 영별의 애절함을 비유로 표현하였는데 보기 드문 수법을 써서 슬픔의 깊이를 잘 전해주고 있다.

시골 유지

날마다 수확 재촉하는 북을 치니
때는 풍년이라 칭할 만하네.
새로 빚은 술을 거나하게 기울이며
강을 떠나는 배에 싣는데
여인네 머리엔 은비녀 가득하고
아이들 옷은 결 고운 모직 옷
향리들은 묻지를 말게
관권에도 아랑곳 않으니

村豪

日擊收田鼓　　時稱大有年
爛傾新釀酒　　包載下江船
女髻銀釵滿　　童袍毳•氎•鮮
里胥休借問　　不信有官權

취毳 솜털 취, 연하고 부드러울 취, 담장막 취.
첩氎 가는 모직

해설

이 시는 작자가 지방관을 지내면서 목도한 지방 토호土豪의 권세를 풍자한 시이다. 토지겸병을 통해 대지주가 된 세력은 지방관의 관권에 통제받지 않고 부를 향유하며 소작농의 노동력을 수탈하는 현상을 일으켰는데 농민에 관한 현실 비판적 시들이 대부분 관리의 수탈에 관련된 것이 많음에 비할 때 특색이 있는 시이다. 송대에는 상업적 대도시와 오락문화가 발달하였는데 농촌에도 토호세력이 성장하여 향락을 누렸던 당시의 농촌 현실을 사실적으로 묘사한 것이다.

작은 마을

회수물 탁 트이고 물 섬 많은 곳에 마을 하나 있는데
성기고 부서진 가시나무 울타리가 대문이라네.
추위타던 닭은 먹이 보자마자 무리 부르고
옷도 못 걸친 노인네는 손자를 안고 있네.
새들 비죽비죽 앉은 배는 닻줄 끊겼고
강물에 닳은 마른 뽕나무는 울퉁불퉁한 뿌리 뿐
아아, 생활고가 이와 같으니
백성으로서 조세 낸 것이 헛되었도다.

小村

淮闊洲多忽有村　　棘籬疏敗謾•爲門
寒雞得食自呼伴　　老叟無衣猶抱孫
野艇鳥翘•唯斷纜　　枯桑水嚙•只危根
嗟哉生計一如此　　謬入王民版籍論

만謾 속이다. **교**翹 들다, 우뚝우뚝하다. **설**嚙 씹다.

해설

이 시는 경력 8년(1048) 가을, 수재를 겪은 회수淮水 지역의 한 작은 마을의 참상을 그렸다. 가난한 어촌의 현실을 섬세한 필치로 표현하였고 재해가 있어도 구휼해주지 못하는 조정에 대해 풍자하였는데 주로 뜻을 곡진하게 묘사하는 것으로써 시적 의미를 전달하였으므로 여운을 주는 읊조리는 시와 거리가 많다고 하겠다.

동쪽 시내

길이 동쪽 시내에 이르러 강물구경을 하는데
외로운 물섬 바라보느라 배 더디 떠나네.
물오리 잠든 강안은 한가로운 정취 있고
꽃 핀 고목에는 보기 흉한 가지 없네.

짤막짤막한 부들 풀은 가위로 자른 듯 가지런하고
평평한 모래알맹이는 체로 거른 듯 곱다네.
흥은 다하지 않았지만 머물 수가 없어
저물녘 돌아오니 수레 끄는 말 지쳤네.

東溪

行到東溪看水時　坐臨孤嶼•發船遲
野鳧眠岸有閑意　老樹着花無醜枝
短短蒲茸•齊似剪　平平沙石淨于篩•
情雖不厭住不得　薄暮歸來車馬疲

서嶼 물의 섬, 수중에 있는 작은 산, 물섬.
포용蒲茸 뾰족뾰족한 부들풀. 茸은 풀이 뾰족뾰족한 모양.
사篩 체.

해설

이 시는 지화至和 2년(1055) 작자가 고향 선성宣城에 있을 때 지은 시이다. 작자는 수레를 타고 선성의 동쪽에 있는 동계東溪로 강 구경을 갔다가 그곳에서 심취한 자연경치를 담담한 필치로 그려내었다. 3·4 구는 새로운 의경意境을 창조한 것으로 유명하고 5·6구는 청신한 경계境界를 보여준다.

정월 보름날밤 밖에 다녀와서

집안에만 있으면 수심만 가득해
밖에 나가 노닐자니 가슴이 트이려 하네.
잘사나 못사나 배필에 의지하거니
마음이 다시 즐겁지가 않네.
늙어 가매 의욕이 줄어들어
하려고 했던 일 마음 먼저 그만두네.
돌아와 딸아이를 보며
말없이 코만 시큰시큰
작년에 엄마와 놀러 나갈 땐
엄마 따라 화장을 하더니

이제 엄마가 황천으로 돌아간 뒤
때 묻은 얼굴에 성한 옷이 적다네.
그것들이 아직도 어린 것을 생각하니
눈물 감추며 차마 바라볼 수 없어
등불 밀어놓고 벽을 향해 누우니
폐부에 온갖 근심 모이네.

正月十五夜出回

不出只愁感　出游將自寬
貴賤依儔匹•　心復殊不歡
漸老情易厭　欲之意先闌•
却還見兒女　不語鼻辛酸
去年與母出　學母施朱丹
今母歸下泉　垢面衣少完
念爾各尚幼　藏淚不忍看
推燈向壁臥　肺腑百憂攢•

주필儔匹 짝, 벗.　**란**闌 늦을 란, 다할 란.
찬攢 중기중기 모일 찬.

해설

매요신은 부인이 죽은 후 몇 년간 죽은 부인을 그린 시를 썼는데 이 시는 그중의 한 수이다. 십칠 년간 같이 살았던 부인이 죽자 그 정을 쉽게 잊지 못하고 삶에 대한 애착도 엷어진데다 자식들을 보면 더욱 애처로운 마음에 눈물을 감추고 운다는 슬픔의 깊은 정을 토로하였다. 이 같은 시는 인생의 깊은 경험을 어려운 전고典故나 비유를 쓰지 않고 직서적이고 평이한 시어로 형상화한 감정이 참된 시라고 하겠다.

산 구경한 것을 송중도에게 써 보냄

앞산이 먼 곳을 가리지 않아
끊긴 곳으로 뾰족한 푸른 빛 토해내네.

옅게 푸름을 칠하면 빛이 안 나고
담묵으로 칠하면 흔적이 강하겠네.
앞 숲에는 흰 구름 가로 흐르고
또 뒤에는 산 고개 있어
강물위에 홀로 배를 타고 가는 이
바라다보느라 날 저무는 줄 모르네.
어찌하면 노련한 화가의 솜씨 얻어
심원한 회포 품은 그대에게 써 보낼까?

看山寄宋中道

前山不碍遠	斷處吐尖碧
研青點無光	淡墨近有迹
前林橫白雲	復與後嶺隔
孤舟川上人	引望不知夕
安得老畵師	寫寄幽懷客?

해설

이 시는 배를 타고 가면서 아름다운 산 경치를 감상한 것을 두고 그림에 비유하여 작자의 심미적인 느낌을 노련한 화가의 솜씨로 멀리 있는 흉회가 고상한 벗에게 전달해주고자 하는 바람을 담았다. 산의 심미적 측량에 비중이 놓여있는 것은 소식蘇軾이 〈제서림벽題西林壁〉시에서 〔가로 보면 산고개요 옆에서 보면 산봉우리, 원근과 고저가 각기 다르네. 여산의 진짜 면목을 알지 못하는 것은 오직 몸이 이 산중에 있기 때문. 橫看成嶺側成峰, 遠近高低各不同. 不識廬山眞面目, 只緣身在此山中.〕이라고 여산廬山에 대한 감상에서 철리哲理를 획득한 것과 비교할 때, 심미적 차원에 그친 것 같지만 그 고심함은 한편 벗을 생각하는 배경에서이기도 하니 자연의 찬미와 함께 벗에 대한 우정의 깊이를 드러내 보이는 시라고 하겠다.

19 장 방 평 張方平

장방평(1007~1091)은 응천부應天府 송성宋城(하남성河南省 상구商丘)사람이고 경우景祐 원년(1034) 무재이등茂才異等에 뽑혀 비서성 교서랑校書郎이 되었고 뒤에 관직이 중서문하성中書門下省의 참정參政, 태자를 가르치는 태자태보太子太保에까지 올랐다.

소철이 균주 주세감독으로 가는 것을 전송하며

재주와 명성 있음에도 부평처럼 떠도는 그대가 한탄스럽고
늙고 병든 이 몸 박 같은 신세임을 탄식하네.
그대 위해 마련한 탑상 이제 벽에 걸어두려니
탑상의 먼지 다시 쓸게 할 사람 누구일지 모르겠네.

送蘇子由監筠州酒稅

因嗟萍梗•才名客　自嘆匏瓜•老病身
一榻從玆還倚壁　不知重掃是何人?

평경萍梗 부평초와 줄기. 떠도는 부평초, 부러진 줄기의 뜻.
포과匏瓜 박. 匏는 박 포, 瓜는 오이 과.

해설

이 시는 작자가 익주益州 태수를 지낼 때 가까이했던 소순蘇洵, 소식蘇軾, 소철蘇轍 등 소씨蘇氏 삼부자 중 소철이 형 소식의 '오대시안烏臺詩案' 사건(소식의 작가해설 참조)에 연루되어 균주筠州 감주세鹽酒稅직으로 떠나게 되었을 때 전송하며 지은 시이다. 2구의 뜻은 《논어論語》에서 공자가 평소 좋지 못한 일을 했던 자에게 찾아가는 것을 두고 공자의 제자가 이상히 여기자 '갈아도 닳지 않는 것이 견고한 것이고 물들여도 물들지 않는 것이 흰 것인데 맛이 쓴 박처럼 허리에 매달아 물을 건너는 데만 쓰이고 단 맛의 박처

럼 먹을 수 있는 음식이 되지 못한다면 한탄스러운 일'이라고 시류에 휩쓸리지 않는 견고함을 피력한 것을 두고 볼 때(《논어論語 · 양화陽貨》) 노쇠한 자기 자신이 견고하지 못함을 한탄한 것으로 보인다. 짧은 네 구절 속에 어려움을 당한 소철을 위로하는 마음과 깊은 석별의 정을 담은 것에서 각별한 우정을 느낄 수가 있다.

20 여 정 余情

여정은 소주韶州 합강合江 사람이고 진사시에 으뜸으로 뽑혔다. 관직이 비서승秘書丞에 이르렀고 집현교리천장각대제集賢校理天章閣待制에 충원되었을 때 범중엄이 재상에게 득죄한 것을 구하려고 상소문을 올렸다가 균주주세筠州酒稅 감독으로 배척되었다. 요나라의 군대가 쳐들어 왔을 때에는 화의에 공을 세워 지제고知制誥, 사관수찬史館修撰직을 얻게 되었다. 당시 재상이 그를 싫어하여 길주吉州로 출임 나갔다가 관직을 그만두었다. 황우皇祐초에 평농平儂에서 다시 진출하여 집현학사集賢學士에 배수되었고 이부시랑吏部侍郎으로 옮겨갔다. 교지交趾에 병란이 있을 때에는 가서 격문을 써 평정하여 공부상서工部尙書에 배수되었다. 문집으로 《무계집武溪集》 20권이 있는데 문장은 간결하면서 뛰어난 바가 있었고 시 역시 법도 있게 단련하였다. 당시 구양수가 문단의 영수로서 고문을 제창하였는데 그와 교분이 두터웠던 그도 화려한 글귀를 버리고 질박함을 숭상하였다.

산사에서 홀로 숙박하며

땔감 실은 봉분 같은 수레는 현으로 가는데
궁핍한 길에는 가을이 근심스럽네.
세찬 비에 시냇물 소리 들리지 않고
쇠잔한 등불 창에 담담히 그림자 지네.
분주히 달리는 낮은 선비의 몸이요
처량한 나그네의 정경이로다
추운 산에서는 꿈조차 이루기 어려우니
오늘 밤 긴 것을 비로소 알겠노라.

山寺獨宿

柴車走縣封　窮途秋耿耿
急雨失溪聲　殘燈淡窓影
驅馳下士身　凄凉旅人景
山寒夢難成　始識今夜永

해설

이 시는 낮은 신분의 관리로 있을 때 산사에서 숙박하며 느낀 감회를 적은 시이다. 첫 구는 추위에 떠는 궁핍한 작자와 대조되는 현으로 가는 수레를 그렸다. 네 연이 모두 처량하고 궁핍한 정경을 묘사하여 오늘날의 가난한 소시민의 정서와 일치되는 감이 있다.

21 구 양 수 歐陽修

구양수(1007~1072)는 여릉廬陵(강서성江西省 길안吉安) 사람이고 스스로 호를 취옹醉翁이라 하였다. 네 살 때 부친을 여의고 홀어머니 밑에서 교육을 받았는데 집이 가난하여 갈대로 땅에 금을 그어가며 공부하였다한다.

인종 천성天聖 8년(1030) 진사가 되었고 서경西京(하남성 낙양)의 유수추관留守推官, 관각館閣의 교감校勘 등 직에 임명되었다. 범중엄范仲淹의 경력신정慶曆新政을 지지하였는데 범중엄이 유배되게 되었을 때 반대한 죄로 이릉夷陵현령으로 나가게 되었다. 경력5년(1045)에도 다시 저주滁州 등지로 출임 나가게 되는 등 불운이 있었지만 한림원翰林院의 한림학사에 임명된 후 가우嘉祐2년(1057)에는 지공거知貢擧직을 맡아 시문혁신운동정신에 입각하여 증공曾鞏, 소식蘇軾, 소철蘇轍 등 평이하고 내실 있는 글을 쓴 사람들을 합격시켰다. 관직도 추밀원樞密院의 부사副使, 중서문하성中書門下省의 참정參政직까지 올랐으므로 높은 직위와 문명으로 송대문단의 조류에 많은 영향을 미쳤다.

특히 당대 고문가 한유의 고문을 배워 당송팔대가唐宋八大家의 한사람으로 명성이 높지만 시는 산문에 비해 비중이 덜하고 한유시의 험하고 괴벽한 영향을 별로 받지 않았다. 소식은 그가 이백시를 배웠다고 종합하여 평했는데 다양한 성향의 시들이 공존하지만 주된 특징은 번잡하지 않은 시어로 산문에 가깝게 자기의 흉회를 서술해낸 것으로서 다소 호방한 풍격을 보이는 작품들도 있지만 송시의 기본적 성향을 보여준다.

봄날의 서호를 노래하여 법조참군 사백초에게 보냄

서호엔 봄빛이 돌아와
봄물 물들인 듯 푸르고
뭇 꽃들 활짝 피어

봄바람에 쌀가루처럼 날리겠지.
참군의 봄 시름 구름처럼 어지러워
백발로 시를 지어 시름을 보내왔네.
서호가에서의 한잔 술로
하늘가 만 리 밖 사람 그림을 알겠거니
만 리 밖에서 봄흥 그린 것도 정겨운데
홀연 봄이 오니 나그네 마음 놀라워라
눈 녹은 문밖엔 온 산이 푸르고
꽃 핀 강변은 맑은 이월 날씨
젊어서는 술잔 들고 새봄을 맞이했건만
봄날 맞이한 오늘 머리털 이미 희었네.
타향의 풍물은 고향과 다른데
오직 동풍만이 예부터 아는 사이.

春日西湖寄謝法曹歌

西湖春色歸　春水綠于染
群芳爛•不收　東風落如糝•
參軍春思亂如雲　白髮題詩愁送春
遙知湖上一尊酒　能憶天涯萬里人
萬里思春尙有情　忽逢春至客心驚
雪消門外千山綠　花發江邊二月晴
少年把酒逢春色　今日逢春髮已白
異鄕物態與人殊　惟有東風舊相識

란爛 익을 란, 난만할 란.　**삼**糝 쌀가루 삼.

해설

이 시는 범중엄을 지지한 죄로 이릉夷陵(호북성湖北省 의창宜昌)현령으로 출임出任되었을 때 허창許昌(하남성 허주許州)의 법조참관法曹參軍으로 있던 벗 사백초謝伯初의 시를 전해 받고 그에 화답하여 쓴 시이다.

여기서의 서호는 절강성浙江省 항주의 서호가 아니라 허창의 서호인데,

사백초가 구양수의 유배를 두고 유배지 이릉夷陵의 험난함을 상상하고 그 시름을 위로하는 내용을 직서적으로 읊어 보낸 것을 두고 구양수는 숙련된 예술적 형상화의 기법으로 사백초가 있는 서호를 상상하며 봄맞이의 시름을 썼다.

5언구와 7언구를 섞어 쓴 잡언체 악부시 형식인데 전반부의 감상적인 정서와 점층법을 쓴 깊은 서정의 표현은 사詞 작품의 느낌을 준다. 그러나 후반 6구의 청신清新하고 분석적인 표현은 송시의 풍미를 보여주는데, 특히 〔異鄕物態與人殊, 惟有東風舊相識.〕이란 표현은 사백초가 있는 곳과 구양수가 있는 낯선 이역을 공감하는 매체로서 '봄바람'을 인식한 것으로써 진사도의 〈송오선생알혜주소부사送吳先生謁惠州蘇副使〉시에서 〔인생 백년에 양 귀밑머리 희었지만 만 리 밖이라도 가을 바람은 한가지라네. 百年雙白鬢, 萬里一秋風.〕이라고 소식의 유배를 두고 오원유吳遠游와 함께 문하제자로서 느끼는 유감의 심정을 '가을 바람'으로 공감한 것과 동일한 것으로 바람을 통한 감정의 유대를 나타내 보인다.

낭야산을 유람하고

남산에 한 자나 쌓였던 눈
눈 다 녹으니 산색이 창연하다
골짜기 깊고 따스하니
매화꽃 이미 활짝 피었으리.
사군께선 기마와 시종이 번거로워
수레를 산기슭에 남겨 두었네.
노래 부르며 촌 노인 불러
함께 푸른 숲 속을 거니네.
키 큰 나무들은 녹음 우거졌고
반석바위는 취하여 잠들만한 곳
노래를 멈추고 산새소리 듣고
거문고 들어 그윽한 샘물소리 읊어보네.
도취하여 돌아갈 것을 잊었으나

세상에서 괴로이도 잡아끄네.
돌아갈 때에 비로소 먼 길임을 알았지만
밝은 달이 산봉우리 앞 비추네.

遊瑯琊山

南山一尺雪　雪盡山蒼然
澗谷深且暖　梅花應已繁
使君厭騎從　車馬留山前
行歌招野叟　共步青林間
長松得高蔭　盤石堪醉眠
止樂聽山鳥　携琴寫幽泉
愛之欲忘返　但苦世俗牽
歸時始覺遠　明月高峯前

해설

이 시는 경력6년(1046) 저주滁州(안휘성 저현滁縣)에 출임 나가게 되었을 때 지은 시이다. 구양수는 저주에서 유명한 태수가 되었는데 그 때 저주 서남쪽에 승 지천智遷이 세운 정자를 자신의 호를 취해 취옹정이라 명명하였고 그에 부친 〈취옹정기醉翁亭記〉가 전한다. 취옹정은 낭야산 양천釀泉가에 있다.

매화꽃 필 무렵 초봄에 낭야산에 놀러가 느낀 정취를 써내었는데 촌 노인, 벌거벗은 자연, 주흥에 취한 작자의 모습에서 아무것에도 구속받지 않는 호방한 시흥을 느낄 수가 있어 이백시의 시취詩醉에 가까우나 끝의 네 구는 세속의 괴로움과 그 겪어야할 험난함을 잘 알고 있음에도 〔明月高峯前〕이라고 밝은 귀로를 말한 것에서 이지적이면서 적극적인 느낌을 받을 수 있다.

풍락정에서 술 마시며

무정한 조화의 공 차별함이 없어

봄빛이 깊은 산중에도 이르렀네.
산의 복숭아 계곡의 살구나무 꽃 필 듯하고
절로 시절을 타고 봄바람 불어오네.
꽃구경하는 여인들은 추한 줄도 모르고
촌스런 화장 야한 자태로 꽃과 미를 다투네.
인생의 행락이란 억지로라도 힘써야하니
술 있으면 유리 술잔 등지지 말게
주인은 꽃과 여인네 비웃지 마시오
한스럽게도 스스로가 꽃 앞의 노인이니

豐樂亭小飮

造化無情不擇物　春色亦到深山中
山桃溪杏少意思　自趁時節開春風
看花遊女不知醜　古粧野態爭花紅
人生行樂在勉彊　有酒莫負瑠琉鍾
主人勿笑花與女　嗟爾自是花前翁

해설

이 시 역시 경력7년(1047) 저주滁州에 있을 때 봄놀이를 주제로 지은 시이다. 이 작품보다 〈풍락정유춘豐樂亭遊春〉 절구絕句시가 구양수의 대표작으로 꼽히곤 하는데 이 시는 좀더 긴 편폭에 같은 내용을 관조적이면서도 세밀하게 읊었다.

인생무상의 관점에서 봄놀이를 즐겨야함을 노래한 전형적인 '급시행락及時行樂(때에 맞춰 놀리라)' 유의 시이지만, 첫 1・2구에서 봄이 온 것을 '무정'하다고 한 것은 아이러니컬한 표현이다. 그러나 끝 두 구와 관련지어 자연의 순환이라는 관점에서 볼 때는 합당해 보이기도 하다.

〈풍락정유춘豐樂亭遊春〉 절구絕句 3수 중 유명한 제3수는 다음과 같이 〔푸른 산에 붉은 나무 해는 기울려 하는데 긴 들판의 풀빛은 끝없이 푸르네. 노니는 사람들은 봄이 다하려함에 개의치 않고 정자 앞을 지나다니며 낙화를 밟고 있네. 紅樹青山日欲斜, 長郊草色綠無涯. 遊人不管春將老, 來往亭前踏落花.〕라고 봄놀이하는 객의 무정함을 읊었고, 본 작품은 자기반성적 시각과 '조화造化'로 지칭된 '자연의 철리哲理'를 의식하였다. 두 시 모두 행락을 읊었음에도 이지적, 철리적 성향이 있는 송시의 특징을 보여준다.

저주를 떠나며

꽃 빛은 농염하고 버들은 하늘거리는데
꽃 앞에서 술잔 들어 나의 갈 길 전송하네.
그렇지만 내 여느 날처럼 취하리니
거문고와 피리로 이별의 곡 연주하지 말게나

別滁

花光濃爛柳輕明　　酌酒花前送我行
我亦且如常日醉　　莫教弦管作離聲

해설

이 시는 경력8년(1048) 저주滁州태수직을 마치고 양주揚州로 옮겨가게 되었을 때 환송석상에서 이별의 정을 읊은 시이다. 작자는 저주에 있는 동안 그곳의 산수자연을 흔상하며 선정善政을 베풀었기에 떠날 때 서로 간에 아쉬움의 정이 깊었을 것이다. 그러나 3・4구에서 산문적인 어조를 써서 마치 평소의 술자리인양 이별의 감정을 감춤으로써 호방미豪放美 있게 예술화해 내었다. 버드나무 늘어진 강가의 풀밭에서 꽃을 감상하며 벗들과 주연을 베푸는 것은 일상사라고 볼 수 있는데 '이별의 애달픈 곡조를 연주하지 말라'는 당부는 이별을 읊은 유명한 시들이 주로 전송하는 사람의 입장에서 길 떠나는 사람을 걱정하는 따뜻한 마음을 써낸 것과 반대로 송별잔치를 받는 입장에서 절제된 표현 속에 깊은 정을 드러낸 구절이다.

변방의 민호

집안 대대로 변방의 민호로서
해마다 늘 오랑캐 대비하네.
아이들은 말 타기 연습하고
아낙네들도 활을 당길 줄 안다네.
오랑캐 먼지 조석으로 일고
오랑캐 기마는 안하무인
마주치면 곧 활 쏘아
언제나 살상을 일삼네.
단주의 맹약이 있은 후로
남과 북이 화약을 맺었지만
비록 전투는 면했다 해도
두 곳에다 조세를 내야하네.
장군과 이졸들 생계를 걱정해야하고
조정에선 멀리까지 살펴야하는데
몸이 변방의 계하에 살건만
계하에서 낚시질 못하게 한다네.

邊戶

家世爲邊戶　年年常備胡
兒僮習鞍馬　婦女能彎弧•
胡塵朝夕起　虜騎蔑如無
邂逅輒相射　殺傷兩常俱
自從澶州盟　南北結歡娛
雖云免戰鬪　兩地供賦租
將吏戒生事　廟堂爲遠圖
身居界河上　不敢界河漁

만호彎弧 나무화살을 당김. 彎은 당기다, 弧는 나무화살.

해설

이 시는 작자가 거란족 요나라에 사신 갔던 지화至和2년(1055) 무렵에 지어진 것으로 거란과 접경지역인 하북河北 변경지역의 민호民戶들의 고충을 읊은 현실 비판적 사회시 작품이다.

송은 건국 초부터 북방 변방이 이민족의 침입에 시달려 진종 경덕景德원년(1004) 거란의 대규모 침입 후 요나라가 송을 형제국가로 삼는 대신 송에서 요에 공물을 수급하는 관계를 정한 '단연澶淵의 맹약'을 맺었는데 그로부터 50여 년 동안 변경지역 사람들은 비록 거란족과의 전투는 그쳤지만 송나라와 요나라에 모두 부세를 내야하는 부담에다 송나라 조정의 정책으로 생업도 못하게 되어 고충이 심하다는 것이다. 왕안석에게도 〈하북민河北民〉이라는 이중고를 겪는 변방지방 민호들의 고충을 읊은 시가 있는데 이러한 시들은 북송조의 특수한 국가정세를 잘 보여준다고 하겠다.

22 소 순 흠 蘇舜欽

소순흠(1008~1048)은 원적이 지금의 사천성四川省 면양綿陽이고 참정參政 직을 지낸 소이간蘇易簡의 손자로 북송의 수도 변경汴京에서 태어났다. 20세 때 부친의 덕으로 태묘太廟(왕실의 종묘)의 재랑齋郞이 되었고 목수穆修, 윤수尹洙 등과 함께 옛 도를 담은 시가를 제창하는 활약을 하였다.

인종 경우景祐원년(1034) 진사가 되었는데 박주亳州로 출임 나가자마자 토호를 추방하고 교활한 관리를 죽였으며 후에는 인종에게 직간을 서슴지 않는 등 강직한 성품의 소유자였다. 의론 및 자문역할을 담당하는 광록사光祿寺의 광록주부光祿主簿, 형법에 관련된 일을 맡아보는 대리사大理寺의 대리평사大理評事, 집현전의 교리校理 등 직을 지냈고 정치에 적극적으로 참여하여 범중엄의 정치개혁을 지지하였다가 경력慶曆4년(1044) 반대파의 공격을 받아 직위에서 쫓겨나 소주蘇州로 물러나서 창랑정滄浪亭을 짓고 산수 속에 살며 울적한 마음을 시로 써내었다. 경력慶曆8년(1048)에 다시 호주장사湖州長史로 임명되었으나 임직하기 전에 죽었다.

그는 화려한 문장을 벗어난 예스런 맛의 시문을 지어 송시의 개혁에 앞장서는 역할을 하였는데, 강개한 애국 · 우국적인 성격과 호방하고 활수한 기질이 섬세한 관찰과 묘사에 뛰어난 매요신시와 대조되는 필력이 분방한 시를 짓게 하였으므로 당시 사람들이 '蘇 · 梅'라 병칭하였다. 29세 때 두보의 시를 편집한 《두보별집杜甫別集》을 편찬할 정도로 두보의 시를 좋아하였고 그 영향을 많이 받아 그의 시는 '장려하고 언뜻 꺾임이 노두의 남긴 풍미가 있다. 壯麗頓挫, 有老杜遺味.'하다는 평가를 받기도 하였지만(방회方回 《영규율수瀛奎律髓》) 호탕하고 자유로우면서도 의미가 깊거나 세상사를 초탈한 경향은 송시의 철리哲理를 담은 일면을 느끼게 한다.

객들과

객들이 시사를 논하는데
서로들 참담한 얼굴빛
오랑캐가 장군을 죽였고
메뚜기가 논밭을 먹어치웠다네.
처량하여 마음속 텅 빈 채
배회하는 마음 절로 가련하다.
누가 국치를 함께 하리오?
남은 울분 술잔 앞에 떨구네.

有客	
有客論時事	相看各慘然
蠻夷殺郡將	蝗螨食民田
蕭瑟心空遠	徘徊志自憐
何人同國恥?	餘憤落樽前

해설

이 시는 경우景祐2년(1035) 광록사光祿寺의 주부主簿직위로 박주亳州 몽성현蒙城縣(안휘성에 있음)에 나가 있을 때 그 해를 전후해 있었던 재난을 한탄하여 읊은 시이다. 인종 경우2년 5월 남쪽의 광남廣南지역에 오랑캐들이 침범하여 그 지역의 장수를 죽이자 조정에서 원군을 파견하여 토벌하게 하였고 그 전 해인 경우원년 6월에는 수도 개봉지역에 메뚜기 떼가 출현하여 재해를 일으켰었는데 이러한 국환國患을 두고 시사를 논하는 객들과 작자의 우국적 수심을 짧은 형식에 표현해내었다.

소주를 지나며

동쪽으로 반문을 나서니 눈이 탁 트이는데
부슬부슬 날리는 비 흐렸다 맑았다 하네.
푸른 버들 흰 백로 유유하고

가까운 물 먼 곳의 산 모두 정겹네.
만물의 성쇠엔 하늘의 뜻 있건만
이 한 몸 고달프니 속인들 경시하네.
무궁한 좋은 경치에도 머물 인연 없어
구구히 저녁에도 길 떠나는 배를 젓네.

過蘇州

東出盤門刮眼明　蕭蕭疏雨更陰晴
綠楊白鷺俱自得　近水遠山皆有情
萬物盛衰天意在　一身羈苦俗人輕
無窮好景無緣住　旅棹區區暮亦行

해설

이 시는 변경汴京에서 대리평사大理評事직무를 보고 있던 중 경력원년(1041) 5월 모친이 회계會稽(절강성 소흥紹興)에서 죽자 모친상을 치르기 위해 남쪽으로 가던 남행길에서 지은 시이다. 강소성江蘇省 소주蘇州의 아름다운 풍경과 인생에 대한 관조觀照를 여수旅愁와 함께 느낄 수 있다.

오월지방의 큰 가뭄

오월지방의 용사년에
대 가뭄 들어 천 리가 헐벗었네.
벼와 기장 심던 곳에
가시덤불 길게 자랐네.
교룡들은 숨은 지 오래고
물고기 자라는 말라비틀어졌네.
찌는 더위 속 독기를 발하고
죽은 자들 도로에 쌓였네.
도시와 들판을 이어
통곡하며 떠나는 자들 줄이었네.
이때에 서쪽 오랑캐들은

흉포함이 날로 극치를 이루니
군수품을 동남지방에서 걷음에
잠시도 쉬지 않고 마구 거둬들이네.
또 듣기로는 향병으로 올려
몰아서 전투를 가르친다니
오지방 사람들은 물을 목숨으로 여기고
배 젓는 것이 그 하는 일이라
갑옷과 창과 방패들
생전에 본 적도 없다네.
채찍질로 길바닥에 피투성이니
놀랍고 두려움에 우주가 좁을 지경
하나 둘씩 장정들 죽어가고
살아남은 자도 먹을 것이 없다네.
원통함이 풀리지 않고
솟구쳐 기후조차 뒤바꿨네.
두 해 동안 봄여름 내
비 오지 않고 해만 쪼이네.
어찌하면 차가운 구름이
사방에 흩어져 벽력을 날리고,
콸콸 퍼부어 왕성한 역병 기운 씻어내
달게 적셔 벼와 기장 일으키고,
강물엔 예처럼 물 불어나고
회남의 산 고개에 신록이 발하여
나로 하여금 외로운 돛 날리며
호탕하게 가을 속으로 들게 하리오?
어찌하여 진흙 찌꺼기 속에서
이 같은 근심에 잠기게 하나?
긴 바람이 구름을 걷어 가는데
키에 기댄 채 눈물이 가슴 적시네.

吳越大旱

吳越龍蛇年　大旱千里赤
尋常粳•穄•地　爛漫長荊棘
蛟龍久遁藏　魚鱉盡枯臘
炎暑發厲氣　死者道路積.
城市接田野　慟哭去如織.
是時西賊羌　凶焰日熾劇,
軍須出東南　暴斂不暫息.
復聞籍兵民　驅以教戰力,
吳儂水爲命　舟楫乃其職,
金革戈盾矛　生眼未嘗識.
鞭笞•血塗地　惶惑•宇宙窄,
三丁二丁死　存者亦乏食
寃懟•結不宣　衝迫氣候逆.
二年春及夏　不雨但赫日.
安得冷冷雲　四散飛霹靂,
滂沱•消祲癘•　甘潤起稻稷,
江波開舊漲　淮嶺發新碧,
使我揚孤帆　浩蕩入秋色?
胡爲泥滓•中　視此久戚戚?
長風卷雲陰　倚舵淚橫臆.

갱粳 메벼 갱　　**제**穄 메기장, 피
편태鞭笞 채찍질함.　　**황혹**惶惑 두려워할 황, 미혹될 혹.
원대寃懟 원통하고 원망함
방타滂沱 큰 비가 퍼붓는 모양. 滂은 비 퍼부을 방. 滂沱는 눈물이 끊임없이 흘러내린다는 뜻도 있음.
침려祲癘 왕성한 질병. 癘는 염병, 문둥병, 瘴氣 등의 나쁜 질병.　　**니재**泥滓 진흙 찌꺼기. 滓는 찌꺼기, 앙금의 뜻.

해설

이 시 역시 모친상을 치르기 위해 절강성浙江省으로 가던 길에 지은 시인데 첫 구의 용사년龍蛇年은 강정康定원년(1040)과 경력원년(1041)을 가리킨다. 이때에 동남 오월吳越지방에는 대 가뭄이 들고 또 서북 변방에서는 서하의 대규모 침입이 있었다. 송은 서하 이원경李元昊의 군대에 대패하였고 전쟁을 치르느라 나라가 피폐해졌는데 작자가 남방을 향해 지나던 춘추시대 오나라 월나라 땅이었던 강소성江蘇省, 절강성浙江省 일대엔 마침 두 해 동안의 대 가뭄으로 재난이 막중하였으므로 그 참상을 시에 담은 것이다.

이족의 침입으로 하여 주로 강가에서 생활하던 오월지방 사람들도 군대에 동원되어 힘없이 서하의 군대에 패하였고 그런 불행한 결과가 천기의 변화를 일으켜 가뭄이 겹치는 재난이 왔다고 하였지만 가뭄은 우연히 재난이 겹친 것으로써 여기서는 시의 격앙된 분위기를 조성하는 역할을 하고 있다. 우국의 의지가 강했던 작자를 두고 볼 때 주로 현실의 비판에 강조점이 있는 전형적인 사회현실을 반영한 시라 하겠다.

도성을 떠나온 뒤

봄바람에 이별을 어이하리오!
한 척의 배로 험난한 파도 헤치며 가네.
조정을 떠남에 충정은 꺾였고
흐르는 세월 속 백발만 늘었네.
몸을 빼어 그물망을 벗어나
웃음 머금고 안개 숲으로 드네.
궁하고 달함은 늘 있는 일이나
세상 구하기를 읊었던 〈대주가〉를 잊기 어렵구나.

離京後作

春風奈別何! 一櫂•逐驚波
去國丹心折 流年白髮多
脫身離網罟 含笑入煙蘿
窮達皆常事 難忘〈對酒歌〉

도櫂 노. 棹와 같음.

해설

이 시는 범중엄의 추천으로 시험에 응시하여 경력3년(1043) 집현전 교리校理가 되어 변경汴京에서 진주원進奏院 감독관직을 지내던 시기에 관례대로 폐지를 팔아 진주원의 제사에 쓴 것이 범중엄 일파의 혁신정치에 반대하던 보수파의 모함을 받아 '감독관의 직위로 스스로 도적질했다'는 죄명으로 직위를 박탈당한 사건이 있은 후 범중엄 일파가 모두 모함을 받아 줄지어 파직되거나 밖으로 출임 나가게 되고 경력신정慶曆新政이 실패를 고한 배경 속에서 지어진 시이다.

이 사건 후 경력5년(1045) 봄, 소순흠은 가솔을 이끌고 소주蘇州로 물러나 살게 되었는데 이 시는 그때 애국심의 좌절을 겪고 수도 변경을 떠나면서 자연에 기꺼이 회귀하는 심정을 읊은 것이다. 그러나 끝 구에서 '제세안민濟世安民'의 이상을 읊었던 조조曹操의 〈대주가對酒歌〉*를 잊지 못하겠다고 하였으니 강한 우국충정을 다하지 못하는 것에 대한 안타까운 마음을 편 호방한 성향의 시라 하겠다.

〔회수에서 순풍을 만나〕 시에 화답함

맑은 회하는 호탕하게 하늘과 함께 흐르는데
만 리에 부는 긴 바람 돌아가는 배 전송하네.
저녁에 시끄럽고 속된 곳에 머물까봐 걱정인지
창해바다로 불어모니 처음으로 자유롭구나.

和〔淮上遇便風〕

浩蕩清淮天共流　　長風萬里送歸舟
應愁晚泊喧卑地　　吹入滄溟始自由

---

* 〈對酒〉… 對酒歌. 太平時, 吏不呼門. 王者賢且明, 宰相股肱皆忠良. 咸禮讓, 民無所爭訟. 三年耕, 有九年儲. 倉穀滿盈, 斑白不負戴. 雨澤如此, 百穀用成. 却走馬以糞其土田. 爵公侯伯子男. 咸愛其民, 以黜陟幽明. 子養有若父與兄. 犯禮法, 輕重隨其刑. 路無拾遺之私, 囹圄空虛, 冬節不斷人. 耄耋皆得以壽終. 恩德廣及草木昆蟲.

해설

이 시 역시 소주蘇州를 향해 가던 도중 회하淮河를 지나며 쓴 시이다. 망망하게 흐르는 회하의 물줄기를 타고 퇴거할 곳을 향해 가는 뱃길에서 마치 번잡한 도시를 피하게 해주는 듯 순조롭게 몰아치는 바닷바람을 두고 자유로움을 느낀다고 한 것은 세속의 속박을 벗어남을 구가한 시이다.

사수를 지나며

오년동안 이곳을 여섯 번을 지나니
고개 들어 고달픈 인생 한탄하네.
산은 지난날의 모습인데
사람들은 모두 오늘의 세태라네.
공 세우려던 마음 조정 떠나며 엷어지고
때 묻은 눈 회수 물에 밝아지네.
사물의 이치 내 모두 알았으니
떠돌아다님이 어찌 놀라우리오?

過泗水

五年六經此　　仰首歎勞生
山是往時色　　人皆今日情
機心去國少　　塵眼向淮明
物理吾俱曉　　漂流安足驚?

해설

이 시 역시 소주를 향해 가던 길에 사수泗水를 지나며 지은 시이다. 작자는 여러 번 남행하였으므로 이곳이 낯익은 길이나 시국의 변화로 하여 사람들은 예와 달라졌고 수도를 떠남으로써 '세상을 구하고 백성을 편안히 한다(제세안민濟世安民)'는 대망도 엷어지고 오히려 산수를 보면 눈이 번쩍 뜨인다는 '출세出世'와 '입세入世'를 달관한 초연한 심경을 읊었다.

홀로 걸어서 창랑정을 유람함

꽃 핀 가지 드리워졌고 풀빛이 고르니
말 타고 달리는 것보다 걷는 것이 적당하리.
때때로 술병 들고 그저 홀로 가서
취하여 누우면 봄바람만이 알아주네.

> **獨步游滄浪亭**
>
> 花枝低攲•草色齊　不可騎入步是宜
> 時時携酒只獨往　醉倒唯有春風知
>
> 기攲 기울어질 기.

해설

이 시는 작자가 소주에 물러나 소주성蘇州城의 남쪽에 있던 정자를 구입하여 창랑정滄浪亭이라 명명하고 한가로이 지내며 살던 때의 작이다. 이 시는 송대에 많은 사람들에게 전송되었는데 그래서인지 판본에 따라 원문에 차이가 있다. 제1구의 '草色齊'가 '草生迷'로 되어 있거나 제2구의 '入'이 '時'로, '是'가 '自'로 되어 있는 등 변화가 많은데 원래의 모습은 아마도 〔花枝低攲草生迷, 不可騎時步自宜.〕가 아닐까 싶다.

'草色齊'나 '草生迷'나 모두 매요신의 시구를 연상케 하는데(〈동계東溪〉〔短短蒲茸齊似剪〕, 〈노산산행魯山山行〉〔幽徑獨行迷〕) '齊'는 앞의 '攲'와 같은 음으로 음의 중복이 있는데다 홀로 그윽한 길을 지나 창랑정을 찾아 봄 흥취와 술에 취한다는 호방한 시의 분위기에는 '草生迷'가 더 걸맞다. 제齊나 미迷나 운율면에서는 모두 상평성上平聲 제운齊韻에 속하므로 의미면에서 더 어울리는 것을 찾아야 할 것이다.

제2구를 〔不可騎入步是宜〕로 본다면 '可'와 '入'이 다 측성仄聲으로 정격의 평측平仄을 벗어난 기법과 '步是宜'라는 표현의 지나치게 노련한 맛이 뒤에 나오는 강서시江西詩의 풍미를 보여주므로 강서시가 유행한 후 후인들이 본래 〔不可騎時步自宜〕를 시류에 맞춰 바꾸었을 가능성도 있다.

거울을 비춰보고

무쇠 얼굴 푸른 수염에 눈은 째어졌으니
세간의 아녀자들이 보면 응당 놀라리라.
마음은 일찍이 나라에 바쳐 오랑캐 평정하려 하였지만
운명이 때를 만나지 못하여 물러나 밭 갈게 되었네.
글짓기 좋아하거나 필묵을 가까이 하는 편은 아니지만
다병한데다 감정 풍부한 것이 한탄스럽구나.
일생동안의 간담 서늘케 한 공 북두칠성 같지만
아아, 우둔한 동거울이 어찌 밝게 비춰 내리오?

覽照

鐵面蒼髥目有稜 世間兒女見須驚
心曾許國終平虜 命未逢時合退耕
不稱好文親翰墨 自嗟多病足風情
一生肝膽如星斗 嗟爾頑銅豈見明!

해설

이 시 역시 퇴거하여 살 때 지은 작품인데 오랑캐를 평정하고자 한 포부가 컸던 인생을 되돌아보는 작자의 인생행로에 대한 총평적 의미가 있는 시이다. 공을 세우려던 뜻을 이루지 못하고 물러난 데다 한가롭게 지내면서도 다병하여 한정閑情을 누리지 못하는 인생의 우여곡절을 우둔한 동 거울은 다 비춰내 주지 못한다고 한 것은 인생에 대한 통찰과 비유에 있어서의 참신함을 보여준다.

23 문 동 文同

문동(1018~1079)은 재주梓州(사천성 염정현鹽亭縣)사람이고 인종 황우皇祐 원년(1049) 진사가 되었다. 서예에 뛰어났고 특히 대나무 그림을 잘 그려 소식이 그의 그림을 두고 〔성죽우흉成竹于胸: 먼저 마음속에 대나무의 형상을 그린다〕라고 예술론을 논한 바 있다.

장마 비

수도 도성에 장마 비 내리니
온 성이 진흙수렁
하물며 물길 터놓으니
좌우로 깊은 수렁 늘어섰네.
변하汴河의 남쪽에 사는 객이 있어
아침저녁으로 제방 위를 지나는데
병든 종복과 파리한 말
열 걸음에 아홉은 기우뚱하네.
직무에 실패 잦아
늘 놀라 낙담하는데
도성 사람들 오만하고 방자하여
말단 관리는 늘 무시당하네.
물렀거라 하며 편한 길 찾으면
참고 피하며 싸우지 않지만
걸음 멈추라고 호령하는 것 흉내 낼라치면
눈 크게 뜨고 이름을 묻네.
왕왕 더러운 오물이
곧장 입과 눈에 튀면

돌아와서 깨끗이 씻는데
두루마기와 바지 종횡으로 진흙탕
고개 들어 하늘에 묻노니:
봄비가 응당 일찍 개이어
다행히 해와 달 밝게 해야지
어찌 광명 베푸는 것 아까와 하는지?

積雨

京師値積雨　浮淖•皆滿城
況當淘決•時　左右羅深坑
有客河南居　旦夕隄上行
病僕挾羸馬　十步八九傾
職事有出入　長抱落膽驚
都人素豪恣　小官常見輕
排辟•要穩道　斂避不敢爭
試欲效呵止　圜目根•姓名
往往被濺污　直落舌與睛
歸來事洗濯　袍袴分縱橫
仰首問天公　春澤當早晴
幸有好日月　何惜施光明?

뇨淖 진흙 수렁 뇨, 빠질 뇨.
도결淘決 물 흐를 도, 물결 터놓을 결.
배벽排辟 밀칠 배, 물리칠 벽.
근根 뿌리 근, 여기서는 캐묻는다는 뜻.

해설

이 시는 작자가 수도 변경에서 종묘의 제사에 관한 일을 담당하는 태상사太常寺의 말직인 태상박사太常博士직을 지내고 있을 때 변하汴河가에 살며 관청에 출퇴근하면서 평소 느끼던 말단관리로서의 수모감을 장마 비로 인해 통행이 불편한 길에서 겪는 고충으로 형상화하여 표현해내었다. 흔히 볼 수 있는 '자연재해와 농민의 고충'이라는 도식적 사회시의 범주를 벗어나 관직 사회 속에서의 고충을 자연재해와 관련시켜 표현한 것이 특징이다.

24 사 마 광 司馬光

사마광(1019~1086)은 섬주陝州(산서성山西省 문희文喜) 하현夏縣 속수향涑水鄕 사람이어서 속수涑水선생이라고도 하였다. 인종 보응寶應원년(1038) 진사가 되었고 신종 때에 한림학사翰林學士가 되었으나 왕안석의 변법을 반대하여 낙양洛陽에 물러나 살았다. 구당의 영수로 존경받다가 철종 때 왕안석의 변법이 실패하자 조정에 불려가 재상이 되었으나 구당인으로서의 정치포부를 충분히 펴지 못하고 얼마안가 죽었다. 그가 19년에 걸쳐 쓴 역사서 《자치통감資治通監》은 훌륭한 사학가史學家로서의 면모를 보여준다.

길가의 농가

길가의 농가 노인네 부부 머리 희었는데
허름한 집 쓸쓸하고 장성한 자식 없네.
노인은 낫과 새끼 들고 할머니는 키 들고
척박한 밭으로 가 기장 거두어서
고요한 밤 빚쟁이 피해 몰래 빻네.
날이 밝을녘 문 밖엔 이미 삼처럼 쌓였는데
피로하고 지쳤으나 뱃속도 못 채우니
현의 관청에 조세내기 족한지는 말할 필요도 없다네.

道傍田家

道傍田家翁嫗俱垂白　敗屋蕭條無壯息•
翁携鐮•索•嫗携箕　自向薄田收黍稷
靜夜偷舂避債家　比•明門外已如麻
筋疲力弊不入腹　未議縣官租稅足

장식壯息 장성한 자식. **렴**鐮 낫. **삭**索 새끼.

비比 미치다(及), 가깝다(近)의 뜻.

해설

이 시는 연로한 농가의 부부가 고생하여 농무에 힘쓰지만 남는 것이 없는 열악한 현실을 풍자한 전형적인 사회시인데 비교적 담담한 편이지만 아홉자로 된 제1구와 잦은 환운換韻은 동류의 작품형식에 비해 짧은 형식에 변화를 주고 있다.

25 증 공 曾鞏

증공(1019~1083)은 건창군建昌軍 남풍南豐(강서성江西省에 있음) 사람으로 구양수가 시험 감독관이었던 인종 가우嘉祐2년(1057) 진사가 되었고 국사를 편찬하는 사관수찬史館修撰, 중서성中書省의 속관인 중서사인中書舍人직 등의 관직을 지냈다. 고문古文을 잘 지어 당송팔대가중의 한 사람으로 꼽히지만 시에 있어서는 유명하지 않은 편이다.

감로사의 다경루

이 누각에서 아름다운 경치 다 보려고
난간을 왔다 갔다 하며 사방을 둘러보니
어지러운 구름 물빛 속에 검푸르게 떠돌고
산기운 머금은 푸른 하늘은 붉게 노을 지네.
강물 가득한 종소리 염불소리 회남의 달 뜨는데
만 리 떠나는 돛단배엔 바닷바람 부네.
늙어감에 옷소매에 흙먼지 묻으니
마음과 눈은 다만 어둠 속의 기러기 부러워하노라.

甘露寺多景樓

欲收嘉景此樓中　徙倚闌干四望通
雲亂水光浮紫翠　天含山氣入青紅
一川鐘唄•淮南月　萬里帆檣•海外風
老去衣襟塵土在　祗將心目羨冥鴻

패唄 염불소리 패.　**장**檣 돛대.

해설

감로사는 강소성江蘇省 진강鎭江 북고산北固山에 있는 절인데 삼국시대 오吳나라 감로甘露연간에 지어졌고 당대와 송대에 재건축을 거친 주변 산수의 경치가 몹시 뛰어난 곳이다. 이 시는 그 감로사 다경루의 승경을 두루 감상하고 그처럼 호젓한 산수 속에 머물 수 있는 기러기를 부러워하는 심정을 노래했다.

버들을 노래함

어지러운 가지 아직 누렇게 되지 않았는데
봄바람 타고 기세가 미친 듯하네.
버들 솜 날려 해와 달 가릴 줄만 알지
천지에 맑은 서리 있는 줄은 모른다네.

> **詠柳**
>
> 亂條猶未變初黃　倚得東風勢便狂
> 解把飛花蒙日月　不知天地有淸霜

해설

이 시는 버들 솜 날리는 버드나무를 두고 읊은 영물시咏物詩인데 해와 달을 가린다는 것은 세상을 어지럽히는 부정적 존재를 의미한다. 따라서 주로 칭송의 의미에서 많이 창작되는 영물시와 좀 다른 점이 있다고 하겠다.

26 여 남 공 呂南公

여남공은 남성南城(강서성에 있음)사람이고 세속의 학문경향을 싫어하여 안빈수도安貧守道하며 저작에 몰두하였다. 시를 짓는데 있어서는 수사가 적은 대신 의론이 많았고 주로 사회의 하층생활에 대한 관심을 작품화하였다.

빗자루 파는 노인

서리 내릴 때 까끄라기 가지 훑어서
대껍질 가다듬어 힘들여 묶어
산야의 촌마을에서 날라 와
흙먼지 닦아내는 일을 돕네.
값이 싸니 쉽게 팔아도 헛일이지만
귀한 쓰임은 어디서 볼 수 있으리오?
인간세상 더러움 날마다 더해 가는데
노인이 장사 그만두고 빗자루 닳으면 어이하리?

賣帚翁

霜日倒芒梢	篦•筠•勞束勒
斷送山野村	參陪塵土役
價卑徒易售	用貴安可得?
人間糞穢日以多	翁負帚禿當奈何?

비篦 비치개(가지런한 솔) 비, 참빗 비. **균**筠 대껍질.

해설

이 시는 빗자루를 만들어 파는 노인을 읊었는데 현실풍자적인 사회시의 형식을 취하였지만 노인의 개인적 노고가 보답 받지 못하는 것을 풍자하는데 중점을 둔 것이 아니라 빗자루와 세속의 상관관계를 중시한 점에 새로운 관점이 있다.

북송시

원元우祐 전후의 시

27 왕 안 석 王安石

왕안석(1021~1086)은 무주撫州 임천臨川(강서성에 있음) 사람이고 경력慶曆2년(1042) 진사가 되었다. 재정을 담당하도록 염철鹽鐵, 도지度支, 호부戶部를 독립시켜 구성한 삼사三司의 도지판관度支判官직 및 지제고知制誥, 은현鄞縣(절강성 영파寧波 근처) 현령縣令, 강녕부江寧府(강소성 남경南京) 부윤府尹, 한림학사겸시강翰林學士兼侍講 등 직을 지냈다. 정치개혁에 의지가 커 인종 가우嘉祐3년(1058)에 변법變法을 제창하는 '만언서萬言書'를 올렸었고 신종 희녕熙寧3년(1070)에는 재상이 되어 변법變法을 내세운 신정新政을 추진했는데 보수파의 반대 및 변법파내의 자체 모순 등으로 4년 만에 파직되었고 다음해 복직되었다가 이듬해 다시 파직되어 강녕의 반산원半山園에 물러나 살았다.

과단성 있는 정치가로서 박식한 학문, 실용적 사상, 개성적 시각을 지녔으므로 문학창작에 있어서도 이전 사람들과 다른 새로운 영역을 개척하였다. 산문에서는 당송팔대가의 한 사람으로 꼽히며 시에 있어서는 고유한 '형공체荊公體'를 이룬 것으로 평가되는데, 진사시험에 시부詩賦를 부과하던 것을 없애고 '삼경신의三經新義'를 시험과목으로 삼았으므로 작시에 있어서도 의론議論적 성향이나 학문의 과시, 전고典故의 다용 등의 특성이 보인다. 이러한 점은 정치적 입장에서는 그의 신정新政에 반대했던 강서시파의 작시경향에도 영향을 주었다고 볼 수 있다. 특히 만년의 절구絕句시는 예술적 성취가 높아 강서시파인물이나 강서시를 반대했던 일파를 막론하고 모두 잘된 작품으로 칭송하고 있다.

헐벗은 산

창해 가까이로 관직을 나갔는데
산을 바라보느라 배를 멈추었네.

이 헐벗은 모양은 뉘 때문인가?
마을 사람들 그 이유를 말해주네.
한 마리 원숭이가 산에서 우니
한 마리 원숭이 그를 따라 놀다가
짝을 지어 새끼를 낳았는데
자식 많고 손자는 더욱 많아졌네.
산에는 풀과 나무 번성하여
열매나 뿌리 구하기 쉬웠는데
높은 곳까지 휘당겨 올라가고
깊숙한 곳까지 헤치고 들어가
뭇 원숭이들 각자 뚱뚱해지니
산은 온통 침략을 일삼아
밀치고 다투며 배부름을 구하느라
어찌 저장할 겨를이 있었으리오?
큰 원숭이 고달파하고
작은 원숭이도 근심하네.
조금씩 씹어 먹어치워
풀 한포기도 남을 수가 없었네.
원숭이 비록 사람보다 교묘하다지만
호미와 고무래질 잘하지 못한다네.
좋아하는 것은 과일과 곡식인데
그것을 늘 훔쳐 가더니
아아, 이 창해가의 산중에
사방 아무데도 깃들 곳이 없네.
낳고 또 낳아 끝이 없을 텐데
한 해 저물어 가매 장차 어찌 살아가리오?

禿山

吏役滄海上　　瞻山一停舟
怪此禿誰使?　　鄕人語其由:

一狙山上鳴	一狙從之游
相匹乃生子	子衆孫還稠
山中草木盛	根實始易求
攀挽上極高	屈曲亦窮幽
衆狙各豊肥	山乃盡侵牟•
攘爭取一飽	豈暇議藏收?
大狙尙自苦	小狙亦已愁
稍稍受咋•囓	一毛不得留
狙雖巧過人	不善操鋤櫌•
所嗜在果穀	得之常以偷
嗟此海山中,	四顧無所投!
生生未云已	歲晩將安謀?

모牟 침노할(侵) 모, 빼앗을(奪) 모 **색**咋 씹을 색, 먹을 색.
우櫌 고무래, 곰방메.

해설

이 시는 부임한 지역의 산이 헐벗은 실상과 백성들의 가난한 현실을 보고 풍자적으로 읊은 시이다. 앞의 네 구는 전형적인 현실 비판적 악부시의 형식인 작자와 피해자의 대화형식으로 되어 있고 나머지는 '실상의 호소'를 내용으로 하고 있는데 원숭이가 번성하여 산을 헐벗게 했다는 것은 구체적인 피해현상이자 추상적인 은유를 내포하고 있다. 아마도 관리들의 부패로 물자의 수급이 맞지 않아 백성들이 굶주리는 현실을 은유한 듯한데, 부국강병을 모토로 삼았던 작자의 정치이상을 엿보게 해준다.

갈계역

이지러진 달 어둑하고 물시계 아직 한밤이 안 되었는데
명멸하는 한줄기 등불 가을 침상 비추네.
병든 몸은 바람과 이슬 곧 느끼는데
돌아갈 꿈은 산과 물길 머나먼 줄 모르네.
앉아서 세시를 느끼노니 노래가 강개하여지고

일어나 천지를 바라보니 그 빛이 처량하다.
나그네 귀에는 우는 매미소리 더욱 어지러운데
잎사귀 노래진 성긴 오동나무 껴안고 우는 듯.

葛溪驛

缺月昏昏漏未央	一燈明滅照秋床
病身最覺風露早	歸夢不知山水長
坐感歲時歌慷慨	起看天地色凄凉
鳴蟬更亂行人耳	正抱疏桐葉半黃

해설

이 시는 황우皇祐2년(1050) 은현鄞縣에서의 임기를 마치고 임천臨川으로 돌아갔다가 가을에 임천을 떠나 전당錢塘(항주)으로 가는 도중 길이 익양弋陽을 지날 때 지은 시이다. 여로의 객수를 적은 일종의 '강호행역시江湖行役詩'라 볼 수 있는데 강개한 정서와 함께 섬세한 감수성이 느껴진다.

명비곡

명비가 처음 한나라 궁전 나설 때
눈물에 젖은 귀밑 머리카락 봄바람에 늘어졌지.
그림자 바라보며 배회하는 참담한 안색이
그래도 군왕으로 하여금 견딜 수 없게 하였지.
돌아서서는 초상화 잘못 그린 화공을 나무랐으니
눈에 드는 미인이 평생토록 없었기에.
내면에서 풍기는 모습은 본래 그려낼 수 없건만
그 당시 공연히 화공 모연수를 죽였지.
한 번 떠나면 다시 못 돌아옴을 마음으로 알았기에
한나라 궁전의 옷 다 입어본 것을 애달파했지.
비파에 곡을 부쳐 변방이남의 일을 물어보고자 하나
오직 해마다 기러기만이 날아오네.
식구들이 만 리 멀리서 소식을 전해왔는데

흉노 땅에서 잘 지내며 추억하지 말라하네.
지척의 장문궁에 아교를 가두어 놓았던 것을 모르느냐,
인생에서 실의하면 남과 북이 따로 없네.

明妃曲

明妃初出漢宮時　淚濕春風鬢脚垂
低徊顧影無顏色　尙得君王不自持
歸來却怪丹青手　入眼平生未曾有
意態由來畫不成　當時枉殺毛延壽
一去心知更不歸　可憐着盡漢宮衣
寄聲欲問塞南事　只有年年鴻雁飛
家人萬里傳消息　好在氈城莫相憶
君不見咫尺長門閉阿嬌?　人生失意無南北

해설

이 시는 가우嘉祐4년(1059)에 지어졌고 동제로 된 2수 중의 한 수이다. 한漢나라 때 흉노에 시집간 왕소군王昭君은 군주의 눈에 미모가 알려지지 않은 채 멀리 이역 땅으로 시집가게 되었는데 뒤에 이 미모를 알아챈 왕은 후회하며 궁중의 화가를 나무라고 죽였다 한다. 이 시는 왕소군에 대한 새로운 해석을 가하여 당시에 큰 반향을 일으켜 그에 화작한 사람들이 많았던 작품이다.

전통적인 관점은 후궁이었던 왕소군의 미모와 재능을 군주가 알아보지 못해 먼 이족 오랑캐 땅으로 시집가게 된 '회재불우懷才不遇(재주를 품었으나 알아주는 사람을 만나지 못함)'를 동정하는 것인데, 왕안석은 이에 비해 두 편의 〈명비곡明妃曲〉에서 모두 〔人生失意無南北〕, 〔人生樂在相知心〕이라는 견지에서 '회재불우懷才不遇'를 극복하고 한漢나라의 은혜보다 오랑캐의 은혜를 두둔하는 전통적 충군忠君관념을 벗어나는 관점을 보이고 있다. 이러한 점은 '변법變法'을 내세워 정치혁신을 도모한 그의 개혁사상과도 관련된다고 하겠다.

끝 두 구는 한漢 무제武帝 때 진황후陳皇后(아교阿嬌)가 총애를 잃고 장문長門궁에 간혀 지내게 되자 문인 사마상여司馬相如에게 부탁하여 아름다운 부賦를 지어 황제의 총애를 되돌렸다는 고사를 쓴 것으로 역시 뜻을 얻지 못하면 한漢나라에 살고 있어도 이역異域과 다름없음을 말한 것이다.

내용뿐 아니라 작품성도 뛰어난데 〔意態由來畵不成〕구는 단순한 외형뿐 아니라 거기서 전해지는 정신의 전달을 중시한 점에서 '형사形似(형태의 비슷함)'를 넘어선 '신사神似(정신의 비슷함)'의 미美를 중시한 송대의 예술 관점을 잘 나타내 보인다.

누이동생 장안군에게

젊어서 이별하려도 마음이 가볍지 않은데
늙어 가매 마주하니 역시 서글프구나.
간략히 차린 술상 놓고 웃으며 도란도란
흐릿한 등불아래 평소의 일 이야기 하네.
강호를 사이에 두고 삼 년 동안 떨어져 지내더니
또 모래먼지 날리는 만 리 길 떠나네.
다시 볼 날이 언제인지 물으려거든
남쪽으로 오는 기러기 편에 편지가 있으리라.

示長安君

少年離別意非輕　　老去相逢亦愴情
草草•杯盤供笑語　　昏昏燈火話平生
自憐湖海三年隔　　又作塵沙萬里行
欲問後期何日是,　　寄書應見雁南征

초초草草 분주한 모양. 분주하게 간략한 음식을 차린다는 뜻.

해설

이 시는 가우5년(1060) 왕안석이 요나라로 사신가게 되었을 때 길을 떠나기 전 누이동생 왕문숙王文淑에게 써준 시이다. 왕문숙은 장안현군長安縣君

에 봉해졌었음으로 장안군이라 하였다. 형제간의 잔잔한 우애가 스며나는 시이다.

과주 나루터에 배를 대고

과주에서 경구는 한 줄기 강 너머이고
종산도 단지 몇 겹의 산 건너에 있네.
봄바람이 또 다시 남쪽 강안을 푸르게 하였는데
언제이면 밝은 달빛 받으며 돌아올까?

泊船瓜洲	
京口瓜洲一水間	鍾山祗隔數重山
春風又綠江南岸	明月何時照我還?

해설

이 시는 희녕熙寧원년(1068) 강녕부江寧府(강소성 남경南京) 부윤府尹직을 마치고 한림학사직으로 임직하기 위해 변경으로 북상하여 가던 중 경구京口(강소성 진강鎭江)에서 하루를 숙박하며 지은 시이다. 작자는 강녕부부윤으로 부임해오기 전에 수도 변경에서 승려 보각寶覺을 만나 함께 강녕부로 와 지냈는데 다시 한림학사직으로 수도로 돌아가게 되었으므로 양자강 남안에 있는 경구의 금산사金山寺에서 보각寶覺의 송별을 받은 것이다.

이 시는 건너야 할 양자강과 과주瓜洲를 앞에 두고 정들었던 강녕의 종산鍾山이 가까이에 있음을 생각하며 다시 돌아올 날을 기약하기 어려운 애틋한 이별의 심경을 읊었다. 왕안석은 경우景祐4년(1037) 부친 왕익王益을 따라 강녕에서 살았고 부친이 죽자 그곳에 장사지냈으며 가우8년(1063) 모친의 유해도 강녕에 묻었으므로 강녕이 고향과 같은 곳이어서 감회가 유달리 깊었을 것이다. 봄바람이 양자강 남쪽 강안을 다시 푸르게 했다는 표현에서 형용사로 즐겨 쓰이는 '綠'자가 '又綠'의 강한 사동용법으로 쓰인 것은 봄이 온 강녕에 대한 더욱 깊은 애착을 나타내 준다.

매화꽃

담 모퉁이 몇 가지의 매화
추위 아랑곳 않고 오롯이 피었네.
멀리서도 눈이 아님을 아는 것은
짙은 향기 풍겨오기 때문.

梅花

墻角數枝梅	凌•寒獨自開
遙知不是雪	爲有暗香來

릉凌 업신여기다, 輕視의 뜻.

해설

이 시는 사물을 읊은 영물시咏物詩로 보아도 나름대로 잘된 작품이지만 《냉재야화冷齋夜話》에 전하는 말대로 한 사람의 고상한 선비를 찾아갔다가 못 만나고 그 집 벽에 부쳐 쓴 시라고 본다면 더욱 의미가 깊은 작품이라 할 수 있다. 매화를 읊은 작품들이 대개 그 고결함을 주제로 삼지만 구체적인 한 인물을 매화에 비유하여 칭송한 경우는 많지 않기 때문이다.

작시기법에 있어서는 〈고악부古樂府〉의 매화를 읊은 〔뜰 앞의 매화나무 한 그루, 추위 많아 피어 있는 줄 몰랐네. 단지 꽃이 눈과 같다 할 뿐, 향기가 날아오는 것을 깨닫지 못했네. 庭前一樹梅, 寒多未覺開. 只言花似雪, 不悟有香來.〕시를 근거로 하여 고매함을 칭송하는 의미로 썼는데 이와 같은 창작기법은 섬세한 공을 들인 것으로써 왕안석의 시를 공교하다고 평하는 것을 이해할 만하다.

아우 화보를 전송하다 용안에 이르렀을 때 부슬비가 내려 오안지에게 시집간 딸에게 써 보냄

황량한 안개 서늘한 비 사람을 슬프게 하는데
눈물에 옷과 손수건 적시는 줄도 모르네.
봄바람에 모래펄에 푸른 풀 돋던 것 외에는
모두가 네가 강 건너던 때와 같구나.

送和甫至龍安，微雨，因寄吳氏女子

荒烟凉雨助人悲　　淚染衣巾不自知
除却春風沙際綠　　一如看汝過江時

해설

이 시는 작자의 남동생 화보和甫(왕안례王安禮)를 용안진龍安津(강녕 서쪽에 있음) 나루터에서 전송할 때 오안지吳安持에게 시집간 장녀를 떠올리고 써 부친 시인데 혁신적인 대정치가인 작자에게 깊은 가족애가 있음을 느끼게 해준다.

호음 양덕봉 선생의 벽에 씀

띠풀 처마 집은 자주 쓸어 이끼 없이 깨끗하고
꽃과 나무 화단은 손수 가꾼 것이라네.
밭을 호위 하듯이 한 줄기 강이 풀밭 따라 둘러 흐르고
문 가리개 밀치면 두 산이 푸름을 보내오네.

書湖陰先生壁

茅簷長掃靜無苔　　花木成畦•手自栽
一水護田將綠繞　　兩山排闥•送青來

휴畦 갈피(區), 밭두둑.　**달**闥 대궐문, 문차면(門屏).

해설

이 시는 작자가 강녕江寧에 퇴거해 살 때 자주 왕래하던 벗 양덕봉楊德逢(즉 호음湖陰선생) 집의 벽에 부쳐 쓴 시이다. 앞의 두 구는 집안의 깨끗하고 청정함을 직서적으로 묘사하였고 뒤의 두 구는《한서漢書》〈서역전서西域傳序〉에서 '서역지방에 둔전을 두고 사자使者와 교위校尉를 보내 농토를 보호하게 하였다'라 한 것에서 '호전護田'이란 글자를 취하였고《사기史記》〈번쾌전樊噲傳〉에 나오는 '한漢 고조高祖가 병들어 누워 아무도 들어오지 못하게 하였는데 번쾌樊噲장군이 문을 밀치고 곧바로 들어왔다'고 한 것에서 '배달排闥'이란 글자를 취하였다. 역사서에서 취한 공교한 전고를 써서 생동감

있게 그 집 주위를 둘러싼 환경이 평온하고 푸름을 묘사해 낸 것이 특징이다. 강물과 산을 의인화시켜 신선하고 친근한 감을 자아내어 많은 사람들에게 전송된 시인데 착상이 창의적이다.

산속에서

달빛 따라 산을 나오는데
구름이 돌아가는 길 벗해주네.
봄 새벽이슬 맺힌 꽃
향기가 옷에 스미네.

> 山中
>
> 隨月出山去　　尋雲相伴歸
> 春晨花上露　　芳氣著人衣

해설

이 시 역시 만년에 지어진 작품인데 산중의 새벽길의 맑고 그윽한 정취를 읊었다. 황정견이 왕안석의 만년의 소시小詩가 '우아하게 아름답고 정밀하게 뛰어나 세속의 시류를 떨쳐 버렸다(雅麗精絕, 脫去流俗)'하다 칭송했는데 그러한 유의 작품에 속한다고 하겠다.

강가에서

강물이 서풍에 흔들리고
강가의 꽃 붉은 꽃잎 졌네.
이별의 정을 피리가락에 담으니
곡이 끝난 뒤 산의 동쪽까지 울리네.

> 江上
>
> 江水漾西風　　江花脫晚紅
> 離情被橫笛　　吹過亂山東

해설

이 시 역시 짧은 5언 절구의 형식에 이별의 서정을 함축적으로 표현해낸 작품이다. 강가에서 벗을 전송하는데 이별의 정을 담은 피리소리가 연주가 그친 뒤에도 여전히 바람을 타고 작자가 사는 종산鍾山의 동쪽에까지 울린다는 것은 마음을 흔드는 이별의 애상을 심도 있게 표현한 것이다.

월 지방 사람들이 막을 치고 꽃을 기르는데 그곳을 둘러봄

시들어가는 꽃 이미 서글픈데
고개 돌려 빈 꽃가지를 어이 바라보랴?
몸과 세상에 혼연히 아무 일 없다 마시라,
잠에서 깬 봄바람이 마구 불어댈 때에.

> **越人以幕養花，游其下**
>
> 尙有殘紅已可悲　　更憂回首只空枝
> 莫嗟身世渾無事　　睡過春風作惡時

해설

이 시는 작자가 머물러 살던 지역의 사람들이 장막을 치고 화초를 재배하는 것을 보고 느낀 바가 있어 지은 시이다. 얼마 남지 않은 봄꽃의 생명이 잠깐사이 봄바람에 사라질지 모르는데, 장막을 치고 온실재배를 한다는 것은 경계를 게을리 하지 않는 인생을 은유한 것일 것이다. 앞의 시들에 비해서 '상유尙有', '이가已可', '경우更憂', '막차莫嗟' 등 허사虛辭를 섞어 쓴 표현이 많은 것이 눈에 띈다.

남은 국화꽃

황혼녘의 비바람 동산을 스쳐
휘날리는 남은 국화 온 땅이 금빛이라네
아직 괜찮은 가지 하나를 꺾을 수 있으니
가련하다, 공자의 꽃을 아끼는 마음이…

殘菊

黃昏風雨打園林　　殘菊飄零滿地金
折得一枝還好在　　可憐公子惜花心

해설

고려조 이규보의 《백운소설白雲小說》에는 《서청시화西淸詩話》에 첫 구의 '打'가 '瞑'으로 되어있고 왕안석이 눈으로 숲이 어두워지는 것을 직접 보고 또 국화꽃이 땅에 떨어진 것을 눈으로 보고 쓴 것이라 하였는데 '打'라 하여도 눈으로 확인될 수 있는 것이어서 여기에서는 그대로 '打'자를 취하여 썼다.

이 구절은 이규보의 글에서도 논란거리로 삼을 만큼 유명하였는데 전하는 말에는 동파가 이 구절을 보고 희롱하여 시를 짓기를 〔가을 꽃은 봄 꽃처럼 지지 않으니 시인에게 자세히 살펴보길 권하노라 秋英不比春花落, 爲報詩人仔細看〕라 하며 국화꽃은 땅에 떨어지지 않고 시든다고 하였는데 왕안석이 이에 노하여 그를 해남도로 유배가게 하였다 한다. 그곳에서 동파는 국화꽃 역시 떨어져 지는 것을 알게 되었다 한다. 구양수 또한 이 구절의 잘못됨을 지적하였다고 하는데 그에 대해 왕안석은 《초사楚辭》에 '저녁에는 떨어진 국화꽃을 먹는다(夕湌秋菊之落英)'라고 쓰여 있지 않느냐며 도리어 구양수의 무식함을 탓하였다고 한다.(이규보 《백운소설》 참조.)

28 정 해 鄭獬

정해(1022~1072)는 안주安州 안륙安陸(호북성湖北省에 있음)사람으로 인종 황우皇祐5년(1053) 진사가 되었다. 사회현실을 반영한 시를 많이 지었다.

메뚜기 잡이

노인과 아녀자들 재촉하여 떠나는데
관청에서 뙤약볕 속에 메뚜기 잡이를 보냈네.
메뚜기 가득한 밭엔 밭이 안보이고
이삭 끝에 즐비한 모양 마치 손가락 늘어선 듯.
구덩이 파고 횃불 놓고 일제히 소리 지르며 내쫓는데
배부르고 날개 짧아 날 수가 없네.
자루 들고 대상자 지고 관청에 갖다내는데
관청창고의 곡식과 바꾸어봐야 얼마나 되겠는가?
비록 한 되의 메뚜기를 잡았지만
또 백 되의 새 새끼들이 생겨났다네.
밭의 벼를 다 먹어치우고
농부 굶겨 죽여야 죽을 것이리라.

捕蝗

翁嫗婦子相催行　　官遣捕蝗赤日裏
蝗滿田中不見田　　穗•頭櫛櫛•如排指
鑿坑篝•火齊聲驅　　腹飽翅短飛不起
囊提籯•負輸入官　　換官倉粟能得幾?
雖然捕得一斗蝗　　又生百斗新生子
祇應食盡田中禾　　餓殺農夫方始死

수穗 이삭. **즐**櫛 빗 즐, 즐비할 즐.
구篝 불덮개. 篝火는 횃불.
영籯 대나무로 만든 상자.

해설

이 시는 메뚜기 재난을 당한 농촌의 모습을 그렸는데 묘사가 매우 핍진하여 그 현장을 생동감 있게 전해준다. 중국의 고대에는 '시를 수집하는(采詩)' 전통이 있어 조정에서 민간의 시를 수집하여 민간의 정황을 파악했는데 이 같은 시는 현실을 곡진하게 그린 점에서 그러한 전통이 현실 비판적 사회시로 발전한 흔적을 느끼게 해준다.

비 개인 저녁에

인간세상 오랫동안 비 오다
가장 좋은 것은 갓 개일 때
별안간 푸른 숲 그림자 보이고
돌아가는 기러기 소리 반갑게 들리네.
온 천지가 한꺼번에 소생하여
눈과 귀 밝고 환해지네.
뜬 구름에 한 마디 부치는 뜻은
맑은 하늘 그만 가려주기를…

晩晴

人間久厭雨　最快是初晴
驟• 見碧林影　喜聞歸雁聲
乾坤一蘇醒　耳目兩聰明
寄語浮雲意　休來汚太淸

취驟 별안간 취. 몰아갈 취(馬疾步:말이 빨리 달리는 모양).

해설

이 시는 오랜 비 뒤에 맑게 갠 날씨를 읊었는데 역시 묘사가 선명하여 그려낸 정경을 체험하기 쉽게 해준다. 전통적인 시적 비유의 문맥에서 본다면 끝의 두 구에서 하늘을 가리는 구름이 없기를 바란 것은 조정의 통찰을 가리는 음흉한 존재가 없기를 바라는 풍자적 의미가 있다.

29 양 걸 楊傑

양걸은 무위無爲(안휘성에 있음) 사람이고 인종 가우연간에 진사가 된 뒤 철종哲宗 원우元祐연간에 예부禮部의 원외랑員外郞이 되어 윤주潤州(강소성 진강현鎭江縣에 있음)로 나가 임직했고 또 양절兩浙(절동浙東, 절서浙西) 지방에서 조사하는 일을 담당하는 관직인 제점형옥提點刑獄직을 지낸 바 있다.

풀 베지 말라

풀 베지 말라, 풀은 잘못 없으니
세속에다 비기면 세속이 더욱 경박하네.
장안의 공경대부 재상집을 못 보았는가?
재상집안 흥성할 땐 객이 삼처럼 많더니
재상 죽은 뒤엔 문 앞에 수레 없고
향기로운 풀만이 해마다 자라네.
또한 천 리 만 리 강호의 물가에
눈 닿는 곳마다 처량하고 아는 사람 없는데
오직 향기로운 풀만이 수레바퀴 따르는 것을
하루는 옛 살던 곳에 돌아가 보니
문 앞의 풀 먼저 없애 버렸네.
풀은 주인에게 저버린 게 없으니
주인은 풀을 어떻게 함이 옳은지?
풀을 베지 말라, 풀은 죄가 없으니
세속에 비한다면 세속이 더욱 경박하네.

勿去草

勿去草, 草無惡　　若比世俗俗浮薄

君不見長安公卿家　公卿盛時客如麻
公卿去後門無車　唯有芳草年年加
又不見千里萬里江湖濱
觸目悽悽無故人　唯有芳草隨車輪
一日還舊居　門前草先除
草於主人實無負　主人於草宜何如?
勿去草，草無惡　若比世俗俗浮薄

해설

이 시는 여러 가지 구형이 함께 쓰인 잡언체雜言體시로서 일상생활에서 흔히 접하는 풀을 읊은 것인데 비유상으로는 '민초民草'의 뜻으로 풍자적 의미가 있겠지만 자연 속의 풀 그대로를 칭송한 것으로 보아도 충분한 의미가 전달된다. 민가民歌에 가까운 느낌을 주지만 의론적 성향이 강한 점은 역시 송시의 특성을 보인다고 하겠다.

30 장 순 민 張舜民

장순민(1034?~1100)은 빈주邠州(섬서성陝西省 빈현彬縣) 사람으로 진사가 된 후 강직하고 직언을 서슴지 않는 성품으로 하여 사마광에 의해 추천되어 어사대의 감찰어사직을 지냈지만 신구 당쟁 속에서 유배되는 불운을 겪었다. 그의 시는 수식에 치중하지 않고 쉬운 구절로 써낸 것이 특징이다.

흰 비단부채

흰 비단부채 본래 바람 일으키는 것
더운 때면 갖다 썼는데
가을이 와서 벽에다 거니
도리어 바람에 흔들거리네.

紈扇

紈扇本招風　曾將熱時用
秋來掛壁上　却被風吹動

해설

이 시는 부채를 읊은 영물시咏物詩이다. 후한대後漢代 반첩여班婕妤의 〈원가행怨歌行〉시에서는 여름 지난 뒤면 부채가 쓰이지 않게 되는 것을 총애를 잃은 것에 비유하였는데 여기서는 부채의 계절에 따른 아이러니컬한 모습을 그대로 그린 것으로 볼 수 있고 또는 당쟁을 풍자한 것으로 볼 수도 있다. 작자는 원우元祐구당의 인물로서 군주의 총애를 받는 신당에 의해 배척당하였다가 신당이 쇠하고서는 그 잔여 인물들로부터 다시 공격받는 처지가 되었다. 그렇지만 신당의 주도 인물들이 한창 때에 총애를 받으며 시원한 바람을 일으키더니 신당이 쇠하고 나서는 도리어 한들한들 바람에 흔들리고 있다고 풍자한 것이다.

백설새

온갖 새들 노랫소리 흉내 내지만
종내 자기 목소리 없네.
깊은 산 높은 나무 아래
입 다물고 평생을 보낸다네.

百舌	
學盡百禽語	終無自己聲
深山喬木底	緘•口過平生

함緘 묶을 함, 봉할 함.

해설

이 시 역시 풍자적 의미가 강한 느낌을 주는 시이다. 백설百舌새는 '반설조反舌鳥'라고도 하는 새로서 소리를 흉내 내어 반복하는 재주가 있는 새라 한다. 자기 목소리가 아닌 소리를 흉내 내고 있으니 입 다물고 있는 것이나 다름없다고 본 듯하다.

31 심 괄 沈括

심괄(1030~1094)은 전당錢塘(절강성 항주) 사람이고 인종 가우연간에 진사가 되었다. 천문에 관한 전문 업무를 맡아보는 사천감司天監직을 지낼 때 천문天文·도기圖器 등에 대한 지식을 쌓고 혼의渾儀 등 의기儀器를 만들기도 했으며 요나라로 사신을 갔을 때는 그곳의 지리, 풍토 등을 살펴 〈사거란도초使契丹圖抄〉를 써서 조정에 제출하기도 하였다.

연주를 읊은 시

이랑산 아래 눈발 분분한데
둥글게 솟은 천막집에서 변새생활 배우네.
흰 옷 물들이고 겨울에도 그치지 않는
석탄 연기 몹시도 낙양의 먼지와 같다네.

延州詩

二郎山下雪紛紛　旋卓穹廬學塞人
化盡素衣冬未老　石烟多似洛陽塵

선旋 돌아다닐 선, 구를 선.
궁려穹廬 중국 북방의 흉노족이 살던 집. 모양이 활처럼 굽은 천막의 주거지.

해설

이 시는 지금의 섬서성陝西省 연안延安인 연주를 다스릴 때에 그곳 사람들의 생활상이 거란족 요나라에 가까운 이역풍경을 보이는 것을 보고 읊은 시이다. 연주 지역은 석탄이 많이 생산되는 곳으로 매연 그을음이 심하였는데 그 그을음을 낙양의 먼지와 비슷하다고 한 것은 세속의 번화한 도시의 폐해를 풍자한 것이다.

32 왕 령 王令

왕령(1032~1059)은 강도江都(강소성에 있음) 사람으로 다섯 살 때 부모가 세상을 떠나 일찍부터 자립생활을 익히게 되었다. 왕안석과 친척관계가 되었으나 얼마 안가 병으로 죽었으므로 청년시인이라고 볼 수 있다. 그의 시는 한유와 맹교의 영향을 받아 좀 기이하고 편벽된 경향이 있다.

가뭄더위

맑은 바람도 더위 가시게 할 힘없고
날개 단 듯한 지는 해 산위를 날아가네.
사람들이 강과 바닷물 마를까 두려워하는데
하늘은 어찌 은하수 마르는 것 아까와 하지 않나?
높은 곤륜산에는 눈 쌓여 있고
먼 봉래섬에는 늘 추위 남아 있지만
손으로 천하를 들어 그곳에 갈 수 없다면
어찌 차마 홀로 그 속에서 노닐까?

暑旱苦熱

清風無力屠•得熱　落日着翅•飛上山
人固已懼江海竭　天豈不惜河漢乾
昆侖之高有積雪　蓬萊之遠常遺寒
不能手提天下往　何忍身去游其間?

도屠 죽일 도.　**시**翅 날개 시, 깃 시.

해설

이 시는 여름 가뭄으로 인한 더위속의 고생을 읊었는데 두보의 〈모옥위추

풍소파가茅屋爲秋風所破歌〉에서처럼 일신이 아니라 천하가 혜택을 받는 것을 바란 점은 생소한 발상은 아니지만 서곤체를 연상시키는 구절들과 '경세제민經世濟民'의 의식을 담은 구절을 결합시킨 것은 좀 독특한 기법이다.

솔개연

누가 가벼운 솔개 만들어 멀리서 보기에 멋지게 하였나?
아마 나는 새들이 다양하지 못한 것을 싫어하여서인 듯.
한 가닥 실타고 바람에 의지해 날아가니
놀란 아이들 얼굴 들어 바라다보네.
푸른 하늘이라고 다다를 수 있는 건 아니지만
어쩌다가는 종일토록 편안할 수 있다네.
회오리바람 일지 않고 창명바다 아득하니
붕새가 날아올라가기 어려움이 그보다 못함을 우스워 하노라.

紙鳶

誰作輕鳶壯遠觀　似嫌飛鳥未多端
纔乘一線憑風去　便有愚兒仰面看
未必碧霄因可到　偶能終日遂爲安
扶搖不起滄溟遠　笑殺摶•鵬似爾難

단摶 후려칠 단.

해설

이 시는 솔개모양의 연을 읊은 영물시詠物詩인데 후반의 네 구절을 볼 때 풍자적 의미가 강한 시라고 할 수 있다. 바람에 의지해 높이 올라간 연은 위태로워 보이지만 하늘에서 때때로 편안히 떠 있기도 하며 소인배들의 부러움을 자아낸다. 그러나 웅대한 뜻을 품은 작자는 《장자莊子》에 나오는 상상 속의 거대한 새인 붕새처럼 높이 떠올라 멀리 날아갈 바람을 기다리지만 기회가 없어 날아가지 못하고 있으니 솔개연과 비교하여 그만도 못하다고 여기고 자조한 것이다.

33 진 자 陳泊

진자는 팽성彭城(강소성 동산銅山) 사람이고 관직이 이부吏部의 원외랑員外郎, 염철부사鹽鐵副使에까지 이르렀다. 그는 청빈한 생활을 하였고 진사도의 조부로서 시에 조예가 있었다.

항우의 묘를 지나며

팔천 명의 자제들이 이미 창 내던졌고
밤 장막에는 원망하는 초나라 노랫소리 들리는 듯하네.
만 명을 대적해낼 줄 알게 되었으면서도
어찌하여 한 명의 범증이 도움 주는 걸 생각지 못했나?

過項羽廟

八千子弟已投戈　　夜帳猶聞怨楚歌
學敵萬人成底事　　不思一個范增多?

해설

이 시는 진秦나라 말에 유방劉邦과 천하를 쟁탈하다 패하여 죽은 항우項羽의 묘를 지나며 그 역사를 회고한 영사시咏史詩이다. 항우는 모사 범증范增이 유방을 죽여야 한다고 충고한 것을 듣지 않았다가 유방의 이간질에 속아 오히려 범증을 의심하였고 결과적으로 해하垓下(안휘성 영벽현靈壁縣)의 결전에서 유방의 한군漢軍에게 패하여 도망치다 오강烏江(안휘성 화현和縣)에서 자결하였다. 영사시가 일반적으로 역사인물을 칭송하는 경향이 많은 것에 비해 이 시에서는 항우의 단점을 지적하여 논한 점에서 의론적 경향이 있는 송시의 특성을 보인다.

34 공평중 孔平仲

공평중(?~?)은 형 공문중孔文仲, 공무중孔武仲과 함께 문장에 뛰어나 당시 사람들에게 소식蘇軾 소철蘇轍 형제와 합해 '이소삼공二蘇三孔'으로 불려졌다. 진사에 급제한 뒤 추천으로 비서승秘書丞, 집현교리集賢校理 등 직을 지냈고 강동전운판관江東轉運判官으로 부임해나가기도 하였다. 소성紹聖 연간에는 원우元祐당인으로 분류되어 누차 소주韶州, 혜주惠州, 영주英州 등지로 유배당하였다. 휘종 때에는 불려 들어와 호부戶部, 금부랑중金部郎中, 제거영흥로형옥提擧永興路刑獄 등 직을 지냈다. 그는 사학史學에 뛰어났고 글귀를 공교히 다듬어 시가 유려하다.

성을 나서며

말을 강의 서쪽에 매어 두었고
전송하는 수레는 모두 이미 돌아갔다.
교외의 들판에는 사람이 점점 드문데
주변 풍경은 가을이 장차 저물어 간다.
몸은 마치 한 마리 새처럼 가볍고
뜻은 푸른 산처럼 고원하다.

出城

駐馬河之西　送車皆已返
郊原人漸少　風物秋將晚
身如獨鳥輕　意與青山遠

해설

이 시는 오언고시인데 율시의 경우 보통 8구인 것에 비해 6구로 되어 있는 것이 주목된다. 형식은 자유롭지만 성을 나와 강가에 머물 때 전송하던 친구들 다 돌아가고 저물어가는 가을 들판에 홀로 남겨진 심경을 섬세하고 공교하게 그려 내었다. 홀홀단신인 몸은 새처럼 가볍고 성을 나서는 마음은 청산처럼 고원하다는 댓귀가 작자의 고독하면서도 기개있는 심경을 잘 나타내 보인다.

35 소 식 蘇軾

소식(1037~1101)은 사천성四川省 미산眉山 사람이고 어려서 부친 소순蘇洵이 사방을 환유宦遊하는 바람에 모친이 그의 공부를 많이 도왔다. 가우2년(1057) 구양수가 시험관이었던 과거시험에서 예부禮部 진사과에 합격하였고 구양수·매요신 등의 시문혁신운동의 영향을 받았다. 시, 사, 산문, 서화 등 각 예술 방면에 두루 뛰어나 산문에서는 당송팔대가의 한사람으로 꼽히고 사에 있어서는 호방한 풍격의 시에 가까운 사를 많이 지었다.

그의 시는 구양수, 매요신, 소순흠 등에서 싹튼 송시의 기본 성향을 더욱 발전시켜 폭넓은 소재, 탁월한 식견, 임기응변적 재능을 발휘해 송시의 전형을 구현하였다. 단편 절구시는 물론 장편 칠언고시 등에서도 예술적 균형이 있는 우수작을 많이 지어 일대 문단의 선도자적 역할을 하였다. 그의 문하에서 '소문사학사蘇門四學士'라 불리는 문단의 중요문인들이 나왔는데 그중의 한사람인 황정견이 독자적으로 강서시를 개척한 것에도 어느 정도 영향을 주었다. 그리하여 고려조에서는 소蘇·황黃의 시가 학습의 대상이 되었다.

그가 관직에 진출한 후에 왕안석의 신정新政이 강력히 추진되었는데 소식은 정견政見에 있어 왕안석과 달랐다. 그 역시 정치혁신을 주장하기는 하였지만 구당에 속하는 입장으로써 신당과 마찰이 심해 신구당쟁의 와중에서 순조롭지 못한 관직생활을 했다. 원풍元豐2년(1079) 그가 쓴 시가 신법新法을 풍자하고 조정을 헐뜯는다하여 어사대 옥중에 구금되는 '오대시안烏臺詩案' 사건에 휘말린 후, 호북성湖北省 황주黃州로 출임出任되었고 원우元祐원년(1086) 구당이 집정했을 때는 다시 조정으로 불려갔다가 구당과도 마찰이 있어 스스로 항주杭州로 출임 나가기를 청하였다. 소성紹聖원년(1094) 신당이 집정하였을 때 다시 선조先朝를 풍자하였다는 죄명으로 광동성廣東省 혜주惠州로 출임 되었고 얼마안가 다시 바다 건너 해남도海南島로 유배되었다. 이처럼 곡절 많은 인생행로를 겪었지만 유가, 불가, 도가사상을 두루 포용하는 그의 정신세계의 풍요함이 험난한 행로에서도 낙관성을 잃지 않는 유유자적함을 지니게 하여 그의 시는 인생을 깊이 통찰한 호방함이 기조를 이룬다고 하겠다.

아우 자유의 〔면지에서의 옛 일을 회고하며〕 시에 화답함

인생이란 도처에 무엇과 같은지 아는가?
날아가는 기러기 눈 녹은 땅 밟는 것과 같다네.
진흙에다 우연히 발가락 자국을 남기지만
기러기 날아오르면 어디로 갔는지 어찌 알리오?
노승은 이미 죽어 새 사리탑을 이루었고
훼손된 벽엔 옛적에 쓴 시 찾아볼 길 없네.
지난 날 고생했던 일 아직도 기억하는지?
길은 멀고 피곤한데 다리 저는 나귀 울어대었지.

和子由〔澠池懷舊〕

人生到處知何似? 應似飛鴻踏雪泥
泥上偶然留指爪 鴻飛那復計東西?
老僧已死成新塔 壞壁無由見舊題
往日崎嶇還記否? 路長人困蹇•驢嘶•

건蹇 다리 절을 건. **시**嘶 말 울 시, 목쉴 시

해설

이 시는 가우6년(1061) 겨울, 형법을 관장하는 대리사大理寺의 속관인 평사評事가 되어 봉상부鳳翔府(섬서성陝西省에 있음)의 첨서판관簽署判官으로 부임해 갈 때 아우 소철蘇轍이 보내 온 시에 화답하여 지은 시이다. 소식이 수도 변경에서 섬서성으로 떠날 때 소철은 정주鄭州에까지 전송해주었는데 그 후 변경으로 되돌아간 후 소식이 가는 길에 지날 면지현澠池縣을 생각하고 〈회면지기자첨형懷澠池寄子瞻兄〉 시를 보내왔다.

아우 소철은 가우5년(1060) 면지현澠池縣의 서류문서를 주관하는 주부主簿

직에 임명되었었으나 부임하기 전에 과거科擧의 제과制科시험에 합격하게 되어 그곳의 직위에 임하지 않았기에 면지현에 대해 추억의 정이 있었다. 그의 시는 겨울철 서쪽 지역으로 떠나는 형이 눈 녹은 질펀한 길에서 고생할까 걱정하고 전날 형과 함께 가 머물었던 면지의 승사僧舍의 벽에 쓴 제시題詩를 회상하는 내용이다. 소식은 이 답시를 써서 아우와 함께했던 한 때를 회상하고 봉상鳳翔으로 가는 겨울 행로에서 인생길을 떠올려 하나의 인생철학을 작품으로 형상화하였다.

아우 자유의 〔양잠시장〕 시에 화답함

촉 지방 사람들 먹고 입는 것 늘 고달프지만
촉 지방 사람들 놀러 가면 돌아올 줄 모르네.
천 명이 밭 갈아 만 명이 먹고
일년 동안 고생하다 봄철에 한가롭네.
한가할 때 누에시장이 서면
모두들 고생 잊고 흔연히 장에 가는데
지난해에 서리 내릴 때 가을 갈대 쪼개어 엮더니
금년에는 누에 발 연이은 산더미처럼 쌓였네.
표주박 깨트려 바퀴 만들고 흙으로 솥을 만들었는데
앞 다투어 사는 것이 금과 비단정도가 아니라네.
지난날 너와 내가 모두 어렸을 때
해마다 책을 덮고 시장에 가서 구경했지.
시장 사람들 자랑하며 교묘한 꾀를 다투니
촌사람들 할 말 잃고 속기만 했지.
보내온 시로 하여 옛 일이 생각나니
고향 떠난 것 슬퍼 않고 세월 흐른 것 슬퍼하네.

和子由〔蠶市〕

蜀人衣食常苦艱　　蜀人遊樂不知還
千人耕種萬人食　　一年辛苦一春閒

閒時尙以蠶爲市　　共忘辛苦逐欣歡
去年霜降斫[•]秋荻,　　今年箔[•]積如連山.
破瓢爲輪土爲釜,　　爭買不啻[•]金與紈.
憶昔與子皆童丱　　年年廢書走市觀
市人爭誇鬪巧智　　野人喑啞[•]遭欺謾
詩來使我感舊事　　不悲去國悲流年

작斫 벨 작, 쪼갤 작.
박箔 발 박, 대 소쿠리 박. 여기서는 蠶箔, 즉 누에발의 뜻.
시啻 …뿐, 만, 쯤의 뜻.
암아喑啞 벙어리, 입을 다물어 버림.

해설

이 시는 봉상부鳳翔府 첨판簽判으로 부임한 뒤 가우嘉祐8년(1063) 봄, 아우 소철이 보내 온 〈기세수향속기자첨記歲首鄕俗寄子瞻〉시에 화답하여 지은 시이다. 소식이 봉상으로 떠나면서부터 아우 소철과 화답한 시가 매우 많은데 이 시 역시 절친한 벗 못지않은 아우와의 정을 느끼게 해주는 시이다.

작자의 고향인 사천성四川省 촉蜀지방의 누에시장을 회상하였는데 누에발과 실 잣는 기구들을 쌓아놓고 파는 것이 촉지방의 세시풍속의 하나였고 아우와 함께 그 시장에 가 구경하던 것을 추억하며 세월의 흐름을 탄식하였다. 이 시는 특별히 유명한 작품은 아니지만 한 가지 주제를 가지고 자연스럽게 시의 분위기를 형성해낸 다음 끝의 〔不悲去國悲流年〕구로 보편적 정서인 멀리 떠나 있는 객수와 세월의 무상감을 표현해내었다.

유월 이십 칠 일 망호루에서 취하여 씀

먹물 같은 검은 구름 산을 채 덮기도 전에
하얀 빗발 구슬처럼 배안으로 튀어드네.
땅을 휘말아 불어오는 바람 홀연 흩어지니
망호루 아래의 물 하늘처럼 고요하네.

> **六月二十七日，望湖樓醉書**
>
> 黑雲翻墨未遮山　　白雨跳珠亂入船
> 卷地風來忽吹散　　望湖樓下水如天

해설

이 시는 희녕熙寧5년(1072) 작자가 왕안석의 신법에 반대하여 조정을 떠나 항주杭州에서 통판通判직을 맡고 있을 때 지은 시이다. 망호루는 항주시 서쪽에 있는 서호가의 소경사昭慶寺 앞에 있는 누각이다. 작자가 망호루 근처에서 배를 타고 노닐 때 갑작스레 소나기가 몰아쳤다가 그쳤는데 그 짧은 시간동안의 자연현상과 그를 포용하는 서호의 평온함을 그려내었다. 소식은 예술론에 있어 '흉중성죽胸中成竹: 대나무를 그림에 있어 먼저 마음속에 대나무의 형상을 형성해두고' '심수상응心手相應: 솜씨있는 화필로 마음에 생각한 것과 일치되게 그린다'라는 이론을 제창하여 예술적 특성을 순간적으로 포착하는 한편 능숙하게 표현해내는 것을 중시했는데 이 시는 그러한 예술론이 속도감 있게 시에 반영된 것으로 볼 수 있다.

서호는 수면의 면적이 5.66평방km 되는 큰 호수인데 갑작스런 풍파에도 곧 평정을 찾는 모습을 그린 것을 통해 세파에 흔들리지 않는 작자의 정신세계를 생각해 볼 수 있다.

서호가에서 술을 마시는데 처음엔 개였다가 비가 옴

물빛이 반짝이니 맑아서 좋고
산색이 아련하니 비 올 때도 보기 좋네.
서호를 미인 서시에게 비유하려노니
엷은 화장 짙은 칠 다 어울리누나.

> **飮湖上初晴後雨**
>
> 水光瀲灩晴方好　　山色空濛雨亦奇
> 欲把西湖比西子　　淡粧濃抹總相宜

해설

이 시 역시 희녕熙寧6년(1073) 항주에서 지었는데 서호를 잘 그려낸 것으로 유명한 작품이다. 작자는 서호를 월越나라 미녀 서시西施에 비유한 것을 스스로 득의하게 여겨 다른 시에도 그 비유를 반복하여 썼는데 단순히 서시의 외모의 아름다움만을 가지고 서호에 비유한 것은 아닌 듯하다.

서시는 월나라 왕 구천句踐이 오吳나라에 패하고 회계산會稽山에 물러나 있을 때 오나라 왕 부차夫差가 미녀를 좋아한다는 것을 알고 미인계를 써서 서시로 하여금 부차의 마음을 사로잡아 미혹되어 정치를 돌보지 못하게 하여 월나라에게 망하게 한 역사속의 인물이다. 월나라에서 서시를 보낼 때 오자서伍子胥가 부차에게 넘어가지 말라고 충고하였는데 듣지 않아서 결국 오나라가 망하게 되었다. 그 후 오나라에서는 서시를 강물에 빠트려 오자서伍子胥에게 보답하였다고 한다. 서시는 그 외모가 아름다운 정도가 아파서 찡그릴 때도 아름다워 보일 정도라 하였는데 이러한 서시의 외모와 전설 이야기는 서호를 서시에 비교한 것에 외적인 아름다움 뿐 아니라 강물에 빠져 죽은 애국미녀의 영혼과도 관련이 깊을 것이다.

서호를 읊은 5수首의 절구시중 제4수에서 서호를 전국시대 애국시인 굴원屈原과 관련지어 〔무한한 꽃다운 섬에 두약초 생겨나는데 오나라 아해는 초사의 초혼을 알지 못하네. 無限芳洲生杜若, 吳兒不識楚辭招.〕라 한 것에서도 알 수 있듯이 작자는 서호의 아름다움에서 향기로운 정신을 찬미하곤 하였으니 서호에서 노닐며 자신과 정치적으로 대치되는 왕안석의 신정新政과의 마찰을 해소하는 심미적 위안을 얻었던 듯하다.

법혜사의 횡취각

아침에 보니 오산이 가로 보이고
저녁에는 오산이 높이 솟아 보이네.
오산은 정말 자태가 다양하여
돌아가며 다른 모습 보이네.
고상한 사람이 붉은 누각 세웠는데

텅 빈 골짜기 뿐 아무 것도 없네.
오직 '천보강'산 만이
동서로 주렴과 현판처럼 가로 걸렸네.
봄 왔어도 고향엔 돌아갈 기약 없으니
사람들이 가을 슬프다 하지만 봄은 더욱 슬프다네.
평평한 서호에서 고향의 탁금강 그리다가
다시 횡취각에 와보니 아미산 생각나네.
조각 새긴 난간 얼마나 오래 가리오?
난간 기댄 사람만 쉬이 늙는 것이 아니라네.
인생 백년의 흥쇠가 슬퍼할 일 못되니
풀밭이 연못과 누각을 덮을 줄 알기에.
행락객들이 내 노닐던 곳 찾아오면
다만 오산이 가로 놓인 것만 찾으리.

法惠寺橫翠閣

早見吳山橫　暮見吳山縱
吳山故多態　轉折爲君容
幽人起朱閣　空洞更無物
惟有千步岡　東西作簾額•
春來故國歸無期　人言秋悲春更悲
已泛平湖思濯錦　更見橫翠憶峨嵋
雕欄能得幾時好?　不獨憑欄人易老
百年興廢更堪哀　懸知草莽•化池臺
游人尋我舊游處　但覓吳山橫處來

액額 이마 액, 현판 액.　**망**莽 풀 우거질 망.

해설

이 시 역시 항주에 있던 희녕6년(1073)에 지은 시이다. 법혜사는 항주성 청파문清波門 밖에 있는 천정항天井巷에 있었는데 오월왕吳越王 전씨錢氏가 지은 절이다. 오산은 아마 법혜사 횡취각에서 잘 바라다 보이는 낮은 산인 듯하다. 오吳지방 사람들이 그곳에서 오자서伍子胥의 제사를 지냈으므로 서산胥山이라고도 한다. 이 무렵 작자는 3년 전에 사별한 부인을 잊고 재혼하였는데 이 같은 인생의 무상함을 겪은 것이 인생무상의 정도에 그치지 않고 법혜사 횡취각마저 세월 속에 풀밭으로 변할 것이라는 인간 세상에 대한 무상감을 피력하였다. 또한 고향을 떠나 환유宦遊하는 객으로서 항주의 서호에 정을 기탁한 것처럼 오산을 고향의 산처럼 여기며 객수客愁를 달래는 마음을 느낄 수가 있다.

백보홍물

왕정국이 팽성으로 나를 방문하러 왔을 때 하루는 작은 배를 띄워 안장도와 반・영・경 세 기인技人과 사수 북쪽에 있는 성녀산을 유람하고 남쪽으로 백보홍물을 내려갔는데 피리를 불고 술 마시며 놀다 달빛을 타고 돌아왔다. 나는 그때 일이 있어서 가지 못하고 밤에 우의羽衣를 입고 황루위에 서 있었는데 서로 바라다보고 웃으면서 이태백이 죽은 뒤 세간에 이같은 낙이 없었던 것이 삼백여 년은 되었으리라고 여겼다. 왕정국이 간 후 한 달 지나 다시 승 참요와 백보홍 아래 배를 띄우고 옛 노닐던 곳을 찾아갔는데 이미 옛 자취가 되어 탄식을 금할 수 없어 두 편의 시를 지어 하나는 참요에게 주고, 하나는 왕정국에게 부치며 또한 안장도・서요문에게 보여 함께 짓기를 청하노라.

쏟아져 내리는 백보홍물 튀는 파도 이는데
가벼이 남하하는 배 던진 베틀북 같네.
사공이 외쳐대니 물오리 기러기 나는데
한 가닥 물줄기 마구 어지러운 바위 돌 닳고 있네.
달아나는 토끼 쫓는 송골매 같고
수천 척의 언덕길 쏟아져 내려가는 준마 같네.
끊어진 활시위 벗어나 화살이 손을 떠나니
틈을 지나는 나는 번개에 물방울이 연꽃에 구르네.
사방의 산 어지럽고 바람이 귀에 스치는데
수천 소용돌이 속에 포말 이는 것만 보이네.

험난함 속에서 즐거움 얻는 것 비록 통쾌하기는 하나
강물의 신이 가을 물 자랑하는 것과 무엇이 다르리오?
나의 인생은 조화를 타고 날마다 변해가니
앉은 채 한 번의 깨우침으로 신라를 넘나드네.
취한 꿈속에서 분분히 쟁탈을 일삼으니
어찌 가시덤불이 동 낙타 상 덮어버리랴 생각하겠으리오?
굽어보는 사이에 천겁을 잃고 깨어나
다시 이 물을 돌아보니 유달리 천연하다.
보시라, 강안의 희끄무레한 바위에
예부터 삿대 부딪힌 자국 벌집 같은 걸
그러나 이 마음만은 매어두지 말아야하니
조물의 변화인들 나를 어이 하겠으리오?
배를 돌려 말에 올라 각자 돌아가니
두런두런 많은 말은 그대가 나무라는 바이지.

百步洪

王定國訪余於彭城，一日，棹小舟，與顔長道，携盼·英·卿三子，游泗水，北上聖女山，南下百步洪，吹笛飮酒，乘月而歸. 余時以事不得往，夜著羽衣佇立於黃樓上，相視而笑，以爲李太白死，世間無此樂三百餘年矣. 定國旣去逾月，復與參寥師放舟洪下，追懷曩游，以爲陳迹，喟然而歎，故作二詩. 一以遺參寥，一以寄定國，且示顔長道·舒堯文，邀同賦云.

長洪斗落生跳波　　輕舟南下如投梭
水師絕叫鳧雁起　　亂石一線爭磋•磨
有如兎走鷹隼•落　　駿馬下注•千丈坡
斷弦離柱箭脫手　　飛電過隙•珠翻荷
四山眩轉風掠耳　　但見流沫生千渦

險中得樂雖一快　何異水伯誇秋河?
我生乘化日夜逝　坐覺一念逾新羅
紛紛爭奪醉夢裏　豈信荊棘埋銅駝?
覺來俯仰失千劫　回視此水殊委蛇•
君看岸邊蒼石上　古來篙•眼如蜂巢
但應此心無所住　造物雖駛如吾何?
回船上馬各歸去　多言譊譊•師所呵

차磋 갈다. **응준**鷹隼 매와 송골매.
주注 물 쏟을 주. 물 댈 주.
극隙 틈. **위이**委陀 의젓하고 천연스러운 모양.
고篙 삿대 고.
뇨뇨譊譊 볼멘 소리 할 뇨, 다투는 소리 뇨.

해설

이 시는 강소성江蘇省 서주徐州의 태수太守를 지내던 원풍元豐원년(1078) 지은 시이다. 소식의 벗인 왕정국이 서주를 방문해 왔을 때 서주의 동남쪽에 있는 기세가 험난한 여울인 백보홍에서 배를 띄우고 흥겹게 놀았던 것을 추억하여 지은 시인데 본래 2수로서 한 수는 벗인 승 참요에게 한 수는 왕정국에게 부쳤는데 이 시는 참요에게 부친 시이다. 왕정국이 와서 놀던 때엔 직접 함께 배를 타고 놀지 않고 강가의 황루黃樓에서 바라다보기만 하였는데 그 후 한 달 뒤 참요와 직접 배를 띄우고 급류를 타고 노닐면서 지난 놀이 때의 흔적을 회고한 것이다.

전반부에서는 백보홍의 스릴 넘치는 급류타기를 생동감 있게 그렸는데 11·12구에서 그러한 현란한 놀이에 회의를 제기하며 선종禪宗의 철리哲理를 적용한 인생철학을 피력하였다. 마음을 아무 것에도 기탁하지 않는 해탈의 경지를 심도 있게 논한 것은 시를 부친 대상이 승이기에 더욱 뚜렷한 불가사상의 색채를 보인 것일 것이다. 그러나 〔君看岸邊蒼石上, 古來篙眼如蜂巢〕 구절은 강가의 바위에 남겨진 노를 젓느라 구멍 뚫린 무수한 흔적을 묘사한 것으로 역사의 흐름 속의 인간의 생명력의 흔적을 선명하게 그려내었는데 이와 같이 참신하게 구체적 현상을 들어 해탈을 언급한 것은 깨달음이 높은 경지에 이른 것으로 지적되고 있다. (진연陳衍 《송시정화록宋詩精華

錄》 참조)

이 시는 전반부의 기세의 웅장함이 이백의 〈촉도난蜀道難〉, 〈몽유천모음류별夢遊天姥吟留別〉시 등을 상기시키는데 이백시의 순진함에 가까운 자연과의 동화나 도가적 유선遊仙사상에 비해 인생의 철리哲理를 깊이 꿰뚫은 소식의 시는 송시의 이지적 · 관조적 경향을 잘 대변해 보인다.

정혜원의 동쪽에 머물러 지내는데 온갖 꽃들 산에 가득하나 귀한 해당화 한 그루가 있는 것을 그곳 사람들은 모르더라

양자강가의 황주엔 풍토병 많고 초목 무성한데
이름난 꽃 하나 있어 고독을 슬퍼하네.
대나무 울타리속의 한 번 미소가
산 가득한 복사꽃 배꽃 촌스럽게 하네.
조물주께서 깊은 뜻이 있어
가인을 텅 빈 골짜기로 보내셨거니.
천부의 자태에서 자연스런 부귀함 흘러나와
화려한 집에 금 쟁반에 담아 올릴 필요 없다네.
술 마신 붉은 입술 뺨에 붉은 기운 돌고
말아 올린 깁 비단 푸른 소매 붉은 살이 비치네.
깊은 숲 짙은 안개에 아침햇볕 더딘데
바람 가볍고 따스한 날씨 봄잠에 늘어졌네.
빗속에선 눈물 흘러 또한 가련하고
아무도 없는 달빛 아래 더욱 맑도다.
선생은 배불리 먹고 아무 일이 없어
산보하고 거닐며 배를 문지르다가
인가와 절간을 가리지 않고
지팡이 짚고 문 두드려 긴 대나무 살피네.
홀연 어여쁜 꽃 누추한 곳에 빛나니
말없이 탄식하며 병든 눈 비비네.
누추한 이 지방에 어디서 이 꽃이 났을까?

호사가들이 서쪽 촉 지방에서 가져올 길 없을텐데.
짧은 한 뿌리도 천 리 멀리 가져오기 쉽지 않으니
홍곡 새가 씨앗 물고 날아왔으리라.
하늘가 멀리 떨어진 신세 똑같이 가련하여
한 잔 술 마시며 이 노래를 짓노라.
내일 아침 술 깨어 홀로 돌아와 보면
어지러이 날리는 눈송이 같은 꽃잎 어찌 마주 하리오.

寓居定惠院之東, 雜花滿山, 有海棠一株, 土人不知貴也.

江城地瘴蕃草木　　只有名花苦幽獨
嫣然一笑竹籬間　　桃李漫山總粗俗
也知造物有深意,　　故遣佳人在空谷.
自然富貴出天姿　　不待金盤薦華屋
朱脣得酒暈生臉　　翠袖卷紗紅映肉
林深霧暗曉光遲　　日暖風輕春睡足
雨中有淚亦淒愴　　月下無人更清淑
先生食飽無一事　　散步逍遙自捫腹
不問人家與僧舍　　拄杖敲門看修竹
忽逢絕艷照衰朽　　嘆息無言揩病目
陋邦何處得此花?　　無乃好事移西蜀.
寸根千里不易致,　　銜子飛來定鴻鵠!
天涯流落俱可念,　　爲飮一樽歌此曲.
明朝酒醒還獨來,　　雪落紛紛那忍觸!

해설

이 시는 작자가 원풍元豐3년(1080) 양자강 북안의 호북성 황주黃州 태수로 나가 있을 때 지은 시이다. 소식은 정치적 실의를 겪고 외지로 유배되어 지낼 때도 선정을 베풀어 이름이 높았는데 이는 그의 작품들에서 볼 수 있듯 달관한 인생관 덕분일 것이다. 이 시는 습하고 잡목이 무성한 지역인 황주에서 자신의 고향 촉蜀지방에서 온 것으로 추정되는 보기 드문 해당화를 보고 그 고귀함을 읊었는데, 자기 자신을 미화시켜 해당화에 비유한 것으로 자신에 대한 존중, 유배된 것도 긍정적으로 생각하고 유유자적하는 삶의 태도 등을 자연스런 필치로 그려내었다. 이전의 시인들이 주로 향기로운 난초꽃으로 고결한 인품을 형상화한 것에 비해 창의적이라고 할 수 있는데 이 해당화는 고결함뿐 아니라 일상생활 속에 동고동락하는 친근한 형상미形象美를 보여준다.

이 시에 대해 작자는 매우 흡족해했고 많은 사람들이 칭찬했는데 작자의 산문 〈유정혜원기遊定惠院記〉에도 이 해당화 이야기가 나오고 그 꽃 가에서 객들과 몇 차례 취하였다고 적고 있는 것으로 보아 작자에게 남다른 감상을 불러일으켰던 듯하다.

끝 부분의 '可念'은 '可憐'으로 바꾸어 보아도 뜻에 큰 차이가 없고 후자가 음절이 더 아름다우므로 이런 경우 판본상의 문제에 대해서도 의심해 볼 필요가 있겠다.

서림사 벽에 씀

가로 보면 산고개요 세로 보면 봉우리이고
멀리 가까이 높이서 아래에서 각기 달라 보이네.
여산의 진면목을 알 수 없는 것은
오직 몸이 이 산속에 있기 때문.

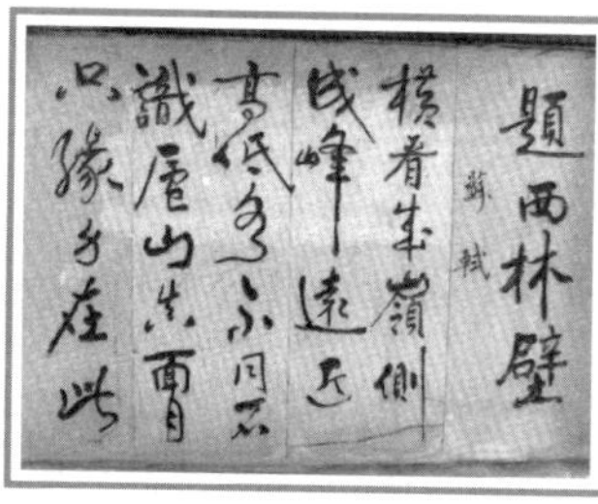

題西林壁

橫看成嶺側成峯　遠近高低各不同
不識廬山眞面目　祇緣身在此山中

해설

이 시는 원풍7년(1084) 여주汝州의 관찰사직인 단련부사團練副使직으로 관직이 바뀌어 갈 때 호북성湖北省 양자강 북안의 황주黃州에서 양자강 남안에 있는 여산廬山을 유람하고 하남성河南省 여주汝州로 가면서 지은 시이다. 서림은 서림사西林寺로 여산 칠령七嶺의 서쪽에 있다. 여산은 평지에서 성루처럼 솟은 덩어리 산들이 모여 이루어진 명승지인데 그 산세가 보는 각도에 따라 다양하기에 이처럼 형이상학적인 산수시가 쓰여졌다. 장편 시들에 비해 짧은 네 구절 속에 함축적으로 철리哲理를 표현해내었는데 여산의 밖에서 살펴본다 해도 여산의 진면목을 한눈에 알아볼 수 없는 것은 마찬가지이므로 이 시의 의미는 짧은 구절로 인간의 한계성을 일깨운데 있다고 하겠다.

혜숭의 〔봄 강의 저녁 풍경〕

대나무 너머 복사꽃 두세 가지 피었고
봄 강물 따스해진 걸 오리가 먼저 알았네.
물쑥 땅에 가득하고 갈대 싹 짧게 자랐으니
바로 복어가 거슬러 올라올 때라네.

惠崇〔春江晩景〕

竹外桃花三兩枝　　春江水暖鴨先知
蔞蒿•滿地蘆芽短　　正是河豚欲上時

루호蔞蒿 물쑥. 蔞는 물쑥 루.

해설

이 시는 원풍8년(1085) 수도 변경에서 기거사인起居舍人직에 있을 때의 작품이다. 혜숭은 거위, 오리, 백로 등을 잘 그렸고 작은 경치그림에 뛰어난 화가였는데 〈춘강만경春江晩景〉 그림은 전하지 않지만 이 시를 통해 그 그림의 정경을 그려볼 수 있다. 그림의 형상뿐 아니라 오리가 봄물이 따스해 진 것을 알아챘다는 것, 복어가 강물을 거슬러 올라와 산란할 때가 되었다는 등을 체감적 표현으로 잘 표현해내었으므로 '흥상興象이 깊고 묘하다'는 호평을 받았다.(기윤紀昀 《소문충공시편주집성蘇文忠公詩編註集成》 권26 참조) 이 같은 시는 그림의 겉모습만 아니라 그림에 담겨있는 내면적 생명까지 전달해내어 '형사形似'가 아닌 '신사神似'에 속하는 작품이라 할 수 있다.

십일월 이십육일 송풍정 아래에 매화가 활짝 핌

춘풍령의 회남촌에서
매화꽃 보았을 때도 애간장 끊겼는데
어찌 영락하여 떠도는 타향에서 다시 만나
오랑캐 땅 풍우 속에 황혼을 서러워 할 줄 알았으랴!
긴 가지 반쯤 여지나무 가득한 물가에 드리웠고
야자나무동산에 나지막이 홀로 빼어났네.
그윽한 꽃 빛이 어찌 밤을 빛나게만 하겠으리오,
차가운 어여쁨 겨울 더위 식힐까 걱정이라네.
송풍정 아래 가시덤불 속
두 그루 옥 같은 매화나무 아침 햇빛 밝히네.
해남의 선인 어여삐 섬돌에 내려앉아
달빛 아래 흰 비단옷 입고 문을 두드리네.
술 깨고 꿈 깨어 일어나 나무 곁을 도는데
깊은 뜻있으나 끝내 아무 말 없네.
홀로 술 마신다고 탄식하지 말지니
다행히도 지는 달빛이 맑은 술잔 기웃거리네.

十一月二十六日，松風亭下，梅花盛開

春風嶺上淮南村　昔年梅花曾斷魂，
豈知流落復相見，　蠻風蜑•雨愁黃昏!
長條半落荔支浦　臥樹獨秀桄榔•園
豈惟幽光留夜色　直恐冷艶排冬溫
松風亭下荊棘裏　兩株玉蕊明朝暾•
海南仙雲嬌墮砌•　月下縞•衣來扣門
酒醒夢覺起繞樹　妙意有在終無言

> 先生獨飮勿嘆息　　幸有落月窺淸樽
>
> **연**蜒 땅지네 연, 꿈틀거릴 연.　**광랑**桄榔 야자과에 속하는 상록교목.　**돈**暾 해돋을 돈, 수더분할 돈.
> **체**砌 섬돌.　**호**縞 흰 깁비단.

해설

이 시는 소성紹聖원년(1094) 멀리 남방 혜주惠州(광동성에 있음)로 유배되었을 때 지은 시이다. 소성원년 철종哲宗이 친정하게 되면서 채경蔡京·장돈章惇 등 권신들이 원우구당元祐舊黨 인물들을 배척하여 소식은 정주定州에서 영주英州로, 다시 멀리 혜주惠州로 나가게 되었다. 혜주는 지금의 광동성 혜양惠陽지역인데 작자는 그 먼 이역 땅에서 향토에 적응하며 도연명의 시에 화답하는 〈화도귀원전거和陶歸園田居〉, 〈화도도화원和陶桃花源〉시 등 많은 양의 '화도시和陶詩'를 지으며 지냈다.

이 시는 혜주에 도착한 지 얼마 안 되어 지은 시로 더운 남부지방이라 다른 곳에서보다 이른 매화꽃을 보고 낙향한 자기의 신세를 그에 기탁하여 읊었다. 이에 앞서 '오대시안烏臺詩案'사건 후 황주黃州로 유배되었을 때에도 그곳의 매화를 보고 애상에 잠겼었는데 다시 또 배척되어 오랑캐풍습이 짙은 남방의 이역 땅에서 매화꽃을 접하고 감개가 무상하여져 〔松風亭下荊棘裡〕라고 매화가 있는 곳을 자신이 처한 험난한 세속적 환경과 관련지어 읊었다. 그러나 〔海南仙雲嬌墮砌, 月下縞衣來扣門〕구는 매화꽃이 섬돌에 떨어져 달빛 아래 휘날리는 것을 마치 신선이 섬돌에 내려와 흰 옷을 입고 문을 두드리는 것처럼 형상화하였는데 형상미가 뛰어난 한편 스스로의 고결함을 그러한 매화에 투사한 '이심전심以心傳心'의 구절이라 하겠다.

여지를 한탄한 노래

십 리의 역마다 먼지티끌 날리고
오 리의 역참마다 봉화 재촉하네.
구덩이와 계곡에 엎어지고 넘어지며 서로 베고 누웠으니
여지와 용안을 날라옴을 알겠네.

날을 듯이 수레로 산을 넘고 매같이 배로 바다를 건너오니
바람 부는 가지 이슬 맺힌 잎사귀 갓 딴 듯하다네.
궁중의 미인 한 번 웃음 위하여
거센 먼지 속에 무고한 백성의 피 천 년토록 남겼네.
한나라 화제 때엔 남방의 교주에서 여지를 날아왔고
당나라 현종 때엔 해마다 사천성 부주에서 공물을 보내왔네.
지금도 현종 때 여지를 강탈해 간 이림보를 잊고 여지를 먹으면서
아무도 술잔 들어 조정에 호소했던 백유를 기념하지 않네.
원컨대 하늘은 백성들을 가련히 여기사
뛰어난 재물 내어 부스럼 만들지 마시길…
비바람 순조롭고 백곡이 여물어
백성들 굶주리지 않음이 최상의 일이라네.
그대는 못 보았는가, 무이산 계곡의 속립아차를
정위와 채양이 앞 다투어 바구니에 담아 진상한 것을?
신품을 내어 총애를 사고자 각기 고심하여
올해도 품질을 심사하여 관차로 충당하네.
우리 군주께서 부족한 것이 어찌 이러한 것일까?
입에 맞는 것만 봉양함은 비루한 일이라네.
낙양유수 전유연은 충효한 가문 출신인데
가련히도 역시 귀한 모란꽃을 진상하였다네.

荔枝嘆

十里一置飛塵埃　五里一堠兵火催
顚坑仆•谷相枕藉　知是荔枝龍眼來
飛車跨山鶻•橫海　風枝露葉如新采
宮中美人一破顔　驚塵濺血流千載
永元荔枝來交州　天寶歲貢取之涪
至今欲食林甫肉　無人擧觴酹•伯游
我願天公憐赤子　莫生尤物爲瘡痏•
雨順風調百穀登　民不飢寒爲上瑞

君不見武夷溪邊粟粒芽　　前丁後蔡相籠加•
爭新買寵各出意　　今年鬪品充官茶
吾君所乏豈此物?　　致養口體何陋耶!
洛陽相君忠孝家　　可憐亦進姚黃花

부仆 엎드러지다, 죽다. **골**鶻 매. 여기서는 배를 가리킴.
뢰酹 강신술 뢰. ex) 酹詩: 술을 땅에 따르며 詩를 제사함.
창유瘡痏 瘡은 부스럼, 痏는 맞아 멍드는 것.
롱가籠加 籠은 대나무 상자. 대나무 상자에 貢物을 담아 進貢함.

해설

이 시는 소성2년(1095) 역시 혜주惠州에 있을 때의 작품이다. 혜주에는 남방지역의 과일인 여지가 생산되어 작자는 그곳에서 맛좋은 여지를 실컷 맛볼 수가 있었지만 역사 속에 여지 때문에 발생했던 참상을 생각하고는 탄식을 금할 수 없어 이 같은 전형적인 현실 비판적 사회시를 지었다. 권귀자에게 뇌물을 바치기 위해 앞 다투는 세태를 두고 충신忠臣사상의 견지에서 신하된 자들의 몽매함을 탄식하였는데 전쟁으로 인한 참상, 관리들의 횡포, 자연재해 등을 주된 소재로 삼는 사회시에 비할 때 작자가 체험했던 남방의 여지라는 특산품을 소재로 삼은 것이 이채로운 점이다. 내용은 현실 비판적 의미가 있지만 송시의 부정적 경향으로 지목되는 산문적, 의론적 경향이 두드러지는 감이 있다고 하겠다.

징매역의 통조각에서

여생을 해남도의 촌에서 보내려 하였는데
천제가 무양을 보내 나의 혼을 일깨웠네.
아득한 하늘아래 매 사라지는 곳
터럭만한 푸른 산이 중원 땅이라네.

澄邁驛通潮閣

餘生欲老海南村　　帝遣巫陽招我魂
杳杳天低鶻沒處　　青山一髮是中原

해설

이 시는 작자가 경주瓊州(지금의 해남도海南島 동북지역) 자사刺史의 보좌관인 별가別駕직으로 유배되어 담주儋州(해남도의 서쪽지역)에 안치되었다가 원부元符3년(1100) 5월 다시 염주廉州(광동성 서남단에 있음)로 불려가자 그곳을 향해 가던 중 길이 징매역澄邁驛을 지날 때 지은 시이다. 징매현澄邁縣은 애주崖州(해남도에 있음)의 서쪽 구십 리에 있었는데 그곳의 통조각通潮閣에 이르러 바다 너머 중원 땅을 바라보며 그 소감을 적은 것이다.

짧은 네 구절 속에 해남도의 정든 생활과 중원 땅으로 들어서게 된 감개를 잘 표현해내었는데 비록 남방의 이역향토에 적응해서 살기는 하였어도, 작자 자신을 모함 받아 유배되었다가 멱라수에 투신자살한 초楚나라 애국시인 굴원屈原의 혼을 되부르는 것에 비교한 것을 통해 애국심에 대한 자부심이 강했음을 알 수 있다.

이 시외에도 경주慶州를 거쳐 배를 타고 뭍을 향해 갈 때도 〈유월 이십일야도해六月二十日夜渡海〉 칠언절구시를 지어 해남도의 생활을 〔남쪽 황무지에서 아홉번 죽어도 한스럽지 않지만 이번 유람의 승경은 평생의 제일이라네. 九死南荒吾不恨, 玆遊奇絕冠平生.〕이라고 총평하였다. 예술론에 있어서 '수물부형隨物賦形(사물을 따라 자연스럽게 형상화함)'론을 언급한 것처럼 인생에 있어 '수처이안隨處而安(있는 곳에 따라 편안히 여김)'하는 낙천적인 모습을 보여준다.

또한 진관秦觀의 〈사주동성만망泗州東城晩望〉시에서 〔나무 끝 한 가닥 그림처럼 푸른 것이 응당 회수물 돌아 흐르는 곳의 산이리라. 林梢一抹青如畫, 應是淮流轉處山.〕라고 고향을 그린 구절도 이 시의 후반 두 구와 비슷한 기법을 써서 애틋한 마음을 표현하였다.

36 소 철 蘇轍

소철(1039~1112)은 미주眉州 미산眉山(사천성에 있음) 사람이고 소식의 아우이다. 인종 가우2년(1057) 소식과 함께 진사시에 합격했고 문장에 뛰어나 당송팔대가의 한사람으로 꼽히지만 시에 있어서는 소식과 비교될 수 있는 수준은 못된다. 그의 부친 소순蘇洵, 형 소식과 함께 삼부자가 모두 문장에 뛰어나 세칭 '삼소三蘇'라 불려졌다.

중추절 밤

넓은 하늘에 오랜 비 걷혀
맑은 밤 밝은 달빛 흐르는데
누각에 오른 사람들 실컷 바라본 뒤
느릿느릿 서쪽으로 지네.

中秋夜

長空開積雨　　清夜流明月
看盡上樓人　　油然就西沒

해설

이 시는 중추절의 달을 읊었는데 특출한 발상이나 두드러지는 기교는 없지만 밝은 보름달이 중추절을 맞아 달을 감상하는 사람들을 즐겁게 해주는 것을 담담하게 그려 내었다. 3구의 주체가 달인지 달을 감상하는 사람인지 불분명한 것은 자연과 인간이 합치되는 '물아일체物我一體'의 경계이기 때문이라고 볼 수 있다.

양산박에서 연꽃을 보고 오흥 지방을 추억함

바람 이는 파도에 줄풀 부들풀 출렁이고
안개비속에 기러기 오리 울며 나니.
아마도 오월지방 사랑하는 고상한 선비 위하여
제나라 노나라 땅에다 남방의 풍물을 지어 보인 듯.

> **梁山泊見荷花憶吳興**
>
> 菰•蒲出沒風波際　　雁鴨飛鳴霧雨中
> 應爲高人愛吳越　　故於齊魯作南風
>
> **고**菰 줄풀.

해설

이 시는 산동성의 양산박에서 절강성의 오흥 지방을 그리며 쓴 5수의 절구시중 한 수이다. 양산박은 거야택鉅野澤이라고도 하는 큰 못으로 송대에 황하를 터서 수백 리에 이르는 규모가 되었지만 뒤에 황하의 수로가 옮겨짐으로 하여 점차 자그마해져 평지처럼 되었다. 이 지방은 옛날 제나라 노나라 땅에 속하였는데 작자는 그곳에서 큰 못물과 연꽃을 보고 옛 오나라 월나라 땅이었던 오흥(절강성浙江省에 있음)지방의 풍물과 유사한 점을 느꼈다.

3구의 '절조 높은 선비〔高人〕'는 자기 자신 뿐 아니라 그와 우애가 두터워 자주 시를 주고받았고 신구당쟁 속에서 비슷한 역경을 겪었던 형 소식을 가리킨 것인 듯하다. 항주杭州에 나가 있었던 소식이 접하는 풍물과 같은 풍물을 양산박에서 보고 형을 그리워하는 마음을 간접적으로 표현한 듯하다. 그렇게 본다면 멀리 떨어진 다른 공간에서 자연물을 통해 우정을 공감하는 것을 매우 섬세하게 표현하였다 하겠다.

37 황정견 黃庭堅

황정견(1045~1105)은 홍주洪州 분녕分寧(강서성江西省 수수修水) 사람인데, 그의 부친 황서黃庶도 문장에 뛰어난 편이었고 두보의 시에 심취했으므로 황정견이 두보의 시를 배운 것에 어느 정도 영향을 미쳤을 것이다. 영종英宗 치평治平4년(1067) 진사가 되었고 섭현葉縣(하남성에 있음), 태화현泰和縣(강서성에 있음) 등 지역에서 임직했으나 신당과 구당의 정쟁속에서 구당인물로 간주되어 신당의 압력을 받지 않을 수 없었다. 구당이 집권한 철종哲宗 원우元祐초에는 조정으로 불려 올려져 비서성秘書省의 교서랑校書郎이 되어 《신종실록神宗實錄》을 예비수찬 하는 일을 했는데 뒤에 장돈章惇 · 채변蔡卞 등 인이 황정견이 《실록實錄》에 쓴 글귀가 신정新政을 비방하는 말이 많다고 힐책하여 부주涪州(사천성에 있음) 별가別駕로 강등되어 검주黔州(사천성의 남단 변경지역)에 안치되었다. 휘종徽宗 때에 다시 기용되었지만 형주荊州(호북성 남단 양자강 북안)에 있을 때 쓴 〈승천원탑기承天院塔記〉의 내용이 또 문제가 되어 의주宜州(광서성 의산宜山)로 유배되었고 그곳에서 고생 끝에 죽었다.

그는 소식의 문하생으로 불리는 소문사학사蘇門四學士' 중의 한 사람으로 소식의 영향을 받기는 했지만 시 창작에 있어서는 두보의 만년시를 '조종祖宗'으로 삼았다. 그리하여 노두시老杜詩의 발전한 기법을 특정 취향으로 한껏 발휘한 시를 지었는데 이러한 시는 후에 그의 고향 이름을 따서 '강서시江西詩'라 불리게 되었다. 그는 구양수 · 매요신 · 소순흠 등 인에서 뚜렷해진 송시의 기본 성향을 소식이 가일층 크게 떨쳐 붓을 한 번 휘두르면 콸콸 거침없이 수작秀作을 쏟아내는 성과 속에서 소식시의 부정적 경향이라고도 할 수 있는 지나치게 익고 매끄러운 점을 피하여 다소 덜 익은 생경生梗한 맛이 있고 '졸拙'한 맛이 있는 것을 인위적으로 추구하는 독특한 시를 개척하였다. 특히 창작기교에 있어서 기존 작품의 싯구詩句를 활용하는 '환골탈태換骨奪胎' '점철성금點鐵成金' '무일자무래처無一字無來處' 등 각종 다양한 이론을 제창한 점은 창작상의 새로운 활로를 열어준 효과가 있어 그의 시와 비슷한 시풍의 '강서시풍江西詩風'이 일대를 풍미하였고 남송시의 창작 및 청대의 시단에까지도 영향을 미쳤다.

우리나라 고려조에도 그의 시가 알려졌고 특히 조선시대에는 해동강서시파海東江西詩派라 불려지는 시파까지 형성하게 되었으니 그는 가히 송대 시단에 있어서 소식에 버금가는 중요 인물이라 하겠다.

쾌각에 올라

바보같이 관청의 일을 다 해치워두고
쾌각에서 이리 저리 저녁의 청량함 즐기네.
온 산에는 낙엽지고 하늘은 아득한데
한 줄기 맑은 강 달빛 또렷하다.
내 마음 전할 거문고 줄은 이미 끊어버렸지만
좋은 술 찾는 반가운 눈빛은 여전하다네.
배 타고 긴 피리 불며 만 리 멀리 떠나고픈
이 마음을 흰 갈매기에 맹세해보네.

登快閣

痴兒了却公家事　快閣東西倚晚晴
落木千山天遠大　澄江一道月分明
朱弦已爲佳人絕　青眼聊因美酒橫
萬里歸船弄長笛　此心吾與白鷗盟

해설

이 시는 원풍5년(1082) 태화현泰和縣에 있을 때 지은 시이다. 태화현은 강서성 감강贛江가에 있고 쾌각快閣은 그곳에 있는 누각인데 유월에도 강바람이 차가운 시원한 곳이라 한다. 이 시는 관가의 일을 다 마쳐놓고 강가의 누각에 올라 저녁 경치를 바라다보며 외로움을 달래고 나아가 '기심機心' 없이 살고 싶은 이상을 읊었다. 비교적 쉬운 시어들로 이루어진 듯하지만 많은 전고典故를 활용하여 공들여 지은 것이 특징이라 할 수 있다.

첫 구는《진서晉書·부함전傅咸傳》에〔하후제夏侯濟가 부함傅咸에게 편지를 써 이르기를: 그대의 아들은 어리석어 관청의 일을 다 마친다. 관청의 일은 다 마치기가 어렵다. 다 마친다는 것이 바로 어리석은데도 그것을 통쾌히 여긴다.〕라 하였는데 여기에서 그 뜻을 빌려 '어리석게도 관청의 일을 다 끝마쳐두고'라는 자조적인 뜻으로 썼다.

3·4구는 두보의〔가없는 가을 나무 쓸쓸히 잎사귀 지고 끝이 없는 장강은 도도히 흘러가네. 無邊落木蕭蕭下, 不盡長江滾滾來 (《등고登高》)〕, 백거이白居易의〔성의 사방에 수만 채 집 등불 빛나고 물 한가운데엔 한 줄기 별빛 흐르네. 燈火萬家城四畔, 星河一道水中央 (《강루석망江樓夕望》)〕구를 응용한 것인데 그의 시에 대해 긍정과 부정이 분분한 것처럼 이 구절도 '두보의 기상과 유사하다'라고 칭송하는 이가 있는가 하면 '어린애 말투이다'라고 비웃는 평도 있다. 잘 살펴보면 정교한 대귀로 산과 강이 대를 이루고 드넓은 밤하늘에 달이 또렷하게 보이는 것으로써 상쾌하고 시원한 가을 저녁의 정경을 그려내었다. 백거이시에서는 별이 수중에 있는 것을 읊었지만 여기서는 2구의 '만청晩晴'을 두고 볼 때 한줄기 강물 위 어둑어둑한 하늘에 달이 또렷해진 것을 말한 것으로 보인다. 이러한 구절들은 유명한 구절을 표절한 것처럼 보여 졸렬한 구절 같지만 '쾌각快閣'이라는 주제에 맞추어 전고典故와 이전 시인들의 싯귀를 능숙하게 운용하였기에 이러한 시는 세심한 감상을 요한다.

5·6구 역시 전고를 인용하여 자기를 알아줄 벗은 없지만(종자기鍾子期와 백아伯牙의 전고《여씨춘추呂氏春秋·본미本味》) 맛좋은 술을 반갑게 여긴다는(완적阮籍의 전고《진서晉書·완적전阮籍傳》) 뜻으로 고적한 마음을 표현하였다. 끝의 두 구는 7구가 가상화한 정경으로 8구 '此心'의 목적격인 것으로 풀이되기도 하나, 한편 구체적으로 눈앞에서 강을 지나 멀리 사라져가는 배를 그린 것으로도 볼 수 있는데 그럴 경우 '此心'이 받는 것은 넓은 의미에서 앞의 모든 구절이라고 하겠다. 즉 쾌각을 둘러싼 상쾌한 저녁 정경

속에서 '갈매기를 잡으려는 마음'(즉, 기심機心: 《열자列子 · 황제黃帝》의 전고)이 전혀 없이 자연과 혼연일체가 되고 싶은 마음을 읊은 것이다.

이같은 시는 전고典故나 출전出典을 몰라도 대략 뜻을 알 수는 있지만 작자의 창작 의도는 시어의 선택에 있어서 '한 글자도 출처가 없는 것이 있어서는 안 된다: 무일자무래처無一字無來處'라는 이론을 적용하여 작품이 전달할 수 있는 의미를 풍성하게 하는 데 있으므로 독서의 함양이 풍부한 독자일수록 감상에 있어 많은 의미를 캐낼 수가 있다.

황기복에게

나는 북해에 있고 그대는 남해에 있으니
기러기에 편지 전하려도 멀다고 사양하네.
바람 부는 복사꽃 배꽃아래 한잔 술 같이 했고
밤비 내리는 강호에서 십년간 떠돌며 홀로 등불 마주했지.
집에 가진 거라곤 사방의 네 벽뿐이지만
병 다스리는 일엔 익숙하여 세 번씩 부러진 팔 고칠 경력 필요 없네.
생각하거니 흰 머리로 독서삼매경에 빠져
풍토병 도는 넝쿨 계곡 건너 원숭이 울고 있겠지.

寄黃幾復

我居北海君南海　寄雁傳書謝不能
桃李春風一杯酒　江湖夜雨十年燈
持家但有四壁立　治病不蘄•三折肱
想得讀書頭已白　隔溪猿哭瘴•溪藤

기蘄 구할 기. **장**瘴 장기(瘴氣), 풍토병.

해설

이 시는 원풍8년(1085) 덕주德州(산동성)에 있을 때 지은 시이다. 황기복黃幾復은 작자와 동향인 오랜 벗으로 당시 사회현四會縣(광동성에 있음)에 있었다. 첫 두 구는 자기 자신과 벗이 멀리 떨어져 있는 것을 대략 북해와 남해로 표현하고(《좌전左傳 희공4년》의 전고를 인용) 편지 전하기 어려운 아쉬움을 읊었다. 3・4구에서는 그 동안의 교유 및 동고동락을, 5・6구에서는 가난한 살림형편, 세상의 곤경에 익숙해진 처지를 역시 전고를 응용하여 표현하였는데, 3・4구의 경우 친근하고 아련한 우정을, 5・6구는 시어에 있어 드러나듯 역경에도 꿋꿋한 오랜 깊은 정을 느낄 수 있다. 끝 두 구는 먼 남방지역에 나가 있는 벗을 생각하며 그 청렴한 모습을 떠올렸는데 이 같은 끈끈한 사우師友간의 우정을 표현한 시들이 당시에 많이 지어진 것은 신구당쟁과 관련하여 고초를 함께 한 시대배경과 관련이 있다고 할 수 있다.

5・6구의 〔四立壁〕, 〔三折肱〕 등은 각기 《한서漢書・사마상여전司馬相如傳》의 '집에는 다만 네 벽만 서 있다家徒四壁立', 《좌전左傳》의 '제나라 고강이 말하기를: 부러진 팔뚝을 세 번 대해봐야 훌륭한 의사가 된다. "齊高彊曰: "三折肱, 知爲良醫."'라 한 것에서 나온 시어인데 조어造語가 생경한 맛을 주는 시어이다. 그 뜻은 집안은 몹시 가난하지만 고을을 다스리는 것에 있어서는 환자를 많이 겪어볼 필요도 없이 잘 병을 고치는 수준이라는 뜻이다.

쌍정차를 소동파에게 보냄

인간세상의 바람과 해가 못 닿는 곳에
천상의 옥당에서 삼림처럼 둘러싼 책 속에 있을
동파거사의 그 모습 생각하노니
붓 터럭 휘둘러 밝은 구슬 백 말씩 쏟아내겠지.
강남의 우리 고향 구름 속에 자란 기름진 차 잎을 따서
맷돌에 가니 흩날리는 모양 눈꽃보다 여리네.
선생을 황주의 악몽에서 깨우고자 하노니
일엽편주에 싣고 강호로 향함이 어떠하리?

雙井茶送子瞻

人間風日不到處　　天上玉堂森寶書

想見東坡舊居士　揮毫百斛瀉明珠
我家江南摘雲腴　落磑•霏霏雪不如
爲君喚起黃州夢　獨載扁州向五湖

애磑 맷돌.

해설

이 시는 원우元祐2년(1087) 저작랑著作郎직에 임명되어 수도 변경에서 사관史館의 일을 맡아보고 있을 때 스승 소식에게 자기 고향의 특산차를 선물로 보내면서 부친 시이다. 쌍정雙井은 강서성江西省 홍주洪州 분녕현分寧縣에 있는데 그곳의 심산에서 생산된 향기로운 차를 아는 사람들에게 나누어 보내 우의를 다졌다. 소식에게 보낸 이 시는 소식의 인품을 높여 세속을 초탈한 천상의 도인道人에 비유하고 그에 대한 흠모의 정을 표시했는데 끝의 두 구는 소식이 원풍元豐연간에 황주黃州로 유배되는 불운을 겪은 것에서 깨어나 자신이 선물하는 차를 배에 싣고 강호로 자유롭게 떠나기를 권유하였다. 이는 은일의 동경을 미화시켜 표현한 것으로 당시 사우師友들간에 자주 쓴 표현이다. 소식은 황정견을 두고 '노직(황정견의 자字)의 시를 읽으면 노중련과 이태백을 보는 듯하여 감히 비속한 일을 거론하게 되지 않는다. 비록 세상에 쓰임을 얻게 되지 못한다하더라도 세상에 보탬이 되는 것이 없지 않다. 讀魯直詩, 如見魯仲連李太白, 不敢復論鄙事, 雖若不入用, 亦不無補於世.'라고 평한 바 있는데 이처럼 서로를 세속을 초월한 인물들로 비교하는 풍조는 불가佛家·도가道家사상에 심취했던 원인도 있지만 신당과 대립되는 정쟁政爭속에서 자신들의 견지를 고수한데서 유래된 '탈속脫俗'현상으로 생각해 볼 수도 있다.

바위와 대나무 숲, 소몰이 소년 그림에 부침

소자첨(소식)선생이 무성한 대나무와 기이한 암석을 그렸는데 이백시가 그 앞 언덕에 목동이 소를 타고 가는 것을 덧보탠 결과 매우 의미가 생동하여져 장난삼아 읊음

들판에 조금 언덕 솟은 곳에

우거진 대나무 서로 기대어 푸른데
세 자 길이의 채찍 든 소년이
늙고 겁먹은 소를 끌고 가네.
바위가 몹시 아까우니
소가 뿔 갈게 하지 말아라,
소가 뿔 가는 것은 봐줄 수 있지만
덤벼들어 대나무 망칠까 두렵도다.

題竹石牧牛

子瞻畵叢竹怪石，伯時增前坡牧兒騎牛，
甚有意態，戱詠.

野次•小崢嶸　　幽篁相倚綠
阿童三尺棰•　　御此老觳觫•
石吾甚愛之　　勿遣牛礪角
牛礪角尚可　　牛斗殘我竹

차次 곳, 위치. **추**棰 채찍.
곡속觳觫 (희생으로 끌려가는 소가) 두려워 떠는 모양. 《孟子》에 나오는 어휘.

해설

이 시는 원우3년(1088) 작자가 변경의 사관史館에서 직무를 맡고 있을 때 지은 시이다. 당시 소식, 유명한 화가 이공린李公麟(자가 백시伯時임) 등과 교유하며 제화시題畵詩도 많이 지었는데 이 시는 소식이 대나무와 바위를 그린 그림에 이공린이 언덕에 목동이 소를 몰고 가는 그림을 덧보태 넣은 합작그림을 두고 쓴 제화시이다.

전반 네 구는 평범한 서술이지만 후반 네 구는 직접화법의 형식으로 목동에게 소식이 그린 대나무와 바위를 다치지 않게 소를 얌전히 몰고 갈 것을 부탁했는데 그 언어 속에 작자의 그림을 아끼는 마음과 그림의 생동적 형상화가 잘 담겨져 있다. 소식의 〈혜숭惠崇〔춘강만경春江晩景〕〉에서 〔春江水暖鴨先知〕, 〔正是河豚欲上時〕라 읊었던 구절처럼 그림 속의 행동성,

감각성이 살아있는 '형사形似'가 아닌 '신사神似'의 필치의 제화시라 하겠다.

공의부에게 장난삼아 보냄

모영의 자손처럼 잘 먹고 살 관상 없으니
세상사람이 좋아하는 공방형은 절교의 글 보내왔네.
문장의 기능이 세상을 경륜하지 못한다면
거미줄에 맺힌 이슬방울과 무엇이 다르랴?
교서랑 저작랑 빈번히 맡기어
수레에 올라 문안인사 나눌만 하지만
홀연 지난날 절간에서 거친 밥 먹던 것 생각이 나서
꿈속에 가을 기러기 따라 동호로 가보았다네.

戲呈孔毅父

管城子無食肉相　孔方兄有絕交書
文章功用不經世　何異絲巢綴露珠?
校書著作頻詔除　猶能上車問何如
忽憶僧床同野飯　夢隨秋雁到東湖

해설

이 시는 원우2년(1087) 작자가 수도 변경에서 비서성秘書省 저작좌랑著作左郞직에 있을 때 동료에게 장난삼아 써 부친 시이다. 황정견의 작품들 중엔 유머 섞인 어조의 해학적인 희작시戲作詩가 특히 많은데 이 작품도 그중의 하나이다. 앞의 두 구가 바로 그것에 해당되는데, 첫 머리에 전고를 운용한 댓귀를 씀으로써 조금 갑작스런 느낌을 주는 것 또한 황정견 시의 구법적 특징이다.

1구는 한유의 〈모영전毛穎傳〉의 전고를 쓴 것인데 모영은 본래 '붓끝'의 의미로서 고사故事에서는 문장에 뛰어난 인물을 비유하고 있다. 그 내용은 대략 다음과 같다. … 모영은 조상대로부터 중산中山에 살았는데 진시황秦始

皇 때 몽념蒙恬장군이 중산을 공격할 때 포로로 잡혀가 진시황의 신하가 되었다. 박학다식한 문장과 재능으로 중서령中書令직에 봉직하다 노쇠하여 퇴직하고 관성管城에서 죽었다. 몽념은 중산을 공벌한 공으로 관성管城에 봉해져 '관성자管城子'란 호를 얻었다. 이 고사故事에서 '管城'은 모영과 몽념 모두와 관련이 있는데, 모영이 '문文'에 뛰어나다면 몽염은 '무武'를 가리킨다고 볼 수 있다. 1구에서 '管城'의 뜻은 후반의 '食肉相'이 《후한서後漢書 · 반초전班超傳》에 반초의 관상이 '제비 턱과 호랑이 목으로 날듯이 고기를 먹으니 만리후萬里侯의 상이다'라고 한 것과 관련지어 볼 때 '文'의 뜻으로 보인다. 또한 '管城子'는 2구의 '孔方兄'과 대對를 이루는 의미에서 '文'을 의미하는 '모영의 자손'으로 보는 것이 낫다. 즉 1구의 의미는 모영의 자손인 작자자신에게 만리후가 될 상이 없다는 뜻, 즉 문필이 시원찮다는 자조적인 뜻이다.

2구의 '孔方'은 '중앙에 구멍이 있는 동전'을 가리키는데 '사람들이 돈을 형제처럼 친히 하므로 〔孔方兄〕이라 한다(진晉 노포魯褒 〈전신론錢神論〉)'는 데서 나온 말로 역시 작자에게 재물을 획득할 가능성이 없음을 해학적으로 표현한 것이다. 그러나 한편 1 · 2구를 작자의 문필이 쇠하여 작자의 벗인 공의부孔毅父(즉, 공평중孔平仲: 여기서는 공방형孔方兄으로 비유됨, 당시 비서성에 임직하고 있었음)가 절교의 글을 보내왔다는 뜻으로도 볼 수 있는데 역시 문필의 쇠퇴에 대한 자조적인 의미가 있다.

3 · 4구는 1 · 2구와 연관지어 볼 때, '문장의 공용성'이 전통적인 '문이재도文以載道' 관념에 국한된 추상적 의미뿐 아니라 실생활에 도움을 주는 실용성이 결핍된 것을 풍자한 의미가 있다. 당시 문인들에게 곤궁을 호소하는 작품들이 많은 것을 볼 때 이 작품도 그러한 의미로 해석된다. 5 · 6구는 직함을 지닌 관리로서 그래도 귀족자제인양 행세할 수 있지만 (《안씨가훈顔氏家訓 · 면학勉學》의 전고), 이전에 벗과 함께 놀러갔던 승방僧房의 소박한 삶을 그리워한 점은 이 시에서 지향한 은일이 절조節操의 유지에만 있는 것이 아님을 보여준다.

검남의 귀양살이

육천 리 멀리 떨어져
강과 산이 천지를 가로 막아
열 번 편지 보내도 아홉은 도착 못하니
무엇으로 한 번 낯빛을 펴리?

> **謫居黔南**
>
> 相望六千里　　天地隔江山
> 十書九不到　　何用一開顔?

해설

이 시는 《신종실록神宗實錄》의 글귀가 문제가 되어 소성2년(1095)부터 3년간 사천성四川省 검주黔州로 유배되었을 때 백낙천白樂天의 싯구를 뽑아 모아 지은 10수의 조시組詩 중 제1수이다. 대부분이 백낙천의 장편시 중 몇 구를 활용하여 절구시로 만들었는데 이 시의 경우 토대로 한 원작은 〈기행간시寄行簡詩〉로 다음과 같다. 〔서로 육 천 리나 떨어져 땅이 격리되고 하늘이 막막하네. 열 번 편지쓰면 아홉은 통하지 않으니 무엇으로써 근심스런 낯빛을 풀리오? 相去六千里, 地絕天邈然. 十書九不達, 何以開憂顔?〕 이처럼 원작과 내용이나 글귀에 별 차이가 없는 시를 지은 것은 그의 대표적 창작이론의 하나인 '환골탈태換骨奪胎'론을 적용한 결과일 것이다.

병에서 회복된 후 형강정에서 〔2首를 뽑음〕

제1首

문단에선 노련한 복파장군이요
불가로 치면 병든 유마대사라네.
사람 들락거리는 강물에는 갈매기 백로 없이
때때로 돌아가는 소만 코를 스치며 건너네.

> **病起荊江亭卽事**
>
> 翰墨場中老伏波　　菩提坊里病維摩

近人積水無鷗鷺	時有歸牛浮鼻過

해설

이 시는 휘종 건중정국建中靖國원년(1101), 휘종이 원우元祐구당과 소성紹聖당간의 화합을 도모하여 쫓겨났던 원우당인들을 기용하게 되자 황정견도 융주戎州에서 양자강을 따라 동쪽으로 오다가 길이 형주荊州(강릉江陵: 호북성 양자강 북안)에 이르렀을 때 한동안 병을 앓고 나서 지은 10수首의 조시組詩 중 하나이다. 이 조시에서는 새로운 정국을 맞이하여 앞날에 대한 공평한 기대를 피력하고 그간 어려움을 함께 겪었던 벗들을 하나씩 회고하였는데 이 제1수에서는 자기 자신에 대해 읊었다.

1・2구는 대구對句 형식을 써서 자기 자신이 문단에서는 나이 들었어도 용맹한 복파伏波장군(후한대後漢代 마원馬援)격이요, 불가佛家에 비교하면 병 들었어도 강설을 잘하는 유마힐維摩詰같은 존재라고 자존적인 기상을 피력했다. 3・4구는 눈앞의 강가풍경과 강물을 건너 지나는 소를 보고 직서적으로 읊은 것으로 볼 수 있지만 모종의 함의가 있는 듯하다. 《전등록傳燈錄》에 의하면 불법佛法을 깨닫는 정도를 토끼와 말, 코끼리가 강을 건너는 것에 비유하여 '강을 건널 때 토끼는 강 표면에 떠서 건너고 말은 몸을 반쯤 강물에 담그고 건너며 코끼리는 강물을 끊으며 바닥을 걸어서 건너간다'고 하였는데 이 시에서 '세속에는 갈매기 백로가 없고 때때로 불법이 얕은 수준인 코를 물에 담그고 건너는 소가 있을 뿐이다'라는 뜻을 함유한 것이라면 인재 없음을 풍자한 의미가 된다. 혹자는 이 구절이 뒤에 의주宜州(광서성廣西省 의산宜山)로 다시 쫓겨난 것과도 관련이 있는 것으로 보기도 한다.

제8首

문 닫아걸고 시구 찾는 진사도
객 앞에서 붓 휘두르던 진관
비서성정자직은 배불리 먹고 살만한지?
등주에서 죽은 진관 생각하며 서풍에 눈물 뿌리네.

閉門覓句陳無己	對客揮毫秦少游
正字不知溫飽未?	西風吹淚古藤州

해설

이 시는 앞의 조시組詩 10수首 중 제8수이다. 진무기陳無己(진사도)와 진소유秦少游(진관)는 모두 소식의 문하에 속하는 황정견의 지우知友인데 어려운 시국속에서 진사도는 미관말직에 머물렀고 진관은 유배지 뇌주雷州(광동성)에서 풀려나 돌아오는 도중 등주藤州에서 더위 속에 죽었다. 작자는 오랜 벗인 이 두 사람에 대해 그들의 창작인으로서의 특성을 간명하게 두 구로 요약한 다음 애틋한 우정을 서술해내었는데, 병환에서 갓 회복한 작자로서 벗을 걱정하는 깊은 정을 볼 수 있다.

왕충도가 수선화 50그루를 보내 왔는데 흔연히 마음에 들어 그것을 읊음

능파선녀의 먼지 이는 버선발이
물위에서 가벼이 엷은 달을 밟고 가네.
누가 이 애간장 끊는 혼을 불러다
가을꽃을 만들어 기막힌 시름 기탁했나?
향기 머금은 깨끗한 꽃 온 성을 놀라게 할 만하고
매화꽃의 동생이요 운향 꽃의 형이로다.
앉아서 꽃을 대하고 있자니 시름에 겨워
문을 나서 가로 흐르는 큰 강물 보며 웃어 제치네.

王充道送水仙花五十枝, 欣然會心, 爲之作咏

凌波仙子生塵襪　　水上輕盈步微月
是誰招此斷腸魂　　種作寒花寄愁絕
含香體素欲傾城　　山礬•是弟梅是兄
坐對眞成被花惱　　出門一笑大江橫

산반山礬 화초 이름. 芸香의 별칭.

해설

이 시 역시 휘종 건중정국建中靖國 원년(1101) 형주荊州에 머물며 조정의 임명을 기다리고 있을 때 지은 시이다. 이 무렵 작자는 여러 지인知人들로부터 수선화, 매화 등을 선물 받았는데 물속에서 피는 아름다운 수선화에 대해 깊은 인상을 받고 여러 편의 수선화시를 지었다. 이 시는 그중 더욱 공들여 지은 시로 보인다.

1·2구는 조식曹植의 〈낙신부洛神賦〉에서 낙수洛水의 여신 복비宓妃와 조식曹植이 신과 인간의 관계로 하여 애정을 맺지 못하고 애달프게 헤어지는 고사에서 복비의 아름다움을 〔파도를 넘어 가벼이 걸으니 비단 버선에 먼지가 이네. 凌波微步, 羅襪生塵〕이라 묘사한 것을 수선화에 비유하였다. 이러한 비유는 우리나라 고려조의 이인로李仁老가 노란색 국화를 읊은 시에서 〔한나라 연못에서 상서로운 홍곡새가 날개를 갓 씻은 듯하고 낙수의 여신이 돌아갈 때 버선발에 티끌 이는 듯 漢池瑞鵠翅初刷, 洛妃歸去塵生襪〕이라 묘사한 것과도 통한다.

3·4구와 5·6구에서는 그러한 이별의 정한情恨과 향기를 간직한 수선화를 칭송한 다음, 7·8구에서 꽃의 아름다움을 감상하다가 꽃 때문에 시름에 잠겨 문 밖으로 나가보니 큰 강물이 가로 흐르고 있다고 수선화의 미美에 대한 집착과 그것에서의 해방감을 읊었다. 특히 8구는 두보의 〔닭과 벌레의 득실을 논함이 끝이 없을 때에 산의 누각에 기대어 가을 강을 응시하네. 鷄蟲得失無了時, 注目寒江倚山閣 〕(〈박계행縛鷄行〉시) 구절 및 황정견의 부친 황서黃庶의 〔흑과 백의 승부가 끝이 없을 때에 구름밖에 나오는 외로운 기러기 눈으로 전송하네. 黑白勝負無已時, 目送孤鴻出雲外〕구절과 비슷한 형식의 구법으로 되어 있지만 조금 변형을 가해 7구에 그쳐야할 내용이 8구의 전반까지 이어 놓았다. 이것은 현대시에서 행간을 불규칙하게 바꾸어 쓰는 기법과 유사하다 하겠다.

7·8구의 뜻은 앞의 두보와 황서의 구절을 보아서도 미루어 짐작할 수 있듯이 수선화로 작자자신을 그린 것으로 보여 진다. 자기 자신이 안고 있는 애간장 끊기는 시름과 다른 꽃들과 비교하여 높이 평가받지 못하는 것에 고뇌를 느끼다가 문 열고 나가 큰 강물 바라보며 한바탕 웃음으로 시름을 해소한다는 것은 세상사와의 다툼을 초월하고자 하는 마음을 표현한 것이다.

개미와 나비그림

호랑나비 득의하여 쌍 지어 날다가
우연히 거미줄에서 목숨 다하였네.
개미떼가 앞 다투어 떨어진 날개 주워 가니
공훈은 남가일몽이 되어버렸네.

蟻蝶圖	
胡蝶雙飛得意	偶然畢命網羅
群蟻爭收墜翼	策勛歸去南柯

해설

이 시 역시 숭녕崇寧원년(1102) 봄, 형주荊州를 떠나기 얼마 전에 지은 시이다. 혹은 남송인 악가岳珂의 《정사桯史》에 '황정견이 당화로 하여 검주黔州로 유배되었을 때 어떤 사람이 나비가 날아가다 거미줄에 걸려 죽자 개미떼가 끌고 가는 병풍그림을 주었는데 황정견이 그 그림에 제화시題畵詩를 썼다.'라 하였으니 검주黔州에서의 작품으로 보기도 한다. 숭녕 2년 황정견이 의주宜州로 유배된 뒤에 이 그림은 수도 변경의 상국사相國寺에 팔려갔는데 권신 채경蔡京의 수중에 들어가 원망이 담긴 시구로 간주되어 채경이 다시 힐책하려 하였으나 황정견이 의주에서 죽는 바람에 그만 두었다한다.

이 시의 앞 세 구는 그림의 내용에 따라 직서적으로 서술한 듯하다. 끝구는 당唐나라 이공좌李公佐의 〈남가기南柯記〉에서 주인공 순우분淳于棼이 꿈속에 부귀영화를 누리다가 깨어보니 홰나무아래의 개미굴이 그 부귀영화의 원천지였다는 '남가일몽南柯一夢' 이야기에서 비유를 취한 것이다. 아마도 3·4구의 의미는 공을 세운 대가가 제대로 돌아가지 않고 개미 같은 소인배들에게 공이 돌아갔다는 것을 풍자한 뜻인 듯하다. 4구의 풍자적 내용이 2구의 뜻을 원망이 몹시 강한 것으로 만들어 헐뜯는 자들의 모함을 사기 쉽게 하였다 하겠다.

빗속에 악양루에 올라 군산을 바라보며

제1首

황무지에서 죽음 무릅쓰다 머리털 반백 된 채
살아서 구당과 염여퇴의 관문을 나왔네.
강남에 도착하기 전 먼저 웃으며
악양루위에서 군산을 바라보네.

雨中登岳陽樓望君山

投荒萬死鬢毛斑
生入瞿塘灩澦關
未到江南先一笑
岳陽樓上望君山

해설

이 시는 숭녕원년(1102) 형주荊州를 떠나 고향 홍주洪州 분녕分寧을 향해 가던 중 길이 악주岳州에 이르렀을 때 지은 시이다. 악양루岳陽樓는 악주성岳州城의 서쪽문으로 동정호洞庭湖를 마주하고 있는 유명한 누각이고 군산君山은 동정호 속에 있는 산이다. 〔瞿塘灩澦關〕은 구당협瞿塘峽과 염여퇴灩澦堆를 가리키는데 구당협은 양자강이 호북성을 거쳐 사천성으로 흐르는 물길이 험난한 삼협三峽 중의 하나이고 염여퇴는 구당협 입구에 있는 급류가 굽이치는 바위를 가리킨다.

이 시는 사천성 검주黔州에서의 유배생활을 마치고 험난한 물길을 무사히 지나 고향에 가까워져 가는 길에서 악양루에 올라 그 소감을 적은 것이다. 악양루는 당나라 장열張說이 그곳 태수를 지낼 때 지은 것을 송宋 경력慶曆 연간에 등자경滕子京이 중수重修하였고 범중엄이 그때 〈악양루기〉를 지었다. 당대에서부터 문인재사들이 그곳에 올라 시를 지어 유명해졌는데 두보의 〈등악양루登岳陽樓〉는 전란으로 떠돌며 고향을 그리는 내용임에 비해 이 시는 그에 비해 희망적인 정조를 띄고 있다.

제 2 首

비바람 몰아치는 호수 홀로 난간에 기대었는데
상수의 여신 아황의 열두 갈래 땋은 머리 보이네.
애석 하도다, 호수 물에 다가가
은빛 산더미 파도 속에 푸른 그 산을 볼 수 없는 것이.

滿川風雨獨凭欄	綰結湘娥十二鬟
可惜不當湖水面	銀山堆里看青山

해설

이 시는 풍우 때문에 직접 동정호에 배를 띄우고 파도 속에서 군산을 가까이 바라볼 수 없는 아쉬움을 표현하였다. 당나라 유우석劉禹錫시에 〔멀리 동정호의 푸른 산수를 바라다보니 흰 은 쟁반위에 푸른 소라 같구나. 遙望洞庭山水翠, 白銀盤裏一青螺〕라고 동정호의 산수를 읊은 것과 비교해 볼 만 하다. 《산해경山海經》 및 굴원屈原의 《구가九歌》의 주에 의하면 옛 요堯임금의 두 딸 아황娥皇과 여영女英이 상수湘水에 빠져 죽어 상수의 여신이 되었다하는데 이 시의 2구는 그것을 두고 군산의 산세를 여인의 머리 땋은 모양에 비유한 것이다.

38 진 관 秦觀

진관(1049~1100)은 양주揚州 고우高郵(강소성에 있음)사람이고 원풍元豐8년(1085) 진사가 되었는데 그 전에 서주에 있던 소식을 찾아뵙고 〈황루부黃樓賦〉를 지어 소식의 문하생이 되었다. 국사원편수國史院編修 등의 직무를 맡아보았는데 소식과 관련되는 구당인물로서 당쟁의 변화양상에 따라 고난을 같이 하였다. 만년의 6년간은 유배생활을 전전하다 멀리 남단 광서성 등주藤州에서 더위를 먹고 죽었다.

당시에 소식 문하의 유명한 네 명의 문하생〔蘇門四學士〕 중 한 명으로 일컬어졌는데 소식과 특히 친분이 두터웠다. 시보다 사詞의 작가로 더 성공했으나 시에 있어서도 청신淸新하고 섬세 연약한 풍격으로 나름대로의 성취를 이루었다.

사주의 동쪽 성에서 저녁경치를 바라봄

외로운 성 아득히 흰 강물 둘러 흐르고
저녁 안개 속, 배에서는 사람들 말소리
가지 끝에 한가닥 칠한 듯한 푸른색은
응당 회하가 굽이도는 곳의 산이리라.

泗州東城晩望

渺渺孤城白水環　舳艫•人語夕霏間
林梢一抹靑如畵　應是淮流轉處山

축로舳艫 배의 고물과 뱃머리. 배꼬리 舳, 뱃머리 艫.

해설

이 시는 회하淮河가에 있는 사주泗州(강소성 우이盱眙)의 동쪽 성에서 바라다 본 저녁 경치를 읊은 시이다. 사주의 동쪽으로 조금 더 가면 작자의 고향인 양주가 역시 회하가에 있었으므로 저녁 강가의 경치를 바라다보면서 고향을 그리는 마음을 표현하였는데 섬세하기는 하지만 연약함에 흐르지는 않은 시이다. 끝 두 구는 소식의 〈징매역통조각澄邁驛通潮閣〉시에서 〔 터럭 같은 푸른 산이 중원 땅이라네 靑山一髮是中原 〕이라고 중원 땅에 대한 그리움을 표현한 것과 비슷한 구법으로써 두 사람간의 교유관계를 알게 해준다.

봄날에

저녁내 가벼운 번개에 빗발 무수히 내리더니
햇빛 개여 비치는 기와 푸른빛 번쩍번쩍
정 많은 작약은 봄 눈물 머금었고
장미는 힘없이 새벽 가지에 누웠네.

> 春日
>
> 一夕輕雷落萬絲　　霽光浮瓦碧參差
> 有情芍藥含春淚　　無力薔薇臥曉枝

해설

이 시는 섬세하고 연약한 풍격이 뚜렷한 시로서 그의 시를 두고 금金나라의 원호문元好問이 '여자가 지은 시같다〔女郎詩〕'라고 평했던 것을 실감케 해준다. 첫 두 구는 봄비가 말끔히 개인 아침의 정경을 잘 전달해주는데 3·4구는 시보다 사에 가까운 어여쁘고 여린 감정이 두드러진다.

가을날

서리 내린 한구는 깊은 물 맑은데
무수한 찬별들 배 곁에서 빛나네.
줄풀 부들풀 우거진 곳 뭍이 없나 하였는데
홀연 인가 있어 웃음소리 들리네.

秋日

霜落邗溝*積水清　　寒星無數傍船明
菰蒲深處疑無地　　忽有人家笑語聲

한구邗溝 吳지방의 물이름. 邗은 한물 한.

해설

이 시는 작자의 고향 양주에 있는 수로水路인 한구邗溝(邗江)의 가을을 읊은 시이다.

3·4구와 같은 형식의 구법은 이전 시인(예: 백도유白道猷의 '띠풀집이 가려져 보이지 않더니 닭 우는 소리에 사람 있음 알겠네. 茅茨隱不見, 鷄鳴知有人.' 왕유王維의 '멀리 구름 낀 나무의 빼어남을 사랑하며 처음에는 길이 같지 않은줄 알았네. 어찌 알았으리오, 맑은 물결 굽이지는 곳이 홀연 앞산과 통하고 있음을… 遙愛雲木秀, 初疑路不同. 安知清流轉, 忽與前山通')의 구법에 단련을 가하여 이루어진 것으로 송시에서도 왕안석의 〈강상江上〉시에서 '푸른 산이 에워 둘러 길이 없는가 하였더니 홀연 수천척 돛단배 그림자 없이 다가오네. 靑山繚繞疑無路, 忽見千帆隱影來'라 한 것이라든가 시승詩僧 도잠道潛의 〈동원東園〉시에서 '수풀 사이에 두고 베틀 짜는 소리 들리는 듯하니 푸른 산 속에 인가 있음을 알겠노라. 隔林彷佛聞機杼, 知有人家住翠微.'라 한 것 등 흔히 볼 수 있는 구법이다. 우리나라 고려조의 이인로李仁老는 이러한 표현법을 한 구에 압축시켰으니 〔한 줄기 노 저으며 떠나갈 때 나그네 흥취를 느끼는데 외로운 연기에 산 속의 인가 있음을 알겠네. 一棹去時知客興, 孤烟起處認山家〕라 한 것이 그것이다.

전체적인 문맥에서 볼 때 저녁 강의 청량한 정경과 강 저편에 있는 인가의 밝은 웃음소리가 자연스럽게 어우러져 한 편의 아름다운 밤 풍경을 상기시킨다.

광릉에서 돌아오며

날 추우니 물새들 서로 기대어
열 마리 백 마리씩 무리지어 지는 햇빛 희롱하네.

나그네 다 지나가도록 일어나지 않더니
얼음 깨지는 소리 들리자 일제히 날아오르네.

還自廣陵

天寒水鳥自相依　　十百爲群戲落暉
過盡行人都不起　　忽聞氷響一齊飛

해설

광릉(강소성江蘇省 강도江都)은 작자의 고향 양주의 동북쪽에 연접한 곳인데 이 시는 그곳에서 양주로 돌아오는 길에 지은 시이다. 평이한 산문에 가까운 어조가 청신淸新한 느낌과 함께 길을 지나가는 속도감을 준다. 끝 두 구는 반랑潘閬의 〈세모자동려귀전당만박어포歲暮自桐廬歸錢塘晩泊漁浦〉시 끝에서 〔때때로 모래펄의 갈매기 한 마리 한 마리씩 등 뒤로 날아가네. 時聞沙上鷗, 一一背人飛〕라 한 것과 비교해 볼 만하다.

39 하 주 賀鑄

하주(1052~1125)는 위주衛州(하남성 급현汲縣)사람이고 희녕연간에 은음恩蔭으로 군기고문軍器庫門(무기창고 문)을 감독하는 일을 맡게 되었고 그 후 낮은 관직으로 지내다가 만년에 소주蘇州에 물러나 살았는데 시보다 사詞작가로서 더욱 유명하다. 사詞는 곱고 온유하게 지었지만 시는 담담하고 청랑淸朗한 맛이 있다고 평가된다.

제갈홍골짜기 농가의 벽에 씀

저녁에 제갈공명 골짜기 건너
숲 속의 노인네 농부 집을 방문하였네.
낙엽 진 길을 헤치고 가서
앉아 강 건너 종소리 듣네.
뒤채에는 등불이 여전히 타고
앞 시내의 물 절로 물레방아 도네.
관직 따라 떠도는 데엔 흥취 적어
은거할 곳 찾노니 받아들여 주기를…

題諸葛谼 ˙田家壁

晩度孔明谼　　林間訪老農
行衝落葉逕　　坐聽隔江鐘
後舍燈猶織　　前溪水自舂
無多游宦興　　卜隱幸相容

홍谼 큰 구렁텅이 홍. 큰 골짜기.

해설

이 시는 원우3년(1088) 가을 오강烏江(안휘성 화현和縣: 양자강 북안에 있는 항우가 죽은 곳)의 북쪽 팔십 리에 있는 제갈홍이라는 곳을 지나게 되었을 때 한 농가의 호젓한 분위기에 젖어 그곳에 은거하고 싶은 소망을 글로 써 남긴 시이다. 끝 구절은 실제로 은거할 뜻을 가지고 의향을 물었다기보다 머물었던 곳의 한적함을 돋보이게 하는 효과로 쓴 것으로 해석해야 할 것이다.

40 장 뢰 張耒

장뢰(1052~1112)는 초주楚州 회양淮陽(강소성에 있음)사람이고 희녕熙寧 연간에 진사가 된 후 낮은 관직을 지냈다. 젊어서 문장으로 소식 형제에게 인정받아 소문사학사의 한 사람으로 꼽혔는데 백거이와 소식시의 영향을 많이 받아 정밀하지는 않으나 자연스러운 맛이 있는 시를 지었다. 소문사학사 중 가장 늦게 죽어 북송말엽의 시인들이 그에게서 직접 시를 배웠고 남송시인들에게도 가까운 영향을 미쳤다.

봄을 느끼고

봄이 온 성 밖에는 초목이 빛나
아름다운 모습 잡아당겨 만져볼 만
비 그친 뒤라 먼지와 티끌 없는데
말 발길 닿는 대로 먼 줄 모르고 가네.
높다란 버드나무 누런 잎 어지러이 날리고
짤막한 보리 싹은 푸르름 펴 놓은 듯.
남쪽 산 닿을 듯이 가깝고
불어난 낙수는 맑은 물 가이없네.
인가에는 한식이 가까웠고
복숭아 배나무 따스하여 꽃봉오리 터뜨릴 듯.
풍년 드니 아녀자들 좋아하고
해 돋으니 소와 양 흩어지네.
가난하다고 술 마시러 가는 것 사양치 말라
봄바람에 꽃들 활짝 피려한다네.

感春

春郊草木明　秀色如可攬
雨餘塵埃少　信馬不知遠
黃亂高柳輕　綠鋪新麥短
南山逼人來　漲洛清漫漫
人家寒食近　桃李暖將綻•
年豊婦子樂　日出牛羊散
携酒莫辭貧　東風花欲爛

탄綻 옷 터질 탄. 파(破)할 탄.

해설

이 시는 봄날 교외에서 노니는 감흥을 적었는데 비교적 평이하고 막힘이 없는 언어로 자연스럽게 서술하였다. 3·4·5·6연이 모두 대우형식으로 되어 있어 단조로운 느낌이 없지 않지만 〔年豊婦子樂, 日出牛羊散〕 같은 구절은 봄날의 아름다운 경치와 인가의 풍요로움이 겹친 일상속의 이상향을 느끼게 한다.

주렴언에게 화답함

하늘빛 고요하고 저녁구름 드리워졌는데
갓 자라난 향긋한 풀 말발굽에 붙네.
나는 새 너머로 저녁달 솟아났고
석양 지는 서녘에는 다시 또 지는 노을
꽃 피니 때때로 술 들고 오는 객 있고
문간 썰렁하고 수레 없으니 진흙길 나서기 두렵네.
삼짇날 낙수물가에서 재앙 씻으며 한 번 취하고자 하니
하늘 닿은 나루터엔 봄 물결 일고 제방엔 푸른 풀빛 떠돌겠지.

和周廉彦

天光不動晚雲垂　芳草初長襯•馬蹄
新月已生飛鳥外　落霞更在夕陽西

花開有客時携酒　　門冷無車出畏泥
修禊•洛濱期一醉　　天津春浪綠浮堤

친襯 베풀(施與) 친, 접근할 친. ex) 襯着: 바싹 다가서 가까이 달라붙음.
수계修禊 음력 삼월삼짇날 물가에 가서 난초를 캐며 상서롭지 못한 것을 제거하는 푸닥거리를 하는 것.

해설

이 시는 삼짇날 무렵의 봄날을 읊어 주렴언周廉彦에게 화답한 시인데 주렴언의 원시제목은 밝혀져 있지 않다. 한적한 생활을 하는 작자의 봄날의 일상과 삼짇날이 되면 낙양의 낙수에 가서 사람들과 어울려 놀며 재앙을 씻어내는 '수계修禊'를 기대하는 봄흥취를 읊었다. 낙양洛陽에 있는 낙수洛水에는 천진교天津橋가 놓여 있는데 경치가 아름다워 명승지로 유명하다.

이 시의 후반부는 청결을 동경하는 점에서 진사도의 〈춘회시린리春懷示鄰里〉시에서 〔몹시도 문 밖에 나가서 시끄러운 분위기를 따르고 싶지만 돌아오는 길 귀밑머리에 티끌 묻을까 걱정하네. 剩欲出門追語笑, 却嫌歸鬢逐塵沙〕라 한 것을 연상케 한다. 새봄을 맞아 흔히 느낄 수 있는 감정을 읊었지만 진사도의 시가 현실에 대해 좀더 피세적 경향이 있음에 비해 이 시에서는 '芳草' '新月' 등 생동감 있는 이미지와 낙수물가 제방에 온통 풀빛이 푸르렀으리라 생각하는 적극적인 느낌의 봄 흥을 볼 수 있다.

조응지의 〔가련한 농부〕 시에 화답함

남풍이 불어오는 보리밭 보리이삭 한창인데
주린 아이 길에서 노인네 부축하고 있네.
황천의 이슬과 비는 때가 있는데
그들은 가을 수확 느리다고 한탄하네.
남산의 건장한 소년은 병기를 사다가
화려하게 검을 장식하고 황금 실 달았네.
밤에 도적질하여 아침에 형벌 받아도
달갑게 여기며 후회 않으니 무슨 심산인가?

도적 되어 창 쥐면 먹을 것 입을 것 족하지만
한 해 동안 힘써 밭가는 건 수확이 없는 거나 마찬가지.
굶어죽나 형벌로 죽나 같은 것인데
훔쳐 뺏으면 하루는 늦출 수 있다네.
농부 노인네 슬퍼하며 눈물로 가슴 적시니
좋은 밭이 가시덤불 되는 것 몇 번이나 보았는지?
건장한 사내는 도적질하고 파리한 노인이 밭을 가니
도시인의 귀한 쌀알은 농가에서 가져간 것.
관군의 창 솜씨 예리하지 못할까 걱정이니
사람 죽이는 것은 올바른 기운 상케 하기 때문.
인간만사가 아득히 펼쳐져있으니
내가 이 시 읊으매 듣는 사람 근심하리.

和晁應之〔憫農〕

南風吹麥麥穗好　　飢兒道上扶其老
皇天雨露自有時　　爾恨秋成尙不早
南山壯兒市兵弩•　　百金裝劍黃金縷
夜爲盜賊朝受刑　　甘心不悔知何數?
爲盜操戈足衣食　　力田竟歲猶無獲
飢寒刑戮死則同　　攘奪猶能緩朝夕
老農悲嗟淚霑臆　　幾見良田有荊棘
壯夫爲盜羸•老耕　　市人珠玉田家得
吏兵操戈恐不銳　　由來殺人傷正氣
人間萬事莽悠悠　　我歌此詩聞者愁

노弩 쇠뇌 노.　**리**羸 파리할 리, 약할 리.

해설

이 시는 농가의 비참한 현실을 읊은 전형적인 현실 비판적 사회시로서 북송말엽 농민기의가 많아진 어지러운 사회현실을 반영한 점에서 시대배경과 관련이 있는 시이다.

관군이 백성들의 민란을 핍박하지만 백성들은 차라리 산으로 들어가 도적이 될지언정 관가의 수탈을 받지 않으려 하는 현실을 잘 반영하였다. 북송 말엽에는 이같이 농민들의 기의가 많아져 통치자들이 극력 진압하여도 다스릴 수 없는 지경에 이르렀는데 이 시는 그러한 현실을 잘 그려낸 점에서 역사를 반영해 낸 사시史詩라고 하겠다.

밤에 앉아있노라니

집 뜰에 사람 없고 가을 달 밝은데
밤 서리 내리려 하니 기운 먼저 맑도다.
오동나무는 정말로 시드는 것이 달갑지 않은 듯
바람 맞은 몇 개의 잎사귀 아직도 소리 내네.

夜坐

庭戶無人秋月明　　夜霜欲落氣先清
梧桐眞不甘衰謝　　數葉迎風尙有聲

해설

이 시는 작자가 만년에 지은 시로 숭녕崇寧말엽의 작품으로 추정된다. 그 무렵엔 소식, 소문사학사蘇門四學士 등 구당에 관련되는 인물들이 유배지에서 고초를 겪다가 죽은 뒤로 이 시에서의 몇 잎 안남은 오동잎은 소문사학사 중 늦게까지 살아남은 작자의 외로운 신세를 그린 자화상으로도 볼 수 있겠다.

41 조 보 지 晁補之

조보지는 제주濟州 거야巨野사람이고 나이 십칠 세에 아버지를 따라 항주에 갔다가 당시 항주통판이었던 소식에게 글재주가 눈에 띄어 이름을 얻게 되었다. 그리하여 황정견, 진관, 장뢰와 더불어 소문사학사로 불리웠다. 진사시에서도 으뜸으로 뽑혀 신종이 '이는 경술經術에 깊은 자이니 부박함을 개혁할 만하도다'라고 감탄케 하였다한다. 저작랑著作郎, 비각秘閣의 교리較理, 국사편수國史編脩 등 직을 지냈으나 《신종실록》을 편찬함에 있어 실제와 어긋나게 서술하였다하여 강직당하였다가 휘종徽宗 때에 소환되었다. 얼마 안 가서 다시 당론에 휘말려 유배되게 되자 집에 돌아와 자호를 귀래자歸來子라 하고 지냈다. 대관大觀말엽에 구당의 당적을 벗어나게 되어 사주泗州의 태수를 지내다가 죽었다. 자신의 문집을 《계륵집鷄肋集》이라 하였는데 이는 '먹으려고 하면 먹을 것이 없고 버리려고 하면 아깝기 때문'이라고 한다.

그대를 보내며

그대 말에 오르는 것 전송할 때
아침 술잔 따뜻하단 말 하지 않네.
봄바람이 나무의 마음에 들어가
껍질에 붉고 푸르름 피웠네.
봄바람은 실로 쉬이 저무니
어찌 길을 서둘 수 있으랴?
그리고 남쪽으로 난 창을 바라보지 마시오
나비들이 무수히 날고 있을 터이니…

送君

送君上馬時　　不道朝罏•燠•

春風入木心　　皮肌發紅綠
春風良易暮　　那得勤行路?
且莫望南窓　　胡蝶飛無數

로罏 뇌문 놓은 술잔.　**욱**燠 더울 욱.

해설

이 시는 길 떠나는 벗을 전송한 시이다. 헤어지는 아침에 술잔 따스하다는 얘기조차 못 건네는 심경이 시인의 깊은 이별의 정서를 잘 표현해 준다. 봄이 온 것은 좋지만 그 시절이 짧으니 어찌 길을 서둘 수 있겠으랴만 나비들이 날고 있을 자기가 있는 남쪽은 바라보지 말라는 끝 구는 깊은 애절함을 전해준다.

42 진 사 도 陳師道

진사도(1053~1101)는 팽성彭城(강소성江蘇省 서주徐州) 사람이고 젊어서 증공曾鞏에게 글을 배웠지만 왕안석의 신학新學을 속학俗學이라고 싫어하여 진사시를 치르지 않아 관운이 없었다. 36세 때 소식 등인의 추천으로 고향 서주 및 영주潁州의 학관에서 교수직을 지냈고 휘종 때 종묘의 제사를 담당하는 태상사太常寺의 태상박사太常博士로서 비서성秘書省의 정자正字직에 임명되었으나 얼마 안가 50세의 나이로 죽었다.

그의 성격은 지나치게 꼿꼿하여 소식·황정견 등 원우元祐구당에 관련되는 인물들과는 친분이 두터웠지만 자신의 취향과 반대되는 인물들과는 관계가 안 좋아서 권귀한 자라 할지라도 상종하지 않았다. 그가 죽은 것도 한겨울 산에서 제사를 지낼 때 평소 싫어하던 동서 조정지趙廷之에게서 빌려온 털옷을 입지 않아 추위로 인해 죽은 것으로 알려졌으니 비타협적인 성격을 알 수 있다.

그는 시에 있어서는 젊어서 썼던 시를 다 버리고 황정견의 시를 적극 배워 강서시파의 주요 인물이 되었으므로 원나라 방회方回가 그를 강서시의 '일조삼종一祖三宗' 중 하나로 추존하였다. 그는 멀리로는 황정견과 같이 두보의 시를 조종祖宗으로 삼았지만 황정견의 시와는 또 다른 점이 있는 나름대로의 시세계를 이루었다. 그의 시에 대한 일반적인 평가는 황정견시처럼 '마르고 딱딱한 느낌(수경瘦硬)'의 시를 지었지만 황정견이 지나치게 기이함을 추구한 것에 비해 균형 있게 두보의 시를 배워 율시의 성취는 황정견에 못지않다는 것이다. 그러나 황정견의 시의 부정적 경향을 지나치게 발양시켜 생경함이 극도에 다다른 경우도 있어 혹평을 받기도 하였다. 대체로 고도의 기법을 발휘한 시들은 매우 정박精博한 맛이 있지만 감정을 진솔하게 드러낸 몇 몇 작품들을 제하고는 한눈에 수작秀作임을 알아보기는 어렵게 지은 것이 특징이다.

우리나라 고려조에는 원나라에서 얻은 송본을 모방하여 그의 시를 황정견시와 나란히 합본하여 판각한 《황진시집주黃陳詩集注》본이 있었고 그 후 조선간 황정견의 시집주본에 대개 이 판본의 〈황진시집주서黃陳詩集注序〉가 실려 있으니 고려 때부터 황정견과 진사도의 시가 병칭되어 강서시의 대표로서 널리 알려졌음에 분명하다.

세 자식을 이별하며

부부인데도 죽어서야 함께 묻히겠고
부자지간에 가난으로 헤어지네.
천하에 어찌 이런 일 있으랴?
옛적에 듣던 말 이제야 보게 되네.
아이어미 앞서고 세 자식 뒤따르는데
자세히 보아도 보이지 않으니
아아, 어찌 인하지 못하게도
나를 이 지경에 이르게 하시나?
딸 있는 것 막 머리 묶었는데
벌써 생이별의 슬픔 알게 되었네.
내 팔베개 베고 일어나려 않으니
이제 이별해야 할 것이 두려워서라네.
큰 아들은 말하는 건 배웠지만
절할 때면 옷을 잘 가누지 못하네.
아빠 부르며 "나 가요"라고 하니
이 말을 어찌 생각이나 하겠으리오?
막내아들은 강보에 싸였는데
안아주고 업어주는 모정 있지만
그 울음소리 아직도 귓가에 남았으니
내 마음 남이 알겠는가?

別三子

夫婦死同穴	父子貧賤離
天下寧有此?	昔聞今見之
母前三子後	熟視不得追
嗟乎胡不仁,	使我至於斯!
有女初束髮	已知生離悲
枕我不肯起	畏我從此辭
大兒學語言	拜揖未勝衣
喚爺我欲去	此語那可思?
小兒襁褓間	抱負有母慈
汝哭猶在耳	我懷人得知?

해설

이 시는 작자가 관직이 없이 떠돌 때 처자식을 부양할 길이 없어 멀리 촉蜀지방으로 부임해가는 장인에게 그들을 딸려 보내면서 이별의 비애를 읊었던 일련의 시들 중 한 수이다.

이러한 시들은 감정이 참된 시로서 진사도시의 대표작으로 알려져 있다. 평이한 언어로 짙은 가족애를 표현해 내었는데, 이 같은 장편의 형식과 참담한 내용은 일반적으로 현실비판적인 사회시의 전형적 특징임에 비해 이 시는 개인적 참상을 사회시처럼 썼다.

쉬운 구절들에도 출전出典이 있는 경우가 많은 것이 진사도시의 특징인데 예를 들면 첫 구는 《시경詩經 · 대거大車》시에서 〔穀則異室, 死則同穴〕이라 한 것과 관련되는 구절이지만 출전을 몰라도 뜻을 이해하는 데는 지장이 없다. 제3구 역시 《후한서後漢書 · 복후전伏后傳》에서 조조가 황제를 졸라 황후를 폐하게 하자 헌제獻帝가 치려郗慮에게 말하기를 '치공, 천하에 어찌 이런 일이 있소? 郗公天下寧有是邪?'라 하였다 한 것에서 시구를 취하였으나 출전을 몰라도 문맥을 자연스럽게 이해할 수 있도록 되어 있다. 이러한 경우가 진사도시에 많은데 이는 황정견의 박학다식함을 추구하는 '무일자무래처

無一字無來處(한 글자도 출처가 없어서는 안된다)'라는 창작기법을 응용한 결과이지만 시적 단련과 진솔한 감정 속에 그것이 잘 용해되었다.

승상 사마광의 죽음을 애도함

백성들 주공의 덕 흠모하여
삼 년 동안 노나라 공자의 공 기다렸네.
때는 바야흐로 태양처럼 교화 따르는데
몸은 이미 남의 부축 받아야 되었네.
재상의 옥궤에는 비록 늦게 왔지만
명당에 초상화 걸리는 공훈은 마쳤네.
생각키에 죽어서도 알려주는 제갈량이러니
종내 조서처럼 조용한 것을 탐하진 않으리.

丞相溫公挽詞

百姓歸周老　　三年待魯儒
時方隨日化　　身已要人扶
玉几雖來晩　　明堂訖授圖
心知死諸葛　　終不羨曹蜍

해설

이 시는 원우元祐2년(1087) 구당의 영수로서 재상이 되었던 사마광司馬光의 죽음을 애도한 시이다. 그는 평소 사마광을 존경하였었는데 이 시는 그러한 흠모의 정을 단아한 어조로 표현해내었다. 특히 3·4구를 두고 황정견은 '정말 따를 수 없게 잘 지은 구절이다. 천하가 삼가 슬퍼하는 모양을 이 구절에 다 담았다.'라고 칭찬한 바 있다.

끝 두 구는 사마광이 죽은 뒤에도 제갈량이 죽어서도 중달仲達(사마의司馬懿)을 물리친 것처럼 지혜를 써 도와줄 것이고 조서曹蜍같이 살아있어도 구천아래에 있는 사람처럼 조용히 있지는 않을 것이라는 전고典故를 써서 사마광의 공을 기리는 마음을 표현하였다.

이 두 구절은 인명을 드러내어 시의 뜻을 표출한 것인데 이규보의 《백운소설》에 아홉 가지 마땅치 않은 체를 언급한 것에 따른다면 '한 편 안에 옛사람의 이름을 많이 쓰는 〔載鬼盈車體〕'라고 폄하할 수도 있을 것이다. 참고로 이규보는 이밖에도 옛사람의 뜻을 훔쳐서 제 것으로 삼는 것은 좋은 것을 훔쳐도 오히려 불가한데 그 훔친 것이 또 좋지 못하다면 이것은 바로 〔拙盜易擒體〕이다, 그리고 강운을 근거 없이 내어 쓰는 것은 바로 〔挽弩不勝體〕요, 그 재주를 요량하지 않고 운자를 정도에 지나치게 내는 것은 바로 〔飮酒過量體〕요, 험한 글자를 쓰기 좋아하여 사람이 의혹되기 쉽도록 하는 것은 〔設坑導盲體〕요, 말이 순조롭지 못한데 사람에게 그것을 쓰도록 하는 것은 〔强人從己體〕요, 통상 말을 많이 쓰는 것은 〔村夫會談體〕요, 공자와 맹자를 들먹이기 좋아하는 것은 바로 〔凌犯尊貴體〕요, 거친 말을 다듬지 않는 것은 바로 〔莨莠滿田體〕이다.'라고 하며 이 아홉 가지 체를 능히 극복한 뒤에야 시를 말할 수 있다고 하였는데 바로 강서시의 말류를 지적한 것으로 볼 수 있다.

항주태수로 가는 동파공을 전송하며

평소의 교분 진나라 양호와 같아
따라가 전송하며 먼 길을 마다않네.
어찌 경내 넘지 말라는 칙령이 두렵지 않으리오만
새끼사슴 놓아 주듯 차마 못하겠기에…
일대의 셀 수 없이 많은 사람
인생 백 년 동안 몇 번이나 볼 수 있으리오?
지난날엔 말재갈처럼 입 다물어야 하더니
이제는 금문의 자물쇠처럼 갇힌 신세.
한 번 비에 오월 날씨 서늘하고
한 밤중 큰 강물 가득히 흐르네.
바람 부는 돛단배 더 이상 보이지 않고
텅 빈 강에 세월만 저물어가네.

送蘇公知杭州

平生羊荊州	追送不作遠
豈不畏簡書?	放麑•誠不忍
一代不數人	百年能幾見?
昔爲馬口銜	今爲禁門鍵
一雨五月涼	中宵大江滿
風帆目力短	江空歲年晚

예麑 사슴새끼.

해설

이 시는 원우4년(1089) 소식이 항주杭州로 출임 나가기를 자청하여 남경南京(하남성 상구商邱)을 거쳐 항주로 갈 때 강소성江蘇省 서주徐州에서 학관의 교수敎授직을 지내던 진사도가 병을 핑계대고 경계를 건너 남경에 가서 소식을 전송하며 쓴 시이다.

첫 두 구는 《진서晉書 · 곽혁전郭奕傳》의 고사를 쓴 것인데 곽혁郭奕이 평소 친하게 지내던 양호羊祜(형주荊州태수를 지냈음)를 위해 왕래를 삼갔으나 양호가 먼 길을 나서게 되자 경계를 넘어 전송했다가 그로 인해 면관된 것을 소식과 자기 자신에 비유하였다. 인명을 쓴 첫 구는 자칫하면 앞에서 이규보가 분류한 〔載鬼盈車體〕에 속하는 것으로 분류될 수가 있으나 일회적 용법에 그쳤다.

4구 역시 《한비자韓非子》의 고사를 쓴 것인데 맹손孟孫이 새끼사슴을 잡은 것을 진서파秦西巴에게 싣고 오게 하였는데 사슴어미가 따라 오면서 울어대자 불쌍히 여기고 놓아주어 맹손이 대노하였지만 다시 불러들여 자식의 스승으로 삼으면서 새끼사슴을 아끼는 것처럼 자기 자식을 아껴 주기를 기대한 것을 여기에서는 소식을 차마 혼자 보내지 못하는 것에 비유하였다. 소식의 제자인 진사도로서는 '새끼사슴을 놓아 준다'는 표현이 어색하여 앞의 〔强人從己體〕라고 볼 수도 있는데 이는 그러한 인자한 마음을 가지고 있다는 것을 강조하여 쓴 것으로 보아야 할 것이다.

황정견의 시에서도 인물을 전고로 활용하는 것이 많이 보이는데 진사도의 경우 유명하지 않은 인물이나 고사들까지 활용하여 시를 구성한 것이 특징이다. 이 같은 인물고사는 보는 관점에 따라 논란의 여지가 있을 수 있다. 당시 문자文字의 사용으로 인한 화가 잦았던 현실을 참고할 때 강서시파 시가 각종 전적에서 널리 잘 알려지지 않은 전고典故, 고사故事, 문자文字 등을 찾아 쓴 것은 아마 이 같은 논란과 화를 피하기 위한 결과로도 볼 수 있겠다.

이절도추판관의 〔중양절에 남산에 올라〕 시에 차운하여

너른 들판 평평한 숲 희마대는 황량한데
산사에서는 석양을 알리는 종소리 울려오네.
인간사는 절로 오늘의 흥회 있게 하는데
가을 국화는 오직 작년의 향기와 같네.
두건 기울어지니 머리에 서리 내린 걸 더욱 느끼겠고
시구 훌륭하니 돌로 된 창자 같은 마음 무슨 상관이랴?
낙엽 지는 나무 가없고 강물은 끝없이 흐르니
이 날 맞이한 이 몸 더욱 바빠야 하리.

次韻李節推〔九日登南山〕

平林廣野騎臺荒　　山寺鳴鐘報夕陽
人事自生今日意　　寒花只作去年香
巾欹更覺霜侵鬢　　語妙何妨石作腸?
落木無邊江不盡　　此身此日更須忙

해설

이 시는 중양절을 맞이하여 동석한 이李씨 성의 절도추판관節度推判官이 쓴 〈구일등남산九日登南山〉시에 차운하여 쓴 시이다. 음력 9월 9일 중양절이 되면 높은 산에 올라 국화 술을 마시며 노니는 풍속이 있었고 이때 그 감회를 시로 적는 것도 한 풍습이다.

첫 구의 기대騎臺는 '희마대戱馬臺'로 서주 남쪽에 있는데 항우項羽가 세운 것으로 높이가 약 2미터, 넓이가 수백여 걸음 되는 큰 누대이고 진晉나라 때 유유劉裕가 이곳에 군대를 집결시켰던 곳으로 역사적 의미가 있는 곳이다.

중양절시는 그 내용이 대부분 국화꽃 앞에서 술을 기울이며 지난 세월을 회고하고 고향을 그리는 것이어서 이 시의 3·4구도 그러한 전통적 테두리에서 세태의 변화를 읊었는데 5·6구는 생소한 전고典故를 써서 중양절의 시 창작을 자축하였다. 즉 5구의 경우 《진서晉書·맹가전孟嘉傳》에 환온桓溫이 좌중과 함께 중양절 잔치를 할 때 맹가가 두건이 기울어진 것도 모르고 신이 나서 놀아 주위의 웃음을 자아냈다는 잘 알려진 '맹가락모孟嘉落帽' 고사를 써서 자기가 즐겁게 놀기는 하지만 세월이 흘러 늙은 것을 한탄하였고, 6구는 당나라 피일휴皮日休의 〈도화부서桃花賦序〉에서 '남조시대 송宋나라 광평廣平은 재상으로서 곧고 굳센 자질과 강직의연한 모습이 쇠로 된 창자와 돌로 된 마음을 가진 듯하지만 그의 〈매화부梅花賦〉는 남조시대 유신庾信과 서릉徐陵의 시처럼 맑고 아름다워 그 사람됨과 다르다'라 한 낯선 고사를 써서 위엄 있는 절도추판관의 글이 잘 지어졌음을 칭찬하였다.

전체적으로 보아 이 시는 5·6구의 생소한 전고典故를 제외한다면 어려운 구절을 쓴 것은 아니지만 황량한 평야속의 희마대, 석양 속의 종소리, 돌로 된 창자, 낙엽 진 나무 등이 마르고 굳센 느낌의 시를 구성해내는데 이 같은 풍격을 지향한 것이 황정견·진사도 등 강서시의 주된 경향이다. 그러나 종소리, 강물소리, 바람소리, 꽃 향기 등은 시적 운미를 갖추어 나름대로 시다운 맛을 준다. 원나라 방회方回는 《영규율수瀛奎律髓》에서 이 시를 두고 '시율詩律이 마르고 굳세며 한 글자도 가벼이 쓰지 않았다'고 두보의 중양절 시에 버금가는 것으로 칭찬한 바 있다.

중추절의 밤 달

늙어가며 맑은 명절 맞이하매
고향 돌아가고픈 맘 흰 달빛에 부치네.

날아다니는 반딧불 먼저 빛을 잃고
겹 맺히는 이슬 옷을 적시네.
조금씩, 조금씩 외로운 달빛 움직이고
나지막이 만물의 숨소리 잦아드네.
흰 머리털 비추지 말아야 할 것인데
아마도 고향 돌아가길 권하는 듯.

十五夜月

向老逢淸節　歸懷託素暉•
飛螢元失照　重露已霑衣
稍稍孤光動　沈沈萬籟微
不應明白髮　似欲勸人歸

휘暉 햇빛.

해설

이 시는 중추절의 달을 읊은 것인데 청대 기윤紀昀이 후반 네 구가 깊고 미세하며 6구는 입신의 경지로 '이형득사離形得似(형체를 벗어나 정신적 유사함을 얻었다)'라 한 것과 같이 조용한 달밤의 경계境界를 강하지 않은 어조로 잘 표현하였다.

이 같은 시는 '마르고 굳센(수경瘦硬)'풍격은 아니지만 송시의 특징이기도 한'노쇠하고 굳센(노건老健)'감은 있는데 끝 두 구의 고향을 그리는 심경은 이백의 〈정야사靜夜思〉시에서 〔침상 앞에 밝은 달빛 땅위에 내린 서리인가 하였네. 고개 들어 밝은 달 바라보고 고개 숙여 고향을 생각하네. 床前明月光, 疑是地上霜. 擧頭望明月, 低頭思故鄕〕라 한 것처럼 고요한 밤의 고향 그리는 깊은 마음을 잘 전해준다.

원단에

노경에는 명절 나기 어려운 것처럼
겨울 나뭇가지엔 봄 오지 않았네.
한 직무에도 이해가 겹쳐

누구와 소원한지 백번 따지네.
쌓인 눈으로 돌아갈 길 막혔는데
길에는 부축해야 할 취객 있네.
고향 그리며 여전히 한 해를 맞게 되니
고개 돌려 소나무 대나무 숲 바라보네.

元日

老境難爲節　　寒梢•未得春
一官兼利害　　百慮孰疏親
積雪無歸路　　扶行有醉人
望鄕仍受歲　　回首望松筠

초梢 가지. ex) 樹梢: 나뭇가지의 끝.

해설

이 시 역시 새해를 맞은 감회를 적은 시인데 관직의 이해다툼 속에서 찬 겨울을 나며 고향을 그리는 마음을 추위에도 변함없는 소나무 대나무로 형상화하였다. 방회方回는 진사도의 시가 '모두 뼈이고 모두 맛이어서 꽃과 잎사귀를 갖다 붙이는 것과 비교할 수 없다'고 극찬하였고 기윤紀昀 역시 '글자마다 깎고 새겼지만 절로 혼연함을 이루었다'고 높이 평가하였다. 이와 같은 평가는 《송시초》의 편자 오지진이 송시를 '皮毛落盡, 精神獨存'이라고 평한 것과 일맥상통하는 것이다.

황예와 위연 두 제자를 초대하며

문 나서면 비 오지 않으면 바람 만나니
문 닫아걸고 잠들지 않으려 있는 공력 기울이네.
찻물 끓이는 냄비가 보글거리는 소리 들은 듯한데
어느새 적을 이기고 완승 거두었음을 고하네.
두 사람이 함께 웃어보라는 생각에
옛 말투 버린 거지 새로운 기교 아니라네.
끝내 찾아가고 싶어도 둘 다 만날 수 없으니

그대들을 오게 한다면 내 어찌 궁하리오?
위군의 시와 황군의 서예는 오늘날 보기 드문 것인데
내 홀로 얻은 것은 신께서 총애하신 때문.
길은 다가올 때 진흙물 밟아야겠지만
이미 전 부쳐놓고 파에 기름 뿌려 놓았다네.

招黃魏二生

出門不雨卽偶風　閉門值睡極力攻
似聞湯鼎作吟聲　已賀勝敵收全功
卻思二子共一笑　撥棄舊語無新工
卒行好步不兩得　能致公等我何窮?
魏詩黃筆今未有　顧我獨得神所鍾
徑須相就踏泥潦　已辦煮•餅澆•油葱

자煮 지질 자, 익을 자.　**요**澆 물뿌릴 요.

해설

이 시는 작자가 각별히 아끼던 문하생 황예黃預와 위연魏衍 두 제자를 두문불출하고 지내던 자기 집으로 초대하고 그들이 오기를 기다리며 지은 시이다.

진사도 역시 원우구당에 관련되는 인물로서 관운이 순조롭지 않아 영주潁州의 학관 교수敎授직을 그만두고 고향 서주의 집에서 시창작과 후학 양성으로 소일했는데 이 시에는 제자를 반기는 따뜻한 마음이 3구에서 8구에 이르는 해학적인 표현과 함께 친근하게 표현되어 있다. 황정견의 시에 해학적 표현이나 희작戱作이 많음에 비해 진사도의 시에는 벗 진구秦觀에게 쓴 〈조진구嘲秦觀〉 시외에 그러한 시가 많지 않은데 이 시는 문하생을 두고 희작戱作삼아 지었으니 아마 강직한 성품으로 하여 가까운 사이가 아니면 해학적 표현을 즐겨 쓰지 않은 듯하다.

절구

책은 뜻에 맞아야 쉽게 읽히고

마음에 드는 객은 기약해도 오지 않네.
세상사가 어그러짐이 매번 이와 같으니
인생 백년에 좋은 심회 몇 번이나 펼치는지!

絶句

書當快意讀易盡　　客有可人期不來
世事相違每如此　　好懷百歲幾回開!

해설

이 시는 원부 2년 서주에서 교수직을 하고 있을 때 지은 시이다. 당시 작자는 사우들과 멀리 떨어진 처지였는데 황정견은 융주에, 소식은 해남도에 있었고 장뢰는 선주에 간 때였다. 주변에 마음에 맞는 벗이 없이 책들과 벗하며 소일하는 작자의 처경이 짧은 구절 속에 잘 담겨 있다. 제3구는 바로 이 시가 이규보가 〈위심시違心詩〉라고 이름 하여 지은 바 있는 12구로 된 시를 상기시킨다. 〔인간의 세세한 일은 고르지 못해 걸핏하면 마음과 어긋나 적절치 못하네. 人間細事亦參差, 動輒違心莫適宜〕로 시작되는 이규보의 시는 다소 내용이 번잡하여 간결미가 없는데 비해 작자의 이 시는 간결한 절구형식에 '위심違心'의 심경을 잘 담아내었다. 아마도 유명한 이 절구시가 고려조에 알려져 이규보가 그러한 시를 지은 듯하다.

봄 감회를 이웃에 써 보임

빗물 젖은 끊긴 담엔 달팽이 글씨 쓰고
스님 없는 낡은 집엔 제비가 살고 있네.
밖에 나가 떠들고 노는 것 따르고 싶지만
돌아올 때 귀밑 머리카락에 티끌 먼지 묻을까 싫다네.
바람에 펄럭이는 거미줄 삼면으로 펼쳤고
우뢰가 벌집 흔드니 벌 떼들 두 줄로 날아가네.
남쪽 이웃과의 봄놀이 약속을 누차 어겼는데
아직도 다 피지 않은 꽃 남아있을지?

春懷示鄰里

斷牆著雨蝸•成字　　老屋無僧燕作家
剩欲出門追語笑　　卻嫌歸鬢逐塵沙
風翻蛛網開三面　　雷動蜂巢趁兩衙
屢失南鄰春事約　　只今容有未開花?

와蝸 달팽이.

해설

이 시는 진사도의 대표작으로 자주 꼽히는 만년의 수작秀作이다. 진사도의 시는 오언율시가 가장 성취가 높다고 지목되지만 이 칠언율시는 균형 있게 공들여 봄날의 감회를 '담담한 가운데 아름다움이 담겨 있게' 지어 내었다. 또한 세속의 때를 벗어난 청정함을 추구하면서도 이웃을 생각하는 마음과 봄꽃이 남아있기를 기대하는 자연에의 흥취를 절제하여 표현하였으므로 강서시江西詩의 고원한 작품 중의 하나로 꼽을 만하다.

안시에서 바람에 막힘

만고의 양산박
금년엔 뱃길 갈 수 없네.
바람에 막히고 눈이 쌓여
며칠을 허비하며 해도 잊었네.
세상사는 언제나 잘 어그러져
쇠약한 심정 가슴 졸임을 참네.
여로가 험난함을 비로소 느끼노니
저물녘에 바람소리 더욱 거세어서…

顔市阻風

萬古梁山泊　　今年未掾•船
阻風兼著雪　　費日亦忘年
世事元相忤•　　衰懷忍自煎•
始覺畏途邊　　晚來聲更惡

> **연**掾 인(因)할 연.　**오**忤 거스릴 오. 逆의 뜻.
> **전**煎 지지다, 졸이다, 속태우다.

해설

이 시는 고향집에 머물다가 원부3년 체주棣州(산동성 양신현陽信縣) 교관敎官직으로 부임해 가는 여로에서 길이 안시顏市에 이르렀을 때 지은 시은 두 편의 시중 제2수이다. 제1수는 뱃길을 지나오다가 안시에 이르러 풍랑을 만나 항행을 멈추게 된 과정을 적었다.

첫 구의 양산박梁山泊은 지금의 산동성 황하 남안에 있는 동평호東平湖로서 본래 여러 물줄기를 모은 것이었는데 송대에 황하 물을 터서 북으로는 제수濟水, 남으로는 사수泗水에 통하게 한 것을 왕안석이 집정할 때 메워 밭으로 만들려 하였으므로 진사도는 당시 황하 물을 튼 것은 하늘의 이치로 인한 것이니 없앨 수 없다고 생각하였고 이 시에서 '萬古梁山泊, 今年未掾船'이라고 비평적 논조를 썼다.

진사도는 체주로 부임해 가다가 다시 비서성祕書省의 정자正字직으로 관직이 바뀌는 바람에 도중에 돌아왔지만 이때 지은 많은 수의 여로의 객수를 담은 시는 잘된 작품이 많다. 이 시는 그중의 하나로 세찬 바람과 폭설에 뱃길이 막힌 막막한 심정을 읊은 시이다. 3 · 4구를 두고 청나라 기윤紀昀은 지나치게 쉽게 썼다고 보았는데, 5 · 6구와 관련하여 본다면 모처럼 기다렸던 관직을 얻어 부임지로 가는 길에 날씨가 여의치 않으니 '오랜 은거생활의 곤궁을 벗어나 세속에 참여하려 했으나 도리어 갇히게 된' 모순된 현실을 잘 반영한 구절이라고 볼 수 있다.

43 승도잠 僧 道潛

도잠은 호를 참료자參寥子라 하였고 전당錢塘사람이다. 철종 때에 묘총대사妙摠大師란 호를 하사받았고 소식의 문객이 되었다. 소식과 자주 시를 주고받았기에 당시 사람들이 그를 중시하였는데 진사도는 〈序〉를 써서 그를 당나라의 시승詩僧 관휴貫休와 제기齊己에 비유하였다.

강가의 가을밤

비 내리는 창강은 저녁되어도 개이지 않고
우물가 오동나무 잎사귀 흔들리며 가을소리 내네.
누대머리엔 야밤에 바람이 부딪치다가
달이 뜬 구름 옅은 곳에서 밝게 빛나네.

江上秋夜

雨暗蒼江晚未晴　　井梧翻葉動秋聲
樓頭夜半風吹斷　　月在浮雲淺處明

해설

이 시는 창강이 저녁무렵부터 밤이 되기까지 비 내리다가 점차 개이어가는 날씨의 추이에 따라 변화하는 풍경을 그림처럼 그렸다. 섬세한 관찰과 묘사가 돋보인다.

가을날의 서호

서풍이 야밤에 뜰의 회화나무에 몰아쳤는데
누워서 이웃집 노인 새벽 밭가는 소리 듣네.
어린애들이 서로 부르며 숲으로 들어가니

쇠잔한 과일 이끼위에 떨어졌음을 알겠노라.

秋日西湖

西風夜半捲庭槐　　臥聽鄰翁曉圃開
稚子相呼入林去　　應知病果落莓苔

해설

서호를 읊은 시는 풍류를 읊은 것이 많은데 이 시는 승려의 시답게 서호의 전원적이고 고적한 측면을 읊었다. 외진 농가의 노인이 새벽에 채마밭에 나가는 모습과 아이들이 비 온 뒤 떨어진 과일을 주우려 뛰어가는 모습이 한 폭의 풍경화 같은 느낌을 준다.

44 강 단 우 江端友

강단우(?~1130)는 진류陳留(하남성에 있음)사람이고 흠종 정강靖康초에 승무랑承務郞이 되어 진사출신을 하사받았고 후에 태상사太常寺의 태상소부太常少傅직에까지 올랐다. 강서시파에 속하는 시인으로 분류된다.

치즈를 풍자함

장안에서 관리하는 객이 있는데
백 근의 치즈 손수 졸여서는
한 걸음에 달려 소사댁으로 가서
귀가하는 소사의 수레먼지 기다리려 하는데
문지기 떠들며 내놓을 필요 없다하네.
이미 가장 좋은 것 바친 사람이 있기에
그 양이 이것보다 두 배나 많아
대감께서 보고선 만족해하였다네.
어제 아침에 가져온 건 이등품으로
깨끗이 칠한 통 곱고 견고한데
지금 그대는 늦게 온데다 양도 적고
푸른 종이로 싸고 글씨 쓴 것 앞사람 이기기 어렵다네.
가지고 돌아오자니 요동의 흰 돼지만 귀한 줄 알았던 것 같아 창피한데
내년엔 노력해서 일등품을 내어야지.

牛酥行

有客有客官長安　　牛酥百斤親自煎
倍道奔馳少師府　　望塵且欲迎歸軒
守閽•呼語不必出　　已有人居第一先

其多乃復倍于此	台顏顧視初怡然•
昨朝所獻雖第二	桶以純漆麗且堅
今君來遲數又少	青紙封題難勝前
持歸空慚遼東豕	努力明年趁頭市

혼閽 문지기. **이연**怡然 즐거워하는 모양. 기뻐하는 모양. 怡는 기뻐하다, 즐거워하다의 뜻.

해설

이 시는 권귀한 자에게 뇌물로써 잘 만든 치즈를 앞 다투어 상납하는 세태를 풍자한 현실 비판적 사회시의 하나이다. 3구의 '少師'는 북송 말 재상과 비견되는 권력을 쥐었던 환관 양사성梁師成을 가리키는데 당시에 그에게 뇌물을 앞 다투어 공여하는 부패풍조가 만연하였다. 첫 구의 '客'은 당시 서경西京(지금의 하남성 낙양) 유수留守를 지냈던 인물로 휘종徽宗의 총애를 받던 양사성에게 백 근의 치즈를 헌납했었다고 전한다.(오증吳曾 《능개재만록能改齋漫錄》 권11)

서사적인 어조로 뇌물공여의 치사스러움을 곡진하게 묘사하여 당시의 세태를 잘 전해준 시이다. 끝 두 구의 '遼東豕'는 동한인東漢人 주부朱浮의 〈여팽총서與彭寵書〉에서 '요동지방의 어떤 사람이 자기 집의 어미돼지가 머리부분이 흰 돼지를 낳자 대단히 귀한 것으로 여기고 공물로 바치려고 하였는데 하동지방에 이르자 뛰어 다니는 돼지들이 모두 머리가 흰 돼지인 것을 보고 창피하여 도로 집으로 가지고 갔다'는 고사를 쓴 것이다.

남송시

남도(南渡) 시기의 시

45 서 부 徐俯

서부(1075~1141)는 황정견의 조카로 홍주洪州 분녕分寧(강서성 수수현修水縣)사람이다. 흠종欽宗 정강靖康년에 승상에 오른 장방창張邦昌이 금나라의 정략에 따라 참위僭位하자 벼슬을 그만두었다. 당시에 장방창의 이름을 휘하기 위하여 본래의 이름을 바꾸는 자들이 있었는데 서부는 오히려 노비의 이름에 〔昌〕자를 넣어 선비들이 있는 앞에서 이름을 불러대기를 좋아할 만큼 기개가 높았다. 시에 있어서도 황정견의 시와 다른 시를 개척하고자 애썼는데 높은 성취가 있다고 평가되지는 않고 있다.

무오년에 산 속의 눈을 대하고

눈 내리는 속에 나가 눈가를 걸으니
집 아래로 날리고 집 위에 평평히 쌓이네.
겹겹이 쌓이는 눈 얼마나 쌓이는지,
편편히 날리는 눈 어찌도 가벼운지!
처마에 햇볕 따스하니 다시 빗물지고
수풀에 바람 부니 또 떨어져 맑게 개이네.
강산의 안팎 모두 더욱 아름다우리라,
시냇물과 산 이미 말할 수 없게 맑겠지.

戊午山間對雪

雪中出去雪邊行　　屋下吹來屋上平
積得重重那許重　　飛來片片又何輕!
檐間日暖重爲雨　　林下風吹再落晴
表裏江山應更好　　溪山已復不勝淸

해설

이 시는 고종 소흥紹興8년(1138)의 작품으로 쉽고 자연스러운 어조를 쓴 것은 황정견시의 어렵고 좀 기이한 풍격과 많이 다르지만 진사도의 후기시 중 〈사조사군송오신謝趙使君送烏薪〉의 〔欲落未落雪迫人, 將盡不盡冬壓春〕과 같이 좀 가벼운 필치로 써 내린 시들과는 필법이 가까운 점이 있다. 끝 두 구의 뜻은 북송과 남송의 강산을 표리를 이룬 것으로 파악하여 눈이 내린 송나라의 옛 땅이 맑게 씻겼을 것이라고 추측한 것으로 보인다. 즉 잃어버린 국토에 대한 그리움을 표현한 것으로 방회方回나 기윤紀昀이 별로 잘된 곳이 없다고 낮게 평가한 것에 비해 담긴 뜻이 풍부한 셈이다.

봄날 호숫가를 노닐며

쌍 지어 나는 제비 언제 돌아왔는지?
양 강안에는 복숭아꽃 물에 잠기어 피었네.
봄비에 끊긴 다리 다니는 사람 없어
작은 배로 버드나무 그늘 헤치며 지나오네.

春日游湖上

雙飛燕子幾時回? 夾岸桃花蘸•水開
春雨斷橋人不度 小舟撑•出柳陰來

잠蘸 물에 담글 잠. **탱**撑 버틸 탱, 헤칠 탱.

해설

이 시는 봄물로 불어난 호수를 배를 타고 가면서 호수의 봄 경치를 노니는 감회를 적었다. 당시에 이 시는 널리 전송되어 끝 두 구는 다른 작가의 작품에도 응용되어 쓰였다. 그 의미는 물에 잠긴 호수 속의 다리에 사람들이 지나다니지 않아 다리가 어디쯤 있는지 알 수 없어 조심조심 호숫가의 버드나무 그늘을 헤치며 나아간다는 뜻으로 보인다.

46 한 구 韓駒

한구(1086?~1135)는 선정감仙井監(사천성 인수仁壽)사람이고 정화政和초에 진사출신을 하사받고 비서성秘書省의 정자正字직에 임명되었다. 강서시파시인으로 불려지지만 본인은 그것을 달갑게 여기지 않았다한다.

이상사의 〔겨울날을 적음〕 시에 화답함

북풍이 몰아치는 날 낮에도 그늘 많은데
해 저무는 섬돌에는 누런 낙엽 수북이 덮였네.
할 일 없는 까치는 나뭇가지 돌며 찬 그림자 펄럭이고
달에 닿을 듯 날아간 기러기 외로운 울음소리 남기네.
밀어도 가지 않는 수심은 일부러 찾아오는 듯하고
늙음과 기약한 바 없으나 점차 노쇠해가네.
미관말직 돌아보는 것도 젊어서의 일이니
병들면 어찌 조금의 마음인들 있으랴?

和李上舍〔冬日書事〕

北風吹日晝多陰　　日暮擁階黃葉深
倦鵲繞枝翻凍影　　飛鴻摩月墮孤音
推愁不去如相覓　　與老無期稍見侵
顧藉微官少年事　　病來那復一分心?

해설

이 시는 태학太學의 상사생上舍生인 벗이 쓴 시에 화답하여 겨울날의 일상적인 풍경과 끊임없는 세상살이의 수심, 노쇠함을 탄식하였다. 〈강서시사종파도江西詩社宗派圖〉를 작성한 여본중呂本中이 그를 강서시파에 열거한 것에 불만을 품었다하지만 5구의 구법은 앞에서 나온 진사도의 '위심시違心詩'인 〈絕句〉시의 〔書當快意讀易盡, 客有可人期不來〕 구절과 의미구조가 같으니 응당 강서시의 작시기법의 영향을 받았을 것이다. 그러나 앞의 네 구는 황정견·진사도의 시와 좀 다른 면이 있으니 한 예를 든다면 마르고 딱딱한 풍격의 시를 추구하는 각도에서는 낙엽을 읊을 때 수북한 잎사귀보다 잎 떨어진 나무줄기를 더 주목하기가 쉽기 때문이다.

47 등 숙 鄧肅

등숙(1091~1133)은 남검주南劍州 사현沙縣(지금의 복건성福建省에 속함) 사람이고 휘종 때에 태학太學의 학생學生이었는데 시에 풍자하는 말이 있다 하여 태학에서 쫓겨났다. 흠종欽宗 정강靖康년에 추천으로 진사출신을 하사 받았고 남송 고종 때에는 간관諫官으로 임명되었다.

피난길에 뇌벽탄을 지나며

문 앞에 또 다시 말떼 물밀 듯 밀려오는 것 보게 되니
빈번히 일어나는 전란 언제나 그치려나?
굽이굽이 수레 늘어선 산 고개에서 말 풀어놓고 쉬었다가
갈라진 번개 같은 강물에 다시 배를 저어가네.
승냥이와 이리 감히 광대한 천지 모욕할 수 있겠는가?
서캐와 이를 근심한다면 강물은 헛되이 깊은 것.
어찌하면 장수의 무대에 이광필, 곽자의 같은 장군이 올라
태양의 수레 끄는 희화의 말고삐 돌려 위대한 땅 비추게 할까?

避地過雷劈灘

門前又見馬如流　兵革繽紛•幾日休?
嶺似車盤方稅•駕　灘如雷劈•更行舟
豺狼•敢侮乾坤大?　江海徒深蟣蝨•憂
安得將壇登李郭　挽回羲御照神州?

빈분繽紛 많고 성한 모양. 繽은 많을 빈, 성할 빈.
세稅 거둘 세, 쉴 세. 풀(解) 탈. ex) 稅駕:수레 멘 말을 끌러 놓아 쉬게 함. **벽**劈 쪼갤 벽.
시랑豺狼 승냥이와 이리. 豺는 승냥이, 늑대.
기슬蟣蝨 서캐와 이.

해설

송나라는 여진족 아골타阿骨陀가 요遼나라를 멸할 때 연합하여 해상에서 연맹을 맺고 함께 요나라를 멸한 뒤 요나라에 빼앗겼던 동북부의 연주燕州와 운주雲州 등 지역을 되돌려 받기로 하였는데 금나라 자체의 내분에 의해 송나라에 대한 정책이 주전과 주화로 엇갈리면서 송나라에 대해 영토를 돌려주었다가 다시 공격하는 등 분란이 있었다. 1125년 10월에는 금나라 군대의 침공으로 하북河北 · 하동河東지역을 잃었고 수도 변경이 포위되는 위기에 처하여 태자 흠종欽宗이 제위를 계승하고 이듬해 금과 화의를 맺었다. 그 후 화의가 결렬되고 1127년 '정강지화靖康之禍'를 당한 이후로는 망국의 상태가 되었고 휘종徽宗의 아홉번째 아들 강왕康王이 1127년 양자강 남안南岸의 남경南京 귀덕歸德에서 고종高宗으로 즉위함으로써 남송이 시작되었다.

또한 건염建炎3년(1129) 11월 금나라 군대가 양자강을 건너 건강建康(강소성江蘇省 남경南京)을 격파하고 계속 남하하여 12월에 전당강錢塘江 유역의 임안臨安(절강성浙江省 항주杭州)을 공격해오자 고종은 명주明州(절강성浙江省 영파寧波)를 거쳐 배를 타고 바다로 피신하였다. 그 후 건염4년(1130) 정월 금나라 군대가 명주를 격파하고 고종을 뒤쫓았으나 고종은 온주溫州(절강성 동남쪽 지역)로 상륙했다가 금나라 군대가 퇴각한 뒤 월주越州(지금의 절강성 소흥紹興)로 되돌아갔다.

이 시는 3 · 4구의 내용으로 보아 1129년 말 고종의 피난행렬을 따라 금나라 군대를 피해 뭍에서 바다로 피신해 가면서 지은 것으로 보인다. 그렇게 볼 때 5 · 6구는 비록 금나라 군대가 몰아쳐와도 드넓은 바다로 피신하면 된다는 의기義氣를 나타낸 것이고, 7 · 8구는 당나라 때 '안사安史의 난'을 평정했던 명장 이광필李光弼 · 곽자의郭子儀같은 장군을 얻어 황제의 피난길 행렬을 돌려 중국 땅으로 되돌아가기를 희망한 것일 것이다. 고종은 건염建炎원년(1127) 황잠선黃潛善을 재상으로 삼고 금나라에 항거했던 명장 이강李綱을 면직했는데 이 시에서 장군 없음을 한탄한 것은 이 같은 배경과 관련하여 풍자한 바가 있을 것이다.

48 동 영 董穎

동영은 덕흥德興(강서성에 있음)사람이고 강서시파 시인들과 교유가 있었다.

강에서

만경창파 이는 강은 만경의 가을
거울 같은 하늘에 흰 눈처럼 한 쌍의 기러기 날아가네.
모래밭 몇 척 길이 버드나무를 어루만지노니
네가 그늘 이루게 자라면 낚싯배 묶으리라.

江上

萬頃滄江萬頃秋　　鏡天飛雪一雙鷗
摩挲•數尺沙邊柳　　待汝成陰系釣舟

마사摩挲 손으로 어루만짐. 가까워 질 마, 미칠(及) 마. 만질 사.

해설

이 시는 가을을 맞은 강에서 배를 타고 노니는 감회를 적었는데 맑은 가을 하늘과 푸른 강, 흰 갈매기 등은 다소 단순하고 안온한 가을 느낌을 주나 첫 구의 한 구절 속에 대구를 이룬 당구대當句對의 표현은 드넓은 강물을 생동감 있게 전해준다. 이처럼 자연 속에서 동화감을 느꼈기에 강안에 배를 댈 때 버드나무를 보고 빨리 자라기를 기대하는 마음이 자연스럽게 일어난 것이다.

49 여본중 呂本中

여본중(1084~1145)은 수주壽州(안휘성 수현壽縣)사람이고 북송대 이학가理學家 여희철呂希哲의 손자로서 어려서 은음恩陰으로 관직을 얻었다가 소성紹聖초에 원우元祐당인의 자제라 하여 파관되었다. 남송 소흥紹興6년(1136) 피난길의 조정으로부터 진사출신進士出身을 하사받고 중서문하성中書門下省의 기거사인起居舍人, 중서사인中書舍人 등 관직을 지냈는데 금나라에 빼앗긴 국토를 회복하려는 계획을 상소하였다가 화담和談과 안일을 도모하는 재상 진회秦檜를 거슬려 면직되었다.

그는 젊어서 〈강서시사종파도江西詩社宗派圖〉를 지어 본래 구체적인 시파를 이루지 않았던 강서시풍의 시인들을 불교 선종禪宗의 종파에 비유하여 계보화 하였는데 이로 인하여 강서시의 사승관계가 명확하게 고정되고 이후 한 시파의 시인군으로 인식되게 되었다. 그의 시는 소식과 황정견의 시를 모두 계승하여 새로움을 추구하면서도 법칙에 얽매이지 않는 활로가 있는 시를 지었고 이론상으로도 작시의 '活法'을 주장하였다. 진여의陳與義와 비슷하게 그의 시도 전란을 겪은 뒤 몸소 체험한 참상과 울분으로 하여 시에 감정이 풍부해지고 예술 성취도 높아졌다.

병란 일어난 뒤의 일을 적음

제1首

만년에 전란을 맞아
곳곳마다 군대 모여 있으니
뒤에 죽어야하는 것이 도리어 누가 되었고
살 길 찾으려 하나 기약 없네.
근심으로 다들 잠을 못 이루고
약탈당해 주린 배 움켜쥐고 지내네.
하북 지방에서 기병 일으킨 범자를 뒤따르려고

의병군을 조직하자 맹세한다네.

> **兵亂後雜詩**
>
> 晚逢戎馬際　　處處聚兵時
> 後死翻爲累　　偷生未有期
> 積憂全少睡　　經劫抱長飢
> 欲逐范仔輩　　同盟起義師

해설

이 시는 정강靖康 원년(1126) 11월 금나라 군대가 수도 변경을 함락시키고 정강2년(1127) 3월 재상 장방창張邦昌을 괴뢰정권으로 세운 뒤 휘종을 잡아가고 4월 흠종 및 황후, 태자 등을 잡아감으로써 북송이 멸망되었는데 이러한 변란을 몸소 겪은 뒤 조시組詩 29수를 지어 울분을 토로한 것으로 이 시는 그 중의 제1수이다.

전란으로 하여 흉흉한 세태와 의병을 조직해서 금나라 군대를 물리치려는 강한 저항의식을 생동감 있게 그렸는데 방회方回나 기윤紀昀이 두보의 만년시를 닮았다고 하였지만 쉬운 어조로 막힘없이 써내려간 것은 두보시의 침울한 깊이의 풍격과 다소 거리가 있다.

제9首

만사는 번복이 많아서
맑은 대쑥과 난초는 진위를 가리기 어렵다네.
너는 나라 그르친 도적이요
너는 집안 망친 놈이라고
배불리 먹고 싶어도 국에는 쌀가루 없고
관작에 부패 있으니 근심 불어나네.
집 둘레를 왔다 갔다 하는 제비는
서로 돌아보며 도리어 정이 친한데…

萬事多翻復	蕭蘭不辨眞
汝爲誤國賊	我作破家人
求飽羹無糝	澆愁爵有塵
往來堂上燕	相顧却情親

해설

이 시는 제9수인데 역시 전란으로 인한 어지러운 당론과 비참한 현실을 그렸지만 끝 두 구는 답답한 현실을 자연 속의 정다운 제비의 모습을 통해 해소할 수 있는 활로를 찾은 효과가 있어 그가 주장한 작시의 '활법活法'을 볼 수가 있다.

연주 양산에서 귀환하는 길에

안개 덮인 풍토병 땅을 조금 벗어나 상수에 가까이 왔는데
병들고 쇠퇴하여 견디기 어렵건만
아이들은 피난처에 온 것도 모르고
풍물이 강남보다 낫다고 떠들어대네.

連州陽山歸路

稍離烟瘴近湘潭
疾病衰頹已不堪
兒女不知來避地
强言風物勝江南

해설

이 시는 작자가 전란 때문에 광동廣東지역에서 호남湖南지역으로 떠돌며 다닐 때 지은 시이다.

연주連州는 광서성 · 광동성 · 호남성이 연접한 지역으로 지금의 연현連縣, 연남連南, 연산連山, 양산陽山 등 지역이다. 이 지역은 풍토병이 많은 곳으로 유명하다. 이 무렵엔 '정강지화靖康之禍' 이후 남송의 고전이 계속되어 1129년에는 고종이 금나라 군대의 추격으로 명주明州(절강성 영파寧波)를 거쳐 바다로 피신하였다가 이듬해 온주溫州(절강성 남쪽 영가현永嘉縣)로 상륙했는데 그러한 시기의 유랑길이니 심경이 착잡하였을 것이다.

광서성에서 호남성으로 흘러드는 상강湘江의 하류 북안에 상담현湘潭縣이 있고 그 남안에 유명한 형산衡山이 있는데 그 일대의 경치가 강남江南(양자강 이남)보다 좋다고 아이들이 떠들어 댄다고 한 듯하다. 이는 반전反轉의 표현으로 전란을 겪으면서도 침울함에 잠기지 않는 명랑성을 보여준다.

비 내린 뒤 성밖에 이르러

날마다 고향 돌아갈 생각해도 곧 돌아가지 못하고
아직도 여로의 이슬에 옷 적시고 있네.
비 지난 뒤 강촌에는 쑥과 삼 어지럽고
하늘 닿은 들판의 강물엔 황새와 학 날아가네.
세속의 일은 마음에 맞는 것 적어서 싫은데
옛 친구한테선 또 새로 받는 편지 드물어졌네.
녹문산에 마음껏 은거하는 것도 바쁜 일이니
사람 앞에 나서 시비를 논하기 괴롭다네.

雨後至城外

日日思歸未就歸　衹今行露已霑衣
江村過雨蓬麻亂　野水連天鸛•鶴飛
塵務却嫌經意少　故人新更得書稀
鹿門縱隱猶多事　苦向人前說是非

관鸛 황새.

해설

청나라 기윤紀昀은 이 작품이 여본중 작품 중 가장 '우아하고 청결한(아결雅潔)' 작품이라 하였는데 비 내린 뒤 깨끗이 씻긴 강촌에서 세속과 벗으로부터 떨어져 은거생활에 침잠하여 남들과 어울려 시시비비를 논하는 것을 번거롭게 여긴다한 것은 진사도의 〈춘회시린리春懷示鄰里〉 시에서와 비슷한 청정한 경계라 할 수 있다. 특히 '祇今' '却嫌' 등 허사는 〈춘회시린리春懷示鄰里〉 시에 쓰였던 허사를 쓴 것이다. 끝구의 시비는 당시 시대상황을 두고 볼 때 금나라에 대한 주전主戰과 주화主和의 주장을 가리킨 듯하다.

상자정이 조정에 불려져 감을 전송하며

근래에 오랫동안 한가로이 지내더니
요즘 들어 빈번히 불리워감을 받네.
당론을 그칠 수만 있어도
오랑캐 먼지 쓸어내기 충분하리.
강물들은 바다로 흘러 돌아가고
갈림길에선 나루터를 물어야한다네.
어찌하여 저 교활한 오랑캐가
감히 한나라에 사람 없다 하나?

送常子正赴召

屬者•居閑久　今來促召頻
但能消黨論　便足掃胡塵
衆水因歸海　殊途必問津
如何彼黠虜　敢謂漢無人?

촉자屬者 요즈음, 근래. 屬은 이을 촉, 붙일 촉.

해설

이 시는 소흥紹興3년(1136) 유주柳州태수를 지내던 상자정常子正이 조정의 부름을 받고 떠나가게 되자 그를 전송하면서 지은 시이다. 상자정은 본래 이름이 상동常同인데 조정에 불리워가자 가장 먼저 붕당의 폐해를 논하여 사악함과 올바름을 가려야한다고 역설하였다. 작자도 곧 이어 조정에 불려 올려져서 국토를 회복할 계책을 상소한 바 있으니 이 시는 그러한 생각을 가진 상자정을 두고 같은 뜻임을 밝히고 이런 생각을 가진 송나라엔 사람이 없다고 할 수 없다는 것으로써 금나라에 대항하는 기개를 펼쳤다.

이 시의 5·6구도 주전主戰과 주화主和로 엇갈리는 조정이 강물이 바다로 흘러가고 갈림길에서는 이정표를 따라야하는 상식처럼 당론이 종식되고 갈 길이 명확하게 되어야 금나라를 물리칠 수 있다고 한 것은 문학적 비유를 잘 살려 현실의 문제해결을 도모한 점에서 역시 의미상의 활법活法을 잘 구현하였다. '나루터를 묻는다(문진問津)'는 표현은 《논어論語·미자微子》에 공자가 길을 지나면서 제자를 시켜 나루터가 어디 있는지를 묻게 하였더니 밭을 갈고 있던 사람이 공자가 길을 묻는다는 것을 알고서는 '대답해주지 않아도 길을 알 것이다'라고 하여 공자가 도道에 밝음을 인정하였다는 고사故事에서 나온 것으로 도연명의 〈계묘세시춘회고전사癸卯歲始春懷古田舍〉시에서 〔밭을 갈 때에 때때로 쉬는데 길 가는 사람이 나루터를 묻지 않네. 耕種有時息, 行者無問津.〕라고 세속에 대해 비판하였던 것과 같은 의미이다.

봄 저녁 교외의 집

버드나무너머 높은 누각 푸름에 반쯤 가려졌는데
상심한 봄빛 저 하늘 끝에도 있겠지.
비 내리는 집집마다 주렴과 장막 너풀거리고
곳곳에 꽃 핀 동산의 숲은 담담히 흔들리네.
처마그늘엔 봄 제사 맞춰 날아온 제비들
봄물은 작년의 모래펄 새로 덮었네.
외진 곳이라 인망 높은 사람들의 수레행렬 없지만
비스듬한 풀밭 길 쓸며 가르침 청하는 제자 있네.

春晚郊居

柳外樓高綠半遮　　傷心春色在天涯

低迷帘幕家家雨	淡蕩園林處處花
檐影已飛新社燕	水痕初沒去年沙
地偏長者無車轍	掃地從教草徑斜

해설

이 시는 저물어가는 봄 저녁의 감회를 적었는데 앞의 두 구는 멀리 두고 온 북송의 옛 땅을 생각하는 마음과 관련이 있다. 옛날엔 이별할 때 강가의 버드나무가지를 꺾어 이별의 정을 전하였으니 첫 구의 '버드나무 밖'은 두고 온 산하를 가리킨다고 볼 수 있다. 5·6구에서는 상심에만 잠겨있지 않고 새로 날아 온 제비, 옛 흔적을 덮은 봄물 등을 읊었으니 의미상의 활법活法을 볼 수가 있다. 끝 구절 역시 가난 속에 고학하여 한漢나라 고조高祖 때 곡역후曲役侯에 봉해졌고 뒤에 재상까지 지낸 진평陳平이 몹시 가난하였어도 집 앞에 인망 높은 사람들의 수레가 연이었던 것을 비유로 삼아 자기의 집 앞에 수레 행렬은 없지만 따르는 제자들이 있다는 것으로써 위안을 얻는 심경을 읊었다. 이 시의 내용으로 보아 당시 작자는 관직이 없이 문하생을 가르치는 일로 소일하였던 듯하다.

50 이 청 조 李淸照

이청조(1084~1151?)는 제남濟南(산동성에 있음)사람이고 북송 말 학자가문에서 평온하게 자랐으나 '정강지변靖康之變' 후에 남편이 일찍 죽고는 불우한 생애를 보냈다. 예술방면에 두루 재능이 있었는데 시보다는 사詞작가로 특히 유명하다.

오강에서

살아서 인걸 노릇 하여야
죽어서도 귀신중의 영웅 되네.
지금까지도 항우의 의리를 그리노니
강 너머 고향으로 후퇴하지 않으려 했지.

烏江

生當作人杰　　死亦爲鬼雄
至今思項羽　　不肯過江東

해설

이 시는 금나라의 침입으로 남도南渡하게 된 송나라 조정을 항우項羽에 비교하여 풍자한 영사시咏史詩이다.

항우는 한漢 고조高祖 유방劉邦에게 패하여 도망치게 되었으나 양자강북안에 있는 오강포烏江浦에 이르러 고향 강동江東(양자강 하류의 남쪽) 사람들의 낯을 볼 면목이 없다하여 강을 건너지 않고 자살하였다. 이 역사고사를 남송의 고종高宗에게 비유하여 '정강지화靖康之禍'를 당한 후 송조宋朝의 명장들을 규합하여 금나라에 대항하지 않고 화의和議에 머물며 송나라가 계속 남으로 밀려 양자강 이남에 국한하게 된 것에 불만을 표시한 것이다. 짧은 절구시이지만 충분한 역사적 의미를 담아내었다고 하겠다.

51 증 기 曾幾

증기(1084~1166)는 하남河南(지금의 하남성 낙양洛陽) 사람으로 어려서 삼촌 공평중孔平仲에게서 배웠고 문명文名이 있었다. 북송말 비서성교서랑秘書省校書郎직 등을 하다가 남도南渡 후에는 각지를 다니며 임직했다. 화의파 진회秦檜에게 반대하다 벼슬을 파면당하였다가 진회가 죽은 후 다시 기용되었다. 그의 시는 두보, 황정견을 조종祖宗으로 삼았고 강서시파시인들과 교유하였는데 특히 여본중呂本中에게 활법活法을 배워 그 시법을 육유陸游에게 전수하는 역할을 하였다. 그의 시는 조탁을 일삼지 않은 유창한 시들이 많고 내용면에서는 항전의식을 담은 애국시들이 적지 않다.

오랑캐가 이르렀다는 소식을 듣고 유주를 떠나며

똑똑 누가 문을 두드리는지?
황급히 나가 보니 객이 이부자리를 안고 있네.
단지 사람은 개미같이 보이고
모두들 도적은 숲 같다고 하네.
양쪽 강안은 천 리와 같고
작은 배는 만 금이 나가네.
병든 이 사내 뽕나무 아래에서 목숨 아끼며
만일에 하나 나라 보전할 좋은 소식 기다리네.

聞寇至，初去柳州

剝啄誰敲戶? 蒼皇客抱衾.
只看人似蟻 共道賊如林.
兩岸侔千里 扁舟抵萬金
病夫桑下戀 萬一有佳音

해설

이 시는 작자가 피난하면서 느낀 감정을 적은 것으로 남송초기 동란시대의 혼란한 모습을 나타내 보인다. 유주는 광서성 유주시이다. 5, 6구는 피난하면서 강을 건너는데 사람은 많고 배는 적어 이쪽 강안에서 저쪽 강안으로 가기가 매우 어려움을 말하였는데 '抵萬金'이란 표현은 두보의 〈春望〉시에서 '家書抵萬金/집에서 오는 편지는 만 금의 값어치가 있네.'라고 안사의 난 속에서 겪는 어려움을 읊은 것에서 인용한 것으로 작가의 시가 두보의 시의 영향을 받았음을 보여주는 일면이다.

삼구 길에서

매실 누렇게 익어가는 때 날마다 맑아
작은 시내에 배 더 띄우지 못하고 산으로 가네.
푸르른 녹음은 오던 때의 길에 변함 없는데
꾀꼬리 소리 너댓 마디 더 들리는 구나.

> 三衢道中
>
> 梅子黃時日日晴　　小溪泛盡却山行
> 綠陰不減來時路　　添得黃鸝四五聲

해설

삼구三衢는 지금의 절강성浙江省 구주衢州에 있다. 경내에 삼구산이 있어 그렇게 부른다. 이 시는 초여름 장마철 길을 지나며 경치를 읊은 것인데 장마비는 내리지 않고 날씨가 좋아 배를 안 타고 산길을 가고 있다. 산에는 녹음이 우거져 있고 게다가 꾀꼬리 울음소리 더 들린다고 하니 산뜻하고 경쾌한 분위기를 느낄 수가 있다. 짧은 시이나 경직되지 않은 흐름이어서 작자가 여본중에게서 배운 활법活法을 느낄 수가 있다.

52 진 여 의 陳與義

진여의(1090~1138)는 낙양洛陽(하남성河南省에 있음)사람으로 휘종 정화政和3년(1113) 태학太學의 상사上舍 갑과甲科에 올라 태학박사太學博士 등의 직을 지냈다. 그는 금나라의 침입으로 북송시대가 끝나고 양자강 이남지역을 중심으로 남송조가 시작된 '남도南渡' 전후의 시기에 살았던 대표적인 시인이기 때문에 '남도시인南渡詩人'이라 불려지고 있다.

남도南渡 전에 그는 금나라에 대해 항전을 주장하는 편이었는데, 북송의 수도가 함락되고 휘종·흠종 및 백성들이 잡혀가는 '정강지화靖康之禍'를 겪은 후에는 외로이 떠도는 피난길에서 감정의 깊이가 더해진 시를 쓰게 되어 '안사의 난'을 겪은 후의 두보의 시와 비슷한 시경詩境을 보인다. 원나라 방회方回는 두보, 황정견, 진사도, 진여의를 '일조삼종一祖三宗'이라 하여 같은 유파의 시인군으로 분류한 바 있다. 그는 강서시파의 대표적 시인인 황정견, 진사도의 시를 배웠지만 그들의 마르고 딱딱한 시풍에 비해 개인적 성향이나 역사적 시련의 험난함을 통해 감정과 감개가 더욱 풍부해진 풍성한 작품을 써내었다. 따라서 그의 시는 의경意境이 넓고 깊으며 음절이 크게 울리고 격조가 높다고 평가된다.

양읍으로 가는 길에서

양 강안의 꽃 날리듯이 배에 붉게 비치고
백 리에 걸친 느릅나무 제방엔 반나절 내내 바람부네.
누워서 하늘 가득한 구름 꼼짝 않는 걸 보았는데
구름과 내가 다같이 동쪽으로 가는 줄 몰랐네.

襄邑道中

飛花兩岸照船紅　　百里楡堤半日風

臥看滿天雲不動	不知雲與我俱東

해설

이 시는 북송의 수도 개봉開封에서 개봉의 동남쪽에 있는 양읍襄邑(하남성 수현睢縣)으로 가는 뱃길에서의 정경과 감회를 읊은 시이다. 바람이 부는 물길을 종일 배를 타고 가면서 강가의 풍경과 하늘의 풍경을 바라다보는데 구름이 흘러가는 것이 동쪽으로 가는 배의 방향과 같음으로 하여 움직이지 않고 있음을 알아차렸다. 누워서 배를 타고 가면서 느낀 감각을 읊은 점에서 소식의 〈유월이십칠일망호루취서六月二十七日望湖樓醉書〉시 5수 중의 1수에서 〔물 베개는 산들을 출렁거리게 하고 바람맞은 배는 달과 배회할 줄 아는 듯. 水枕能令山俯仰, 風船解與月徘徊〕라 한 것과 유사하지만 속도감과 더욱 광활한 공간감각을 맛볼 수가 있다.

장구신의 〔수묵으로 그린 매화〕 시에 화답함

찬란히 빛나던 강남의 수만 송이 매화꽃
이별한 뒤 몇 번이나 봄이 지났나?
수도에서 다시 만나니 혼연히 옛날과 같은데
검은 먼지 흰 옷에 물든 것이 한스럽네.

和張矩臣〔水墨梅〕

粲粲江南萬玉妃	別來幾度見春歸?
相逢京洛渾依舊	唯恨緇塵染素衣

해설

이 시는 휘종 선화宣和원년(1119) 화선인花先仁이 수묵화로 그린 매화 그림을 두고 장구신張矩臣이 시를 읊은 것에 화답하여 지은 시이다. 이 〈수묵매水墨梅〉시가 휘종으로부터 칭찬받아 이름이 알려졌다 한다.

모두 5수 중 제3수인데 그림 속의 매화를 사람에 비유하여 강남에서 헤어진 뒤 몇 년 후 수도에서 다시 만났지만 흰 옷에 검은 먼지 묻은 것이 안타

깝다고 읊었다. 나머지 작품들이 검은 수묵화로 그렸어도 매화의 뛰어난 아름다움은 여전하다고 직설적으로 찬양하였음에 비해 이 작품은 검은 색으로 그린 매화가 본래의 미를 잃어 진晉나라 때 시인 육기陸機가 〔수도 낙양에는 풍진이 많으니 흰 옷도 검게 변한다네. 京洛多風塵, 素衣化爲緇〕(〈위고언선증부爲顧彦先贈婦〉 시)라 한 것과 같은 뜻으로 변화한 세속의 때에 물들었다고 한탄하였다.

본래 매화를 읊은 시가 모두 그 고상함을 칭송하였으니 이 작품도 기본적으로 깎아내리는 의미는 없을 것이다. 아마도 수묵화라는 매체를 빌어서 탁한 세속을 풍자해 본 것이고 본래의 눈꽃송이 같은 매화는 음영의 효과를 써서 칭송한 것이라고 생각된다.

상수를 떠나는 길에서

상수물 서문에서 이별의 인사 나누니
봄바람이 버들가지 흔들며 전송하네.
전란속의 눈물에 화사한 새 봄빛 비치지만
세상사는 전조의 잘못에 근본 한다네.
남조의 송나라 장군 단도제의 공 뒤이을 계책 없어
두보의 만년 시 배우려던 것 망연해졌네.
산천은 말 앞에 광활한데
돌아올 날 기약할 수 없구나.

發商水道中

商水西門語　　東風動柳枝
年華入危涕　　世事本前期
草草檀公策　　茫茫杜老詩
山川馬前闊　　不敢計歸時

해설

이 시는 하남河南 진류陳留에서의 관직생활 중 '정강지화靖康之禍'를 당하여 피난 가다가 길이 상수商水(지금의 하남성 상수현商水縣)를 지날 때 잠시 쉬었다가 다시 떠나며 지은 시이다. 첫 두 구는 상수 서문의 봄 풍경을 그렸는데, 첫 구의 〔商水西門語〕는 상수물이 성의 서문에서 흐르는 소리가 이별의 인사를 나누는 듯하다는 뜻일 것이다.

4구와 5구는 남쪽으로 피난가게 된 북송조정의 실책을 비난한 것으로 〔檀公策〕은 남북조南北朝시대 송宋나라 단도제檀道濟의 이야기를 쓴 것이다. 송나라에 북위北魏의 군대가 남침했을 때 낙양洛陽이 함락되고 제남濟南으로 밀려가게 되었는데 단도제는 이때 공을 세웠으나 뒤에 군량이 끊겨 북위의 군대가 더욱 남하하는 결과를 낳았다. 이 구절은 그 고사를 인용하여 북송조정이 금나라에 대적하지 않고 적절한 대책을 못 세운 채 안일을 탐하다가 남도南渡하게 된 죄를 추궁한 것이다. 6구는 '안사安史의 난'을 겪은 두보가 만년에 촉蜀지방에서 초당을 짓고 다소 안정된 생활을 하였던 것을 흠모하는 시인으로서의 희망이 무산되게 되었음을 한탄한 것이다.

끝 두 구는 눈앞에 펼쳐진 갈 길은 넓지만 언제 돌아오게 될지 모르는 막막한 심정을 읊은 것인데 이를 통해서 감정의 공간적 깊이와 넓이를 느낄 수 있다.

정월 십이 일, 방주에서 오랑캐를 만나 남산으로 도망갔다가 십오 일에 회곡 장씨성의 민가에 이름

오랫동안 일이 그렇다함을 들었지만
어찌 몸소 겪게 될 줄 알았으랴!
오랑캐 피한지 삼 년 동안
천지사방 반을 다녔네.
내 낙양의 호걸 아니니
굶주리는 가난 두려워 않지만
평소의 꿈이었던
두보의 시 못 짓는 것 한스럽도다.
올해엔 방주로 도망가는데

철마가 등 뒤에서 달려왔네.
조물주도 지독하여,
목숨을 얻는 것이 터럭의 차이.
남산의 네 겹 구름 속
험한 산세에 헝겊 버선 해어졌네.
울타리 속의 등 검게 탄 노인은
목숨의 안위엔 관심이 없네.
내가 조정의 선비임을 알고도
또한 눈썹을 찌푸릴 뿐.
술상 차리라 하고 객의 부르튼 발 녹히는데
씻은 채소 옥 같은 살 드러내었네.
궁한 길인지라 쉬이 감격하여
기쁜 마음으로 거듭 사양함이 없네.
예부터 독서에 탐닉하여
문 닫아건 채 흰 수염 되었다네.
어찌 천하 구주 안에
이처럼 특별난 산 있는 줄 알았으랴?
편안히 쉬는 것이 미안하건만
노인은 또한 너그러이 보아주네.
투숙한 곳이 마치 세상 밖인 듯
푸른 등불이 띠 집 비추네.
한밤중토록 잠 못 이루는데
산골물소리 슬프게 우네.

正月十二日, 自房州遇虜至, 奔入南山, 十五日, 抵回谷張家

久謂事當爾　　豈意身及之
避虜•連三年　　行半天四維
我非洛豪士　　不畏窮谷飢
但恨平生意　　輕了少陵詩

今年奔房州	鐵馬背後馳
造物亦惡劇	脫命眞毫厘
南山四程雲	布襪傲險巇•
籬間老炙背	無意管安危
知我是朝士	亦復顰其眉
呼酒軟客脚	菜本濯玉肌
窮途易感德	歡喜不復辭
向來貪讀書	閉戶生白鬚
豈知九州內	有山如此奇?
自寬實不情	老人亦解頤
投宿恍世外	靑燈耿茅茨
夜半不能眠	澗水鳴聲悲

로虜 종 로, 사로잡을 로. 여기서는 오랑캐족인 金나라 군대를 가리킴. **희**巇 산 가파를 희.

해설

이 시는 작자가 하남성의 진류를 떠나 상수商水, 남양南陽, 여주汝州, 섭현葉縣, 광화光化 등 호남湖南, 호북성湖北省 지역을 전전하다가 방주房州(호북성 방릉房陵)에 이르렀을 때 다시 금나라 군대를 만나 방주성房州城의 남쪽에 있는 남산으로 피난 가서 그 속의 산촌 회곡回谷에 있는 장張씨 성의 민가에 머물었던 이야기를 서사적으로 쓴 것이다.

민가의 노인이 작자의 부르튼 발을 씻게 하며 환대해 주는 것에서 피난길의 고통과 인정미를 느낄 수 있다. 이러한 형식의 시는 제삼자의 입장에서 사회현실을 비판하는 것이 일반적인 경향인데 여기서는 본래 검소한 생활에 익숙하며 문인으로서 좋은 시를 짓는 것을 평생의 꿈으로 삼았던 그가 전란이라는 시대상황에 처해 몸소 이역을 전전하며 낯선 곳에서 인정과 새로운 경물을 접하는 감회, 그리고 앞날에 대한 걱정 등을 비교적 담담한 필치로 그려내었다.

악양루에 올라

동정호의 동쪽 양자강의 서쪽
느린 석양 속에 깃발들 꼼짝 않는데
오나라 촉나라 갈렸던 곳에 올라
해 저무는 호수와 산속을 거니네.
만 리를 떠돌면서 또 먼 곳 바라보며
다난했던 삼년에 다시 위태로움 기댔네.
흰 머리로 풍상 속에 옛일을 되새기노라니
헐벗은 나무 푸른 파도 무한히 슬프도다.

登岳陽樓

洞庭之東江水西　帘旌•不動夕陽遲
登臨吳蜀橫分地　徙倚•湖山欲暮時
萬里來游還望遠　三年多難更凭危
白頭弔古風霜里　老木蒼波無限悲

염정帘旌 帘은 술집 깃발, 旌은 장목기. 깃대에 털을 여러 층으로 나누어 달은 것.(旗名, 析羽置竿) **사의**徙倚 왔다갔다함. 徙는 옮길 사. 倚는 기댈 의.

해설

악양루는 호남성湖南省 악양의 동정호洞庭湖가에 있는 유명한 누각이다. 당나라 개원開元연간에 지었는데 송나라 인종仁宗 때 파릉군巴陵郡 군수를 지냈던 등종량滕宗諒이 개수하였다. 삼층으로 된 누각으로 동정호를 굽어보고 있는데 경치가 아름다워 당대 이후 악양루를 읊은 유명한 시들이 많다.

이 시는 고종 건염建炎2년(1128) 피난길이 호남성에 이르렀을 때 쓴 것인데 유서 깊은 명승지 악양루에서 멀리 조망하며 전란으로 떠도는 비애를 읊었다. 원나라 방회方回나 청淸나라 기윤紀昀 등이 모두 두보의 시에 가깝다고 칭찬한 감회가 넓고 깊은 작품이다.

두보의 〈등악양루登岳陽樓〉에서는 〔오나라와 초나라가 동남으로 갈렸고 하늘과 땅이 밤낮으로 부동하네. 吳楚東南坼, 乾坤日夜浮〕라고 드넓은 시야를 그려 낸 바 있다. 이 시의 3·4구는 삼국시대에 오吳나라와 촉蜀나라가 형주荊州(호북성 남쪽 지역, 양자강을 건너 호남성과 격하여 있음)를 쟁탈할 때, 오나라의 노숙魯肅이 만 명의 군대를 이끌고 호남성 동정호 동쪽의 악양에 주둔하였던 것을 고사故事로 써서 악양의 지역적 의미를 군사적 대치의 의미로 보아 전란으로 인한 비애감을 표현하였다.

두보가 즐겨 쓴 〔萬里〕와 〔百年〕의 댓귀(〈登高〉시 〔만 리 가득한 서글픈 가을 속에 늘 나그네 신세요, 인생백년에 병만 많은 몸 홀로 누대에 올랐네. 萬里悲秋常作客, 百年多病獨登臺〕 참조)가 진여의의 5·6구에서는 피난길의 공간적, 시간적 사실을 가리키는 〔萬里〕와 〔三年〕의 숫자로 바꾸어 표현되었는데 이는 강서시에서 즐겨 한 '옛 시구의 응용'의 기법을 활용한 것이다.

봄을 슬퍼함

조정에 오랑캐 평정할 계책이 없어
앉은 채 감천궁에 저녁 봉화 비치게 했네.
도성에 전란의 말발굽소리 괴이하다 여겼지
어찌 바다 끝으로 도망치는 황제의 배, 보게 될 줄 알았나?
외로운 신하에겐 서리 내린 백발 삼만 자인데
해마다 아름다운 봄 경치 만 겹으로 펼치네.
조금 기쁜 소식은 장사의 상자연이
지친 군대로 오랑캐의 예봉 물리친 것.

傷春

廟堂無策可平戎	坐使甘泉照夕烽•
初怪上都聞戰馬	豈知窮海看飛龍?
孤臣霜發三千丈	每歲烟花一萬重

稍喜長沙向延閣	疲兵敢犯犬羊鋒

봉烽 봉화.

해설

건염建炎3년(1129) 11월 금나라 군대가 공격하여와 양자강을 건너 계속 남하하여 12월에 전당강錢塘江유역의 임안臨安(절강성 항주杭州)까지 공격해 오자 고종은 명주明州(절강성 영파寧波)를 거쳐 배를 타고 바다로 피신하였다가 온주溫州(절강성 동남쪽 지역)로 상륙했다.

진여의는 건염3년 여름에 남송조정의 부름을 받고 남쪽 광남廣南지방에서 지금의 복건성福建省을 거쳐 절강성 소흥紹興으로 가서 기거랑起居郞에 임명되었으나 9월에 난을 피하여 호남성 담주潭州 등지를 떠돌며 유랑하고 있었다. 당시 금나라 군대가 담주潭州를 공격해오자 담주潭州태수 상자연向子諲은 군민을 이끌고 굳게 저항하였다.

이 시는 건염4년(1130) 봄 소양邵陽(호남성湖南省에 있음)에서 지은 작품이다. 이때 진여의는 소양의 자양산紫陽山에 머물었는데 남송 조정의 이 같은 위태로운 시기를 겪고서 만감이 교차한 비분의 심정을 토로한 것이다. 전반 네 구는 바로 어찌할 수 없었던 패망의 현실을 한탄하는 마음을 잘 전해준다.

후반부에 보이는 상황은 두보의 〈상춘傷春〉시의 배경과 유사하다. 당나라 대종代宗 광덕廣德원년(763) 토번吐蕃이 장안을 침략해 오자 대종은 협주陜州로 피난 갔다가 곽자의郭子儀가 토번을 물리친 후 돌아왔는데 광덕廣德 2년(764) 낭주閬州에 있던 두보는 그러한 소식을 정확히 몰랐기에 〈상춘傷春〉시를 지어 우국의 정을 토로하였다. 두보의 〈상춘傷春〉시는 다음과 같다. 〔天下兵雖滿, 春光日自濃. 西京疲百戰, 北闕任群凶. 關塞三千里, 煙花一萬重.〕

5·6구는 위의 두보의 시 〔煙花一萬重〕과 이백의 〈추포가秋浦歌〉에서 〔백발이 삼천 길인데 수심으로 하여 그리 긴 듯. 白髮三千丈, 緣愁似個長〕이라

한 것을 응용하였는데 역시 기존 작품을 창작에 적극 활용한 강서시의 기법을 보여준다.

강을 건너며

강남이 좋지 않은 곳은 아니지만
초나라 굴원 같은 신세 절로 슬프다.
노 저으며 평평한 하늘 건너는데
나무들 사람 반기듯 다가오네.
비 개인 뒤 오 지방의 산봉우리 우뚝하고
햇빛 비치니 바닷길 열리네.
중원 땅의 험난함과 다르지만
모퉁이 땅도 역시 웅장하구나.

渡江

江南非不好　楚客自生哀
搖楫天平渡　迎人樹欲來
雨餘吳岫立　日照海門開
雖異中原險　方隅亦壯哉!

해설

이 시는 고종 건염 4년(1130)에 지어졌는데 전란으로 양자강 이남지역을 전전한 이래 강남江南지역에도 정을 붙이긴 하였지만 황하黃河와 회수淮水 등 중원지역을 빼앗긴 비애감을 면하기 어렵다는 것과 반면 남송조정에서 새롭게 관직에 임하게 되면서 중원만은 못하지만 의미 있는 곳으로 생각하려는 긍정적 심경을 피력하였다.

건염4년 3월 금나라 군대가 임안臨安에서 퇴각한 뒤 조정의 부름을 받아 그가 있던 호남성 자양산으로부터 소흥紹興으로 돌아가면서 지은 듯하다. 자기 자신을 '초객楚客'이라 하였는데 그가 전전한 호남성 지역이 옛 초楚나라 지방이기도 하지만 전국시대 초나라 출신 애국시인 굴원屈原을 상기시킨

점에서 작자의 우국의 정을 알 수 있다.

고종은 금나라 군대의 침입으로 바다로까지 피신했다가 위기를 모면하고 소흥紹興으로 되돌아가 안착을 도모하였다. 송 고종은 주전主戰보다 화의和議를 선호하였기에 남송은 점차 절강성 전당강錢塘江 유역의 동쪽 모퉁이 소흥紹興을 중심으로 자리를 잡아갔는데 이에 따라 진여의의 시에도 그러한 분위기를 긍정하는 심경이 생겨난 듯하다.

여기서의 강江은 전당강錢塘江으로, 이 시는 진여의가 호남성에서 육로로 절강성 임안臨安(항주杭州)으로 갔다가 전당강錢塘江을 건너 소흥紹興으로 남하하면서 느낀 감회를 쓴 듯하다.

벗 천경과 지로를 그리어 그들을 방문함

올해는 이월에 얼음이 갓 녹았는데
잠에서 깬 초계의 푸른 물 동쪽으로 흐르네.
나그네는 시집 들척이며 세월 보내는데
빗소리 속에 살구꽃 피려하네.
서쪽 암자의 선사는 병이 잦고
북쪽 울타리의 선비는 가난에도 꿋꿋하지.
홀연 가벼이 배타고 두 사람 찾아
비단 두건 학창의를 봄바람에 날려 볼까나.

懷天經 · 智老, 因訪之

今年二月凍初融　　睡起苕溪綠向東
客子光陰詩卷裏　　杏花消息雨聲中
西庵禪伯方多病　　北柵•儒先只固窮
忽憶輕舟尋二子　　綸巾•鶴氅•試春風

책柵 울타리 책. **윤건**綸巾 비단으로 만든 두건.
학창鶴氅 학창의(鶴氅衣). 관원이 평상시 입던 소매가 넓고 뒷솔기가 갈라진 웃옷.

해설

이 시는 소흥紹興 6년(1136)에 지어졌는데 진여의는 그 이전 해부터 병으로 관직을 사양하고 조정을 떠나 청돈青墩(청진靑鎭, 지금의 절강성浙江省 동향桐鄕)으로 가 지냈다. 당시 그의 벗 천경天經(섭무葉懋), 지로智老(대원홍지大圓洪智)는 초계苕溪를 사이에 두고 오진烏鎭(절강성 호주湖州)에 살았는데 이 시는 그들과의 교유의 정을 읊은 것이다.

3·4구는 당시 뛰어난 구절로 널리 음송되었는데 원나라 방회方回는 '〔客子〕로써 〔杏花〕와 대를 이루고 〔雨聲〕으로써 〔詩卷〕과 대를 이루었는데 하나는 자기 자신, 하나는 자연물이며, 하나는 감정이고 하나는 자연경치이니 변화가 지극하다 … 진사도의 〔노쇠한 신체 이미 갖추어져 팔과 무릎 아픈데 봄 일은 많지 않아 앵두와 죽순 나오네. 老形已具臂膝痛, 春事無多櫻筍來〕 구절은 떫고 쓴 맛인데 이 두 구는 부귀하고 한아閒雅한 맛이 있으니 진사도시가 궁핍한 것에 비해 진여의가 통달한 것을 알아볼 수가 있다.'라고 평한 바 있다.

이는 진사도와 진여의를 두고 나란히 강서시의 '三宗'에 속한다고 하였지만 진사도의 시가 그의 평생 곤궁한 생활과 부합되게 단련이 깊고 마르고 굳센 풍격의 시를 쓴 것과 비교할 때 진여의의 시는 전란 속에 유랑하는 힘든 시대를 살았으면서도 그 맛이 각박하지 않음을 지적한 것이다. 즉 정교하게 대구를 꾸민 것으로써가 아니라 자연스런 가운데 자신의 처지와 봄소식을 전달해내었다.

진여의는 진사도의 시를 몹시 높이 보아 송조의 시인 중 읽지 않아서는 안 될 시인이라고 칭찬하였고 〔진사도의 시는 내단의 공을 양성하는 듯하다 陳無己詩如養成內丹〕이라고 평하였지만 황정견·진사도 등의 단련에 몰두한 마르고 딱딱한 강서시를 배웠으면서도 좀더 감정이 풍부하고 자연스러운 맛을 지닌 시세계를 개척하였다.

아침에 나선 길

이슬 젖은 낙타 갈옷 새벽한기 가벼운데
종횡으로 흩어진 별들 유난히 밝네.
적막한 작은 다리를 꿈꾸듯 지나는데
벼 밭 깊숙한 곳에서 풀벌레 우네.

早行

露侵駝褐•曉寒輕　　星斗闌干分外明
寂寞小橋和夢過　　稻田深處草虫鳴

갈褐 털베 갈, 굵은 베 갈, 천한 사람들이 입던 옷.

해설

이 시는 아침 여행길을 읊은 시로서 비슷한 주제의 온정균溫庭均의 유명한 〈상산조행商山早行〉 시와 비교해 볼만하다. 찬 새벽 기운이 감도는 길을 꿈에서 덜 깨어난 채 지나가는데 논 깊숙한 곳에서 풀벌레 소리가 들려온다는 것은 아련한 속의 섬세한 감각으로 온정균시의 〔닭 우는 소리 띠 집엔 달이 걸렸는데 사람은 나무다리의 서리위에 발자취를 남기네. 鷄聲茅店月, 人迹板橋霜.〕에 비해 못지않은 심원한 운치가 있다.

53 주 숙 진 朱淑眞

주숙진은 대략 북송 말에서 남송에 걸쳐 생존하였고 전당錢塘(절강성 항주杭州)사람으로 알려져 있다. 아름답고 자연스런 필치로 내심을 펼쳐내는 시를 지어 여류사인 이청조李清照와 이름이 비견되었지만 작품의 성취는 이청조만 못하다고 평가되고 있다. 사詞도 잘 지어 《단장시사집斷腸詩詞集》이 전한다.

가을 밤

밤 깊어도 잠 못 이룬 채 가을 기운 맑은데
껌뻑이는 등잔 불꽃 속에 삼경이 되려하네.
오동나무 달 아래 침상은 서늘한데
오동나무 잎사귀 진 곳에 달이 밝구나.

秋夜

夜久無眠秋氣淸　　燭花頻剪欲三更
鋪床凉滿梧桐月　　月在梧桐缺處明

해설

이 시는 싸늘한 깊은 가을밤 잠 못 이루고 바라다보는 달을 읊었는데 2구에서는 방안의 등잔불이 껌뻑이는 동작으로 고요한 밤 속의 적막과 빛의 움직임을 그렸고 4구는 오동나무 잎사귀 드문드문한 사이로 달이 밝게 조용히 움직이는 것을 그렸다. 깊은 가을밤의 적막한 분위기를 잘 그려내었다.

54 주 변 朱弁

주변(1085~1144)은 휘주徽州 무원婺源(강서성에 있음)사람이고 남송 고종高宗 건염建炎원년(1127) 금나라에 사신 갔다가 구류되어 15년 만에 돌아왔다.

봄을 보내며

흐릿한 안개 속 봄 경치 눈앞에 희미해 가는데
삼월인데도 여전히 솜옷을 입네.
조각구름처럼 나그네 시름 맺히고
엷은 안개비는 고향의 꿈 불러일으키는데
산자락 작은 복숭아나무엔 막 꽃이 피었고
모래밭가 부드러운 버드나무는 아직 버들 솜 날리지 않네.
술잔 들고 봄 보내며 다른 말은 않고
오자마자 곧 떠나는 것 부럽다하네.

送春

風烟節物眼中稀　　三月人猶戀褚•衣
結就客愁雲片段　　喚回鄉夢雨霏微
小桃山下花初見　　弱柳沙頭絮未飛
把酒送春無別語　　羨君才到便成歸

저褚 옷에 솜 둘 저.

해설

작자는 금나라에 사신으로 갔다가 15년간을 구류되어 지냈었는데 이 시는 그 시기에 지은 시이다. 봄이 다 가도록 추운 북방지역에서 남송의 고향을 그리며 봄 시절이 곧 사라지는 것을 보고 더욱 빨리 고향에 되돌아갔으면 하는 희망을 밝혔다. 재기가 있는 표현이라 하겠다.

55 유 자 휘 劉子翬

유자휘(1101~1147)는 건주建州 숭안崇安(복건성에 있음)사람이고 북송말에 은음隱蔭으로 승무랑承務郎이 된 뒤 남송 초 흥화군통판興化軍通判직을 지냈었고 후에는 무이산武夷山에 물러나 살며 17년간 강학講學하는 생활을 하였다.

수도 변경의 일을 추억하여

전조를 그르친 사직을 망친 죄 한탄이 부족하니
인간세상 뼈 썩어가도 비난 그치지 않으리.
태부 왕보의 집 연못엔 그래도 저녁달 돋고
태사 채경 집의 다리 밑 버들엔 봄바람 불겠지.

汴京紀事

空嗟覆鼎誤前朝　骨朽人間罵未銷
夜月池臺王傅宅　春風楊柳太師橋

해설

이 시는 '정강지화靖康之禍'를 겪고 남도南渡한 후 북송北宋의 수도 변경汴京을 추억하여 지은 〈변경기사汴京紀事〉 조시組詩 20수 중의 제7수이다.

2구에서 작자의 나라를 잃은 것에 대한 뼈아픈 한탄의 심경을 잘 느낄 수가 있다. 작자가 직접 변경에 가서 본 것이 아닌데도 금나라의 지배 하에 여전할 자연의 모습을 생생하게 그린 것이 특징이다.

56 악 비 岳飛

악비(1103~1142)는 상주相州 탕음湯陰(하남성에 있음)사람으로 북송말엽부터 종군하였고 남도南渡 후 건염建炎3년(1129) 금나라가 침입해 왔을 때 누차 공을 세운 명장이다. 금나라에 대한 화의정책을 반대하고 빼앗긴 국토의 수복을 열망한 주전파主戰派였으나 반대파의 모함을 받아 서른아홉의 나이에 살해되었다. 애국의 공으로 하여 뒤에 영종寧宗에 의해 악왕鄂王으로 봉해졌고 충무忠武라는 시호諡號가 주어져 '악충무공岳忠武公'이라고도 한다.

청니시의 사원 벽에 씀

당당한 웅장한 기운 하늘의 별들 꿸 듯한데
곧은 절조를 나라의 원수 갚기에 맹세하네.
완강한 악을 뿌리 뽑아 두 황제의 수레 돌아오게 하리니
만호후의 대열에 오르는 건 따질 필요 없다네.

題青泥市寺壁

雄氣堂堂貫斗牛　　誓將直節報君仇
斬除頑惡還車駕　　不問登壇萬戶侯

해설

이 시는 고종 소흥 3년(1133) 작자가 군대를 이끌고 강서성江西省 신금新淦(강서성 신간新干)에 있는 청니시青泥市를 지날 때 그곳의 절 소사蕭寺의 벽에 붙인 시이다. '정강지화靖康之禍'로 휘종 · 흠종이 금나라에 잡혀간 후, 고종은 제위를 지키기 위하여 두 황제가 되돌아오는 것을 싫어했고 금나라와 화의를 지속하고자 하였는데 그것을 잘 아는 재상 진회秦檜는 금나라에 대항하는 애국지사들을 모함하고 심지어 금나라에 투항하여 신하가 되고자

하였다. 이러한 조정의 분위기속에서 악비는 애국의 충정을 발휘하여 원수를 갚고 공을 바라지 않는 마음으로 휘종, 흠종 두 황제가 송환되도록 하겠다는 강한 의지를 시로 읊었다.

강렬하고 거센 시의 언어를 볼 때 그만큼 국치를 씻으려는 열망이 강했음을 알 수 있다.

57 오 도 吳濤

오도는 무주撫州 숭인崇仁(강서성 숭현崇縣)사람이고 몇 수의 시밖에 전하지 않는다.

절구

나그네는 이미 홑적삼 입었고
복숭아꽃 다 떨어지고 산 매실 시큼하네.
하룻밤 새 개구리 소리 그친 것 이상하더니
또 다시 봄바람 속에 열흘 동안 춥겠네.

絶句	
游子春衫已試單	桃花飛盡野梅酸
怪來一夜蛙聲歇	又作東風十日寒

해설

이 시는 객지생활을 하는 나그네가 늦봄이 다 지나가는 때라 얇은 옷으로 갈아입었으나 날씨가 추워진 것에 놀랐는데 알고 보니 날씨의 변화를 먼저 아는 개구리들이 울음소리를 그친 것을 깨달았다는 것이다. 계절의 변화를 주제로 한 시는 많은데 이 같은 각도에서 자연현상의 관찰을 읊은 것은 드문 편이다.

58 정여해 鄭汝諧

정여해는 처주處州 청전靑田(절강성에 있음)사람이고 남송 고종 소흥연간에 진사가 되어 강남서로江南西路의 재물과 부역의 운송을 담당하는 전운부사轉運副使, 상서성尙書省 이부吏部의 시랑侍郎 등 직을 지냈다.

우이현 제일산에 부쳐 씀

치욕과 수치를 참고 금나라를 섬기는데
종복들은 득의하여 사신을 맞이하네.
연산에 바위 있건만 그곳에 공 새길 사람 없고
도리어 도량산에다 기꺼이 이름 새기네.

題盱眙第一山

忍恥包羞事北庭　　奚奴得意管逢迎
燕山有石無人勒•　　却向都梁記姓名

륵勒 새기다.

해설

이 시는 남송이 금나라와 화의를 맺고 신하관계가 되어 공물을 바치는 치욕스런 상황에서 사신 일을 맡은 자들은 득의해서 금나라를 환대하고 또한 중국 땅에서 금나라를 몰아내어 그 공을 비석에 새길 생각은 않고 오히려 금나라 사신들 덕에 남송과 접경지인 회수淮水 남안의 도량산都梁山까지 이른 것을 자랑스러워하며 그곳에 자기들 이름을 새겨놓는다고 비난하였다.

남송은 고종 소흥 8년(1138) 임안臨安에 도읍을 정하고 화의和議정책에 따라 북방의 강역을 수복하려는 노력을 하지 않았는데 금나라에서는 계속 남하하여 와 1141년 송나라로서는 굴욕적인 '군신관계'의 화의를 맺게 되었다. 남송의 금과의 오랜 전쟁은 이로써 어느 정도 결말지은 셈이지만 송은 경제적으로 많은 공물을 부담해야하는 불리한 처지가 되고 강토 상으로는 동쪽은 회수淮水를 서쪽은 대산관大散關을 두고 금나라와 국경을 삼게 되었다.

이처럼 전란과 빼앗긴 국토에 대한 설욕의 감정으로 하여 남송시는 애국심을 강하게 드러내 보이기는 하나 표현이 과격하여 음송하기에는 적절하지 않은 시들이 많이 산생되었다. 그러나 중국시의 본래적 특성상 전체가 다 아름답지는 않더라도 그중의 잘된 구절이 시를 돋보이게 한다는 것을 생각할 때 남송시 역시 시대적 상황과 함께 예술성이 잘 융화된 시를 중시해야 할 것이다.

남송시

중흥기의 시

59 소 덕 조 蕭德藻

소덕조는 민청閩淸(복건성에 있음)사람이고 소흥 21년(1151) 진사가 되어 건도乾道연간에 오정현烏程縣(절강성 호주湖州)현령縣令을 지낸 적이 있다. 남송의 유명한 시인 양만리楊萬里는 그의 시를 높이 보아 흔히 남송 사대시인四大詩人으로 지목되는 우모尤袤, 육유陸游, 범성대范成大와 자기 자신 중 자신을 빼고 소덕조를 넣어 '근대의 풍風과 소騷체 네 명의 유명시인近代風騷四詩將'이라 칭한 바 있다. 그가 본 소덕조시의 장점은 '공교한 맛工致'인데 소덕조는 시를 짓는데 있어서 독서의 중요성을 잘 알고 있었지만 그것을 시구에 남용하는 것은 반대하였기에 공교하기는 해도 읽기에 어렵지 않은 시를 썼다.

(술을 마시고) 악양루에 올라

(발길 닿는 대로 태고의 땅에 왔다가
또 악양루에 올랐네.)
창망히 멀리 떠나지 못하더니
실로 하염없이 노닐게 되었네.
삼 년 동안 야랑의 나그네로 떠돌다가
한 척의 배로 동정호의 가을을 맞이하여
백로 날아간 곳에서 싯귀 얻고
하늘에 닿은 산 바라다보네.
그래도 경치를 다 감상하지 못한 듯하여
다시 악양루에 오른다네.

(飮酒) 登岳陽樓

(信脚到太古　又登岳陽樓)

不作蒼茫去	眞成浪蕩游
三年夜郎客	一舵洞庭秋
得句鷺飛處	看山天盡頭
猶嫌未奇絕	更上岳陽樓

해설

이 시는 본래 8구의 율시로 기록되어 전하나 양만리楊萬里의 《성재시화誠齋詩話》에서는 앞에 두 귀를 덧보태고 제목도 〈음주飮酒〉라 하였다. 첫 구가 율시의 성률에 맞지 않고 2구가 끝 구와 중복되는 내용이라 잘못 첨가한 것이 아닌가하는 의심을 받고 있는데 앞의 두 구가 없어도 전체 시에 아무 문제가 없지만 두 귀를 덧보태어도 또한 무리가 없다. 오히려 시의 의미상으로 볼 때 앞의 두 구가 있음으로 하여 작자가 삼년간 먼 야랑夜郎에서 나그네로 있다가 호남성 동정호가에 있는 악양루에 오르게 된 시간적 공간적 반경이 잘 드러난다. 야랑은 호남성 서쪽 귀주성貴州省과 접경한 현재의 지강芷江지역으로 전하는데 그곳에서 나그네 생활을 하며 창망히 멀리 떠나기를 고대하다가 실컷 호수를 유람하게 된 것이다. 끝구는 이 같은 〔浪蕩游〕를 더 빛내주는 악양루의 존재를 언급함으로써 악양루에서 바라본 경치를 주로 읊은 시들에 비해 작자의 공간적 시간적 움직임이 잘 드러나고 있다.

부유초의 시에 차운하여

대나무 밑 귀뚜라미 실컷 울어대더니
울타리 안에 가을을 불러 들였네.
이렇게 오래 더운 여름 지내고도
시 빚을 갚지 않는다면 면목이 있겠는가?
애간장은 괴로이도 세상과 어긋나는데
바위산 골짜기는 빨리 돌아오라 재촉하네.
팔월에 배를 띄워 날듯이 가서
갈대꽃 숲 너머 푸른 산 헤어보리.

次韻傅惟肖

竹根蟋蟀太多事　　喚得秋來籬落間
又過暑天如許久　　未償詩債若爲顏?
肝腸與世苦相反　　巖壑嗔人不早還
八月放船飛樣去　　蘆花叢外數青山

해설

이 시는 작자의 벗으로 당시에 청강현淸江縣(강서성에 속함)태수를 지냈던 부유초傅惟肖의 시에 차운次韻한 시이다. 부유초의 시가 어떤 주제의 것인지는 알 수 없지만 아마 이 시는 오랜 동안 끌다가 답장삼아 보낸 시인 듯하다. 당시 작자는 오정현烏程縣(절강성에 있음) 현령縣令직에 있었는데 세상과 어긋나는 일이 많아 은거하고 싶은 심경을 읊었다. 7구의 바위산 골짜기가 돌아오라 성내고 있다고 생각한 것이라든가 '날듯이 가서' 등의 표현은 그 간절한 마음을 잘 나타낸다.

60 왕 질 王質

왕질(1127~1189)은 원적이 운주鄆州(산동성 동평東平)인데 흥국興國(강서성에 있음)에 옮겨가 살았다. 소흥 30년(1160) 진사가 되었고 추밀원樞密院의 편수관編修官 등 직을 지냈다.

산길에서 즉흥적으로 읊음

푸른 하늘에 떠 있는 구름
몰려다니며 비 내릴 듯 말 듯하더니
연꽃에 내리는 비 옷을 적시고
마름풀에 부는 바람 소매를 시원케 하네.
시끄러운 까치소리 속에 해 돋아나고
갈매기는 잔잔한 파도 스치며 좋아하는데
산 빛은 아무 말 않지만
삼일간의 취기 깨어나게 하는구나.

山行卽事

浮雲在空碧　　來往議陰晴
荷雨灑•衣濕　　蘋風吹袖淸
鵲聲喧日出　　鷗性押波平
山色不言語　　喚醒三日酲•

쇄灑 물 뿌리다.　**정**酲 술병 정, 술 깰 정.

해설

이 시는 산과 물을 지나며 즉흥적으로 감회를 읊은 시이다. 첫 두 구에서 구름들이 의논하는 듯하다고 한 표현은 의론적 경향이 짙은 송시의 시각을 보여준다. 섬세한 관찰로 갑작스럽게 비 지나간 뒤의 산수의 풍경을 그려내었고 끝 두 구에서는 총괄하여 청량한 산 빛이 씻은 듯이 취기를 가시게 한다고 하였는데 산에 도취하여 술에서 깨어났다는 것은 재기 있는 표현이라 하겠다.

61 육 유 陸游

육유(1125~1210)는 월주越州 산음山陰(절강성 소흥紹興)사람이고 소흥 24년(1154) 진사시에 응시했는데 성적은 좋았으나 재상 진회秦檜가 싫어하여 낙방시켰다. 효종孝宗초에 진사출신을 하사받아 진강鎭江, 융흥隆興, 기주夔州 등지의 통판通判직을 역임했다. 사천성四川省 선무사宣撫使(변방에 교전이 있을 때 파견되는 장군) 왕염王炎의 군막에서 군 생활을 하였고 사천성 제치사制置使(변방 몇 도道의 군사업무를 통괄하여 담당함) 범성대范成大의 막부에서 참의관參議官으로 임직하기도 하였다. 언행이 예법의 구속을 벗어나는 호방한 기질이 있어 스스로 호를 방옹放翁이라 하였다.

평생 동안 만여 수首에 가까운 시를 지었으므로 의도적으로 뜻을 내걸고 짓거나 자구字句가 중복되는 경우도 많지만 잘된 작품들도 많아서 남송의 '중흥사대시인中興四大詩人' 중의 한사람으로 꼽힌다. 어려서부터 전란을 겪고 애국사상이 깊었기에 그의 시는 우국우민의 정서를 기본적으로 드러내는데 문필가로서 뿐 아니라 실제 종군에 참여하였으므로 적극적인 기상이 뚜렷하다.

남송시인들은 대부분 가까이로 북송 강서시江西詩의 영향을 많이 받았는데 그는 멀리 이백, 두보, 백거이 등 당나라시인들의 영향과 함께 강서시에 있어서는 주로 남도南渡무렵의 여본중呂本中, 증기曾幾 등의 이론에서 많은 계발啓發을 받아 강서시의 폐단인 '시법詩法의 구속'을 벗어나는 〔활법活法〕을 터득한 시를 많이 썼다. 이 같은 면은 강서시풍을 돌파한 면이라고 볼 수 있는데 그에 앞선 진여의의 시에서 이미 황정견·진사도시와는 다른 풍성한 맛이 있는 시가 창작되었기 때문에 가능해진 결과라고도 볼 수 있겠다.

밤에 병법서를 읽으며

외로운 등불 서리 내린 저녁 밝히는데

궁벽한 산에서 병법서를 읽네.
평소 만 리를 평정하려던 마음으로
창 들고 임금 앞에서 달렸지.
전사하는 것이 선비의 상사이나
처자식 지키게 되니 수치스럽네.
공을 이루는 것은 운을 만나야 하는데
미루어 생각하건대 절로 멀어진다.
언덕의 연못엔 굶주린 기러기 울고
세월은 가난한 선비 괴롭히네.
거울 속의 얼굴을 탄식하노니
어찌하면 길이 윤택한 피부 간직할까?

夜讀兵書

孤燈耿霜夕　窮山讀兵書
平生萬里心　執戈王前驅
戰死士所有　恥復守妻孥
成功亦邂逅　逆料政自疏
陂澤號飢鴻　歲月欺貧儒
嘆息鏡中面　安得長膚腴

해설

이 시는 작자가 진사시험에 무고하게 낙방한 후 고향 산음山陰(소흥紹興)으로 돌아와 때를 기다리던 소흥紹興 26년(1156)의 작품이다.

서리 내리는 가을 저녁 심산에서 홀로 병서兵書를 읽으며 공을 세우고자 했던 기개를 꺾고 집을 지키는 신세가 되었지만 언젠가는 시기가 올 것이라고 낙관하는 점이 긍정적이다. 9・10구는 빈궁기가 강해 가도賈島・진사도陳師道 등의 시에서 보이는 '한寒' '수瘦'의 분위기가 전해지지만 곧 이어 거울을 들여다보며 신수가 훤한 모습을 보전하려고 바라는 점에서 역시 그런 낙천성이 느껴진다.

부교를 건너 남대에 가 봄

객지생활에 다병하여 산에 오르는 것 그만두었는데
남대 좋다는 말 듣고 한 번 찾아가니.
성난 파도 위에 아홉 궤도의 다리 흔들거리는데
큰 강물 한가운데 천 척의 배 가로 놓은 것이라네.
절 누각의 종소리는 황혼을 재촉하는데
촌락을 덮은 구름안개 예와 다름없네.
백발이 되었어도 호걸의 기운 있어
용나무 그늘 아래 취하여 피리 부네.

度浮橋至南臺

客中多病廢登臨　　聞說南臺試一尋
九軌徐行怒濤上　　千艘•橫系大江心
寺樓鐘鼓催昏曉　　墟落雲烟自古今
白髮未除豪氣在　　醉吹橫笛坐榕•陰

소艘 배.　**용**榕 용나무.

해설

이 시는 소흥 29년(1159) 육유가 복주福州(복건성福建省에 있음)의 형사문제를 담당하는 사리참군司理參軍직에 임명된 후 그곳에서 지은 시이다. 남대南臺는 복건성의 남쪽 아홉 리 되는 곳에 있었는데 '부교浮橋'라는 배를 연이어 만들어 놓은 다리를 건너 그곳에 가 본 소감을 적은 것이다.

부교浮橋는 복주시福州市 민강閩江에 있었던 옛 다리인데 본래 이름은 '만수교萬壽橋'이고 송대에는 배를 잇대어 다리로 삼았던 것을 원元대에는 돌다리로 바꾸었다한다. 복주에서 남대南臺 사이에는 폭이 삼 리 되는 강이 있어 건너기가 어려웠기 때문에 북송 원우元祐8년, 배를 만들어 다리로 삼았다. 북쪽 항구 오백 자 거리에 배 이십 척을 놓았고 남쪽 항구 이천오백 자의 거리에 배 백 척을 가로로 이어 놓았다. 배 위에다 판자를 펴고 거기에 난간을 만들었는데 그 넓이는 열 두 자였으며 문을 만들어 다니기 쉽게 하였다. 좌우에는 등나무 닻을 달아 다리가 반듯하도록 하였고 출발지와 중앙, 도착지점에 돌기둥 열여덟 개를 세워 묶어 놓음으로써 바람이나 비에 피해를 입지 않게 대비하였다 한다.

작자는 이처럼 독특한 다리를 건넌 후 호탕한 기운으로 용나무 아래에서 취하여 피리를 분다고 하였는데, 5·6구에서 비록 이역異域의 풍물이지만 그래도 변함없이 시간을 알리는 절의 종소리, 촌락을 두른 구름은 예나 지금이나 여전하다는 본 것은 앞에 나온 구양수의 〈춘일서호기사법조가春日西湖寄謝法曹歌〉 시에서 〔異鄕物態與人殊, 惟有東風舊相識〕라 한 것과 비교해 볼 만하다.

가을 밤 독서를 하다가 매번 이경을 알리는 북소리가 들리면 끝마침

용렬한 썩은 선비로 뛰어난 점 없음이 한탄스러우나
남겨진 책들이 나를 기만하지 않음을 기뻐하네.
무정히도 백발은 노경을 재촉하지만
푸른 등 켜고 독서하자니 어릴 때와 같네.
높다란 오동나무에선 잎사귀 떨어지는 소리 서늘함을 전해오고
둥둥 울려오는 종소리 잠들 시간임을 알리네.
길어가는 가을밤에 주린 배 채우고픈 것은
한 잔의 산 약초에 옥 싸라기 넣은 것.

秋夜讀書, 每以二鼓盡爲節

腐儒碌碌˙嘆無奇　獨喜遺編不我欺
白髮無情侵老境　青燈有味似兒時
高梧策策˙傳寒意　疊鼓冬冬迫睡期
秋夜漸長飢作崇　一杯山藥進瓊糜˙

록록碌碌 평범하여 쓸모가 없는 모양. 碌은 자갈땅 록, 용렬할 록. **책책**策策 나뭇잎이 떨어지는 소리. 策은 잎 떨어지는 소리. **경미**瓊糜 붉은 옥으로 만든 싸라기 죽. 瓊은 붉은 옥, 糜는 싸라기.

해설

이 시는 건도乾道 원년(1165) 융흥隆興(강서성 남창南昌)에 통판通判직으로 부임하여 지은 시이다. 육유는 평생 책을 손에서 떼지 않고 독서를 습관화하였는데 이 시는 그러한 모습을 일기처럼 기록하여 전해준다.

산의 서쪽 마을에 놀러가서

농촌의 섣달에 담근 술 탁하다 웃지 마시오,
풍년이라고 객 붙드는데 닭고기 돼지고기 풍성하다.
산 깊고 물 겹쳐 길이 없나 하였더니
버들 우거지고 꽃 환한 한 동네가 나왔네.
피리 불고 북치며 노니는 모습 봄 제사가 가까웠고
간소하고 소박한 옷 고풍이 남아있네.
앞으로도 달빛 타고 놀러 와도 좋다면
지팡이 짚고 아무 때나 밤 대문을 두드리리.

游山西村

莫笑農家臘酒渾　豊年留客足鷄豚
山重水復疑無路　柳暗花明又一村
簫鼓追隨春社近　衣冠簡朴古風存
從今若許閑乘月　拄杖無時夜叩門

해설

이 시는 건도 2년(1166) 주전파 장준張浚의 북벌을 지지하였다가 투항파에게 탄핵받고 면관된 뒤, 고향 산음山陰으로 돌아와 있을 때 지은 시이다. 당시 작자는 조그만 호숫가의 삼산三山에 살고 있었는데 산서촌山西村은 이 삼산 서쪽의 촌마을을 가리킨다.

첫 구는 작자를 환영한 농가에서 직접화법으로 정다운 말을 건넨 것처럼 쓰였다. 3・4구는 앞에 나온 진관秦觀의 시구〔菰蒲深處疑無地, 忽有人家笑語聲.〕구절과 진사도의 시구〔마을에 연이은 버들은 녹음이 짙고 땅에 떨어진 꽃은 붉게 밝네. 綠暗連村柳, 紅明委地花.]와 같은 구절에서 구법을 응용하여 그 마을을 발견하게 된 과정을 그렸다. 그 깊은 산 속의 꽃 핀 마을엔 북치고 피리 불며 입춘 무렵의 봄 제사 맞이로 흥겨운 분위기에다 사람들의 옷차림은 소박하면서도 고풍스런 맛이 있다고 하였는데 이 같은 표현은 짧은 구절 속에 동진東晋 때 도연명陶淵明이 〈도화원기桃花源紀〉에서 산 속의 이상향을 그린 것과 같은 경계境界를 그려내었다고 할 수 있다. 끝 구절 역시 촌마을 사람들에게 정이 넘치는 인사말을 직접화법으로 표현한 것으로 볼 수 있다.

황주에서

오그린 모습 초나라 죄수 같아 슬픈데
제나라 악공같이 떠도는 신세 탄식하네.
강물소리는 끝이 없는 영웅의 한이요,
하늘의 뜻 공평하여 초목에 낙엽지네.
만 리에 떠도는 시름 백발을 더하는데
추운 날 한 척 돛단배로 황주를 지나네.
적벽이 종내는 옛 자취가 된 것을 보시라,
자식 낳은 것이 어찌 손권과 같아야 할 필요 있으랴?

黃州

局促常悲類楚囚　　遷流還嘆學齊優
江聲不盡英雄恨　　天意無私草木秋
萬里羈愁添白髮　　一帆寒日過黃州
君看赤壁終陳迹　　生子何須似仲謀?

해설

이 시는 건도 6년(1170) 산음山陰을 떠나 기주夔州(사천성 봉절현奉節縣)통판직으로 부임해 가다가 황주黃州(호북성 양자강 북안)를 지날 때 지은 시이다. 첫 두 구는 고사故事를 써서 작자의 신세를 표현했는데 '초수楚囚'는 《좌전左傳・성공成公9년》에 나오는 남쪽 지방의 관을 쓰고 묶여있는 정鄭나라에서 바친 초楚나라 죄수의 이야기를 쓴 것으로 자기 자신을 얽매이고 초라한 모습으로 그렸다. '齊優'는 제齊나라 사람이 노魯나라에 보낸 여자악공을 가리키는데 공자는 노나라가 이로 하여 향락에 빠질 것이라 보고 관직을 사양하고 떠났다 하니 여기서는 자기 자신의 신세가 그처럼 우스꽝스럽다고 본 것이다.

황주는 호북성 동쪽 양자강 북안에 있는데(즉 황강黃岡) 소식은 그곳의 적비기赤鼻磯를 적벽赤壁으로 생각하고 〈적벽부赤壁賦〉를 읊은 바 있다. 동한東漢 건안建安13년 조조曹操는 손권의 오吳나라를 공격하였으나 손권이 주유周瑜와 제갈량諸葛亮의 연합군으로 적벽의 전투에서 조조를 대격파시켰다. 3구는 그때의 영웅다운 전투를 회상한 것이다. 4구는 강물처럼 변함없이 순환하는 자연을 그렸는데 구양수의 〈풍락정소음豐樂亭小飮〉 시에서 〔조화는 무정히도 가리지 않고 찾아와 봄빛이 이미 깊은 산에 이르렀네. 造化無情不擇物, 春色已到深山中.〕라 한 것과 비교해 볼만하다.

끝 두 구 역시 적벽赤壁의 전투에서 조조가 잘 정돈된 손권의 군대를 보고 '자식을 낳으면 응당 손권 같이 해야 한다'고 칭찬했으나 조조의 군대는 적벽의 전투에 패하여 물러났다. 이 구절은 아마 손권의 군대가 조조의 군대

를 대패시켰지만 그 옛 자취는 사라지고 없으니 손권의 공 또한 세월 속에 무상하여졌다고 느낀 것인 듯하다. 즉 작자는 자기 자신을 손권에 비유하여 황주에서 옛적의 적벽의 전투를 상기하고 영웅다운 기개를 펼치고픈 꿈을 꾸면서도 한편 결국은 허망하다고 탄식한 듯하다. 이 같은 시는 주제와 전개가 그런대로 되었지만 첫 두 구와 끝 결구의 표현이 좀 생경하고 돌연한 감이 있어 강서시의 영향을 볼 수가 있다.

검문관 가는 길에 가랑비를 맞으며

정별 길의 옷 위엔 먼지와 술 자국 어지럽고
멀리 떠도는 길은 어디고 넋을 잃게 하네.
이 몸이 시인이라고 할 수 있는지?
가랑비속에 나귀타고 검문관에 들어서네.

劍門道中遇微雨

衣上征塵雜酒痕	遠游無處不消魂
是身合是詩人未?	細雨騎驢入劍門

해설

이 시는 건도 8년(1172) 11월 성도부로成都府路 남정南鄭(사천성四川省너머 섬서성陝西省에 있음)에 있던 왕염王炎의 막부에서 인근지역의 안무사참의관安撫司參議官직으로 옮겨 가게 되었는데 길이 검문劍門을 지날 때 지은 시이다. 검문은 검문산劍門山으로 사천성 동북쪽에 있는데 연이은 산봉우리 속에 좁은 길이 문처럼 나 있어 검문이라 하며 당나라 때에는 검문관이라 하여 사천성 북쪽의 관문으로 삼았다. 육유는 칠언절구시에 뛰어난 편인데 이 시는 그중의 수작으로 꼽힌다. 사천성은 비록 서쪽에 치우친 곳이지만 당송대에 유명한 시인들이 머물었던 곳이기도 하다.

또한 시인과 나귀의 관련도 많은데 가까이로 앞에 나온 소식의 〈화자유면지회구和子由澠池懷舊〉시에서 아우 소철과 절름거리는 나귀를 타고 고생스럽게 면지澠池에 갔던 것을 회상한 구절과 의미상 연관성이 있다. 즉 면 부임지로 가랑비속에 터덜터덜 나귀타고 가는 자신의 모습과 소식이 부임지로 가는 진흙길 속의 기러기 발자국에서 인생길을 떠올렸던 것은 같은 지경이라고 할 수 있다. 3구의 경우 끝 글자가 〔未〕로 된 판본도 있는데 자기 자신을 시인의 끄트머리라고 낮춰 본 뜻이라기보다 소식의 〔往日崎嶇還記否? 路長人困蹇驢嘶〕에서와 같이 반어적 의문의 뜻으로 쓴 것으로 보아 〔未〕로 보는 것이 좋을 듯하다. 소식의 시와 비교해 볼 때 짧은 네 구절 속에 많은 의미를 함축해 낸 것이 특징이라 하겠다.

삼월 십칠 일 밤 취중에 지음

재작년에 동쪽 바다에서 고래를 잡아 회쳐 먹을 때
산 같은 흰 파도에 호걸의 기개 떨쳤지.
작년에 가을 든 남산에서 호랑이 쏠 때엔
밤길에 쏟아지는 눈 담비 가죽옷에 가득했지.
올해는 초췌해져 가장 우스우니
흰 머리 창백한 얼굴 거울에 비추기 부끄러운데.
술기운에 아직도 호탕해질 줄 뉘 알았으리오?
모자도 쓰지 않고 때때로 크게 떠드네.
오랑캐 멸하지 못해 마음 편치 않으니
침대곁의 외로운 검 쟁쟁히 울리네.
꿈에서 깨어보니 초라한 역참의 등불 꺼져 가고
창문 때리는 비바람 속에 삼경이 되었네.

三月十七日夜, 醉中作

前年膾鯨東海上　白浪如山寄豪壯
去年射虎南山秋　夜歸急雪滿貂裘•
今年摧頹最堪笑　華髮蒼顔羞自照
誰知得酒尙能狂?　脫帽向人時大叫
逆胡未滅心未平　孤劍床頭鏗•有聲
破驛夢回燈欲死　打窓風雨正三更

초구貂裘 돈피로 만든 갖옷. **갱**鏗 금석소리 갱.

해설

이 시는 건도 9년(1173) 촉주蜀州(사천성에 있음)의 통판通判직을 맡고 있을 때 볼 일이 있어 사천성 경내의 성도부成都府로 가는 길에 역참에서 지은 것이다. 첫 두 구는 복주福州에 있을 때 바다교전에서의 호걸스러웠던 일을 적었고 그 다음 두 구에서는 섬서성陝西省의 종남산終南山에서 기개를 떨쳤던 것을 회상하였다. 그러한 기개가 남아 6구에서와 같이 장수의 검기劍氣를 느끼게 하는 구절을 썼다. 끝 두 구는 소슬한 여로의 객수를 읊었는데 '破', '死', '打' 등의 글자는 역시 시의 분위기에 맞게 강한 느낌을 주는 표현이다.

초성

강가의 황량한 성엔 원숭이 새소리 슬픈데
강 건너가 바로 굴원의 사당이라네.
천오백년 간 있었던 일 중
오직 강물 소리만이 예와 같구나.

楚城

江上荒城猿鳥悲　　隔江便是屈原祠
一千五百年間事　　只有灘聲似舊時

해설

이 시는 순희淳熙5년(1178) 조정의 부름을 받고 사천성 성도成都를 떠나 양자강을 따라 동쪽으로 돌아올 때 길이 귀주歸州(양자강 물줄기가 굽이쳐 흐르는 물길이 험난한 삼협三峽 근처에 있음)에 이르러 느낀 감회를 쓴 시이다. 초성楚城은 초楚나라의 시원지始原地에 지은 왕성으로 귀주歸州 동남쪽의 자귀秭歸현에 있는데 그곳에서 다섯 리 떨어진 곳에 초楚나라 애국시인 굴원屈原의 사당이 마주보고 있다.

이 시는 영사시咏史詩의 일종으로 황량한 외진 강가에서 전국시대의 굴원屈原을 추억하며 그 애국의 정이 면면히 계속됨을 읊은 것으로 남송이 중화

문화의 줄기임을 재차 확인하고 있다. 3구에서 일필휘지로 일곱 글자를 써서 시간의 길이를 표현한 것이 이채롭다.

5월 11일 밤이 반쯤 되었을 때, 꿈에 황제의 수레를 따라 몸소 정벌에 나서 한나라 당나라의 옛 땅을 모두 수복하였다. 성읍의 사람들과 풍물이 번화함을 보았는데 서량부 땅이라고 하였다. 매우 기뻐 곧 장편시를 짓다가 다 짓지 못하고 깨어났기에 마저 완성한다.

당나라 현종 때 오랑캐 군대가 두 도읍지를 점령하여
신강성 안서지방엔 천자의 진영 없어졌네.
오백년간 내버려 두었던 곳을
성스런 효종께서 조서 내려 친히 정벌 떠나니
방울 단 천자의 수레 수백만 무장한 군사 뒤따라
옛 땅에 격문 전하고 함락시키는 것 어렵지 않네.
변방 끝에 성을 쌓고 새로운 계획 세우며
별궁에 의장 배열하고 대사면을 선포하네.
눈 끝닿은 곳 산봉우리 한나라 때부터의 산천이요
문서에는 새로이 순희년이라 써 넣네.
수레 앞의 천자의 군대 금빛 갑옷 어지럽고
가을바람 속 북과 호각소리 하늘에 가득하네.
목숙봉 앞엔 금나라 군대의 장막 다 없어지고
교하에는 평안을 알리는 등불 밝혔네.
수도였던 변경의 높은 누각에는 여자들 가득한데
머리모양 이미 금나라 사람들 모양이라네.

五月十一日夜且半, 夢從大駕親征, 盡復漢唐故地, 見城邑人物繁麗, 云西涼府也. 喜甚, 馬上作長句, 未終篇而覺, 乃足成之.

天寶胡兵陷兩京　　北庭安西無漢營
五百年間置不問　　聖主下詔初親征
熊羆•百萬從鑾駕•　　故地不勞傳檄•下

築城絕塞進新圖	排仗行宮宣大赦
岡巒極目漢山川	文書初用淳熙年
駕前六軍錯錦繡	秋風鼓角聲滿天
苜蓿峰前盡亭障	平安火在交河上
凉州女兒滿高樓	梳頭已學京都樣

비羆 큰 곰.
란가鑾駕 임금의 수레. 鑾은 방울 란. 네 필의 말 재갈에 여덟 개의 방울을 달았음.
격檄 격문, 격서. 급히 군대를 일으키거나 또는 세상사람들의 홍분을 일으키기 위해 발표하는 글.

해설

이 시는 순희 7년(1180) 강남서로江南西路에 있는 무주撫州(강서성 임천臨川)에서 도내道內의 다염사茶鹽司 상평관常平官직을 지낼 때 지은 시이다. 평소 북벌하여 중원 땅을 되찾기를 염원하였던 작자는 꿈속에서 멀리 서북방으로 출정하여 잃었던 옛 땅을 되찾은 기쁨을 시로 지어 기록하였다.

작자는 '정강지화靖康之禍(1127)'를 당하기 2년 전에 출생하여 줄곧 남송인으로 생장하였기에 직접 중원 땅을 접한 것이 아니라 서적과 전하는 말들을 통해 옛 땅을 그린 셈이다. 비록 상상을 통해 그린 것이기는 하나 국토회복에 대한 기쁨의 표현이 활기차게 표현되었다. 그러나 끝 두 구는 송나라 땅 여인들이 여진족 금나라의 통치하에 그 문화의 영향을 받아 머리모양을 여진족스타일로 하고 있는 것을 한탄하였으니 수복을 기뻐한 꿈이기는 하지만 현실과 관련하여 볼 때 더 늦어져서는 안 된다고 여기는 작자의 평소의 안타까운 마음을 반영하였다고 하겠다.

작은 동산에서

작은 동산의 안개 같은 풀 이웃집에 이어졌고
뽕나무 산뽕나무 비스듬한 길에 그늘 드리웠네.
누워서 도연명의 시 다 읽다말고
다시 가랑비 속에 오이 밭 솎으러 가네.

小園

小園烟草接鄰家　　桑柘•陰陰一徑斜
臥讀陶詩未終卷　　又乘微雨去鋤瓜

자柘 산뽕나무.

해설

이 시는 순희淳熙8년(1181) 행동거지에 있어 문제가 많다는 이유로 관직에서 파면되고 농촌에 머물며 지낼 때 지은 4수의 조시組詩중 한 수이다. 나머지 작품들이 전원시의 내용에 세간에서 겪었던 풍상을 섞어 쓴 것에 비해 이 시는 전원생활만을 읊은 전형적인 전원시로서 범성대范成大의 〈사시전원잡흥四時田園雜興〉시와 같은 풍격을 보인다.

울분을 적음

젊어서 어찌 세상일 어려운 줄 알았으랴?
북쪽으로 중원 땅 바라보며 기세가 태산 같았지.
밤 눈 내리는 속에 누선타고 양자강의 과주를 건넜고
가을바람 속에 철마타고 대산관을 지났지.
변방의 장성이라고 자부한 것 헛되었고
거울 속엔 쇠한 머리털 이미 반백 되었네.
제갈량의 출사표 세상에 유명하나
천 년 뒤 누가 나와 백중을 가리겠는가?

書憤

早歲那知世事艱　　中原北望氣如山
樓船夜雪瓜洲渡　　鐵馬秋風大散關
塞上長城空自許　　鏡中衰鬢已先斑
出師一表眞名世　　千載誰堪伯仲間?

해설

이 시는 순희13년(1186) 고향 산음에서 한가로이 지낼 때 지은 작품이다.

이미 만년의 노쇠한 몸이 되어 장성할 때 세웠던 전투에서의 공을 되새긴 시인데 끝 두 구절은 자신의 기백을 제갈량諸葛亮에 비교하여 자랑스럽게 여긴 것이다. 이러한 시들은 애국심과 함께 장수로서의 기개를 느끼게 하는 육유시의 한 전형이라고 할 수 있다.

임안에서 봄비 개였을 때

세상사는 맛 연래에 비단처럼 엷어졌는데
누가 말 타고 수도에 와 객지생활 하게 했나?
작은 누각에 밤새 봄비소리 들리는데
깊은 골목엔 내일 아침 살구꽃 팔겠지.
작은 종이에 휘갈겨서 한가로이 초서 써보고
맑은 창가에서 차를 다려 흰 포말 희롱하네.
흰 옷에 먼지바람 인다고 탄식 말리라,
청명절에 닿게 고향에 돌아가리니…

臨安春雨初霽

世味年來薄似紗　　誰令騎馬客京華?
小樓一夜聽春雨　　深巷明朝賣杏花
矮紙斜行閑作草　　晴窓細乳戲分茶
素衣莫起風塵嘆　　猶及淸明可到家

해설

이 시는 순희13년(1186) 종오품상從五品上에 해당되는 조청대부朝請大夫의 직위로 엄주嚴州(절강성 건덕建德)를 다스리게 되었는데 그러한 부름을 받고 수도 임안臨安(지금의 항주杭州)으로 갔을 때 지은 시이다. 첫 두 구는 앞에 나온 양억楊億의 〈한무漢武〉시에서 동방삭의 고사를 써서 〔待詔先生齒編貝, 忍令索米向長安.〕이라고 인재등용이 고르지 못한 것을 풍자한 것과 비슷한 의미에서 쓰였는데 이 경우는 노쇠한 탓으로 관직을 구하면서도 적극성이 덜해진 자기 자신을 풍자하였다고 볼 수 있다.

3・4구는 앞에 나온 진여의의 〈懷天經・智老, 因訪之〉 시의 〔客子光陰詩卷裏, 杏花消息雨聲中.〕의 경계와 같이 시절의 변화를 읊었다. 5・6구는 한가한 틈을 타서 취미생활을 즐기는 재미를 썼는데 〔分茶〕는 송대에 유행했던 다도茶道의 한 가지로 단순히 끓여 마시는 차가 아니라 복잡하게 기교를 부려 마시는 차이다. 예를 들면 둥근 전병 모양으로 만들어 끓는 물을 붓고 솔로 털면 표면의 무늬가 산수나 구름, 꽃과 새, 벌레등 각종 모양을 이루어낸다. 6구는 바로 이렇게 차를 다려 각종 무늬를 희롱하는 것을 읊은 것일 것이다. 이처럼 한가로운 정취를 읊은 시는 육유시의 다양한 풍격을 보여주는 면이라 하겠다.

가을밤 날이 밝으려 할 때 울타리 문을 나서 서늘한 공기 속에서

삼 만 리 황하강물 동으로 바다에 들고
오 천 척 높은 태산 하늘에 닿는데
오랑캐 먼지 속의 유민들 눈물 다한 채
남쪽으로 천자의 군대 기다리며 또 한 해를 보내겠지.

秋夜將曉, 出籬門, 迎凉有感	
三萬里河東入海	五千仞岳上摩天
遺民淚盡胡塵里	南望王師又一年

해설

이 시는 소희紹熙 3년(1192) 가을 고향에서 지은 시인데 모두 2수 중 제1수는 작자 자신의 노쇠한 감회를 읊었지만 이 제2수는 장대한 중원 땅을 상상하며 유민들의 슬픔을 거두게 하지 못하는 것에 대한 유감을 토로했다. 1・2구의 거침없는 큰 스케일의 표현은 상상의 경계에 애국의 감정을 잘 이입하여 만년의 육유 시에서도 여전한 기상을 느끼게 한다.

침원에서

꿈 끊기고 향기 사라진 지 사십 년

침원의 버들도 늙어 버들 솜 날리지 않네.
이 몸은 장차 회계산의 흙이 되려하는데
여전히 남긴 자취 애도하며 눈물 줄줄 흘리네.

沈園

夢斷香消四十年　　沈園柳老不吹綿
此身行作稽山土　　猶弔遺踪一泫然

해설

이 시는 경원慶元5년(1199) 고향 산음에 있을 때 지은 시이다. 침원沈園은 절강성 소흥紹興 우적사禹迹寺의 남쪽에 있는데 육유는 이곳에서 모친의 반대로 헤어졌던 전처 당씨唐氏를 만난 적이 있다. 육유는 그때 사詞를 한 수 지어 우적사禹迹寺의 벽에 썼는데 사십여 년 뒤 다시 침원沈園에 와서 당씨를 추억하며 이 시를 쓴 것이다. 모두 2수 중 제2수인데 제1수가 완곡한 애상의 느낌을 주는데 비해 이 작품은 육유시의 보편적 특징인 강한 기세를 담고 있어 영사시咏史詩에 가까운 느낌을 준다.

자식에게

죽으면 만사가 그만이라는 것 알지만
온 천하가 통일 되는 것 못 봄이 슬프도다.
천자의 군대 북상하여 중원 땅 평정하는 날엔
집안 제사 때 네 아비에게 알리는 것 잊지 말라.

示兒

死去元知萬事空　　但悲不見九州同
王師北定中原日　　家祭無忘告乃翁

해설

육유는 가정嘉定2년(1210)말 고향 산음山陰에서 죽었는데 이 시는 죽기 전에 쓴 절필시이다. 남도南渡무렵 태생으로 남송에서 평생을 살며 국토 수복에 강한 의지를 보였던 작자는 그 꿈을 이루지 못하고 허무한 죽음으로 돌아가게 되었다. 그러나 여전히 중원 땅을 평정하리란 것을 믿고 가족에게 이 같은 당부의 말을 남긴 것이다.

그는 평생 수많은 작품을 썼지만 그 애국심과 기상은 이 짧은 절구시絕句詩로 요약될 수 있다고 하겠다. 네 구절의 형식 속에 인생에 대한 철리哲理와 함께 그래도 잊지 못하는 애국애향심이 죽음 뒤의 일에까지 담겨 있어 그의 필생의 한을 느끼게 해준다.

62 범 성 대 范成大

범성대(1126~1193)는 평강平江(강소성江蘇省 소주蘇州)사람으로 14·5세 때 부모의 상을 연이어 당한 후 외로이 산중에서 십여 년 동안 은거생활을 하였다. 28·9세 무렵 산에서 나와 소흥紹興 24년(1154) 진사에 합격한 후, 휘주徽州의 지방관보좌역인 사호참군司戶參軍, 추밀원樞密院의 편수관編修官, 비서성秘書省의 정자正字, 교서랑校書郎, 저작좌랑著作左郎 등의 직에 임용되었고 건도乾道 5년(1169) 재상 진준경陳俊卿이 추천하여 예부禮部의 원외랑員外郎이 되었다.

건도乾道 6년에는 우윤문虞允文의 추천으로 관각館閣의 자정전대학사資政殿大學士가 된 후 명을 받들고 금나라에 사신 갔는데 금나라사람들의 강포함을 두려워하지 않고 용감히 임무를 잘 마치고 돌아왔다 한다. 뒤에 사천성四川省 성도부成都府 등지에 나가 임직하다가 조정에 돌아와 참정參政직에까지 올랐다. 만년에 사직하고 고향의 석호石湖에서 머물며 지냈으므로 호를 석호거사石湖居士라 한다.

그는 육유陸游, 양만리楊萬里, 우모尤袤와 함께 남송의 중흥 4대시인 중 한 사람으로 꼽히는데 그의 시를 대표하는 것은 금나라에 사신 갈 때 쓴 애국정서를 담은 72수의 절구絕句시와 만년에 쓴 60수의 〈사시전원잡흥四時田園雜興〉시로 특징지어지는 전원시이다. 그러나 역대의 많은 시인들의 시를 배웠으므로 이밖에도 다양한 제재題材와 시세계를 보여준다.

중양절에 홀로 상심정에 올라

누가 이 명절에 하늘 끝에 막혀 있게 하였나?
억지로 수심어린 눈썹 펴 환한 풍물 돌아보네.
해마다 시를 지어 기러기에 부쳤는데
올해엔 술도 없이 노란 국화꽃 마주했네.

유유한 천지의 조화가 해를 기울게 하니
서둘러 누대에 올라, 지는 노을 새기네.
이 몸은 우주 속에 본래 나그네이니
칼 손잡이 튕기며 고향 그릴 필요 없도다.

重九獨登賞心亭

誰敎佳節滯天涯　　强展愁眉管物華
每歲有詩題白鴈　　今年無酒對黃花
悠悠造化占斜日　　草草登臨記落霞
宇宙此身元是客　　不須彈鋏•更思家

협鋏 칼, 칼 손잡이

해설

이 시는 청년기에 지은 비교적 초기의 작으로 양자강・회수淮水 유역 등을 떠돌던 시기에 지어졌다. 객지에서 홀로 중양절을 맞이한 감회를 적었는데 끝 두 구절이 주는 느낌은 인생의 무상함에 통달하고 사향思鄕의 정을 잊으려한 점에서 명절을 노래한 일반적인 시와 다른 점을 보인다.

조세 납부 재촉을 풍자한 노래

조세를 내고 영수증 받았는데 관가에서 다시 재촉하여
이장이 비틀거리며 와서 문을 두드리네.
손에 공문서 들고 성내는 듯 즐거운 듯,
"내 또 한 잔 얻어 마시러 왔다네."
상위에 주먹만한 동전주머니 있는데
엎어 쏟으니 마침 삼백 전이 있네.
"이장님이 실컷 마시기엔 모자라지만
짚신 사 신을 비용은 되겠지요!"

催租行

輸租得鈔官更催　　踉蹌•里正敲門來

手持文書雜嗔•喜　　我亦來營醉歸耳
床頭慳•囊大如拳　　撲•破正有三百錢
不堪與君成一醉　　聊復償君草鞋費

양창踉蹌 비틀거리는 모양. 踉은 천천히 걷는 것, 또는 뛰는 것. **진**嗔 성내다.
간慳 아낄 간, 인색할 간. **복**撲 두드릴 복, 엎드러질 복.

해설

이 시 역시 초기의 작품에 속하는데 작자의 주注에 따르면 중당中唐시인 왕건王建의 악부시樂府詩를 모방하여 쓴 사회현실을 반영한 작품들 중의 하나이다. 왕건은 현실비판적인 악부시와 함께 궁체시宮體詩도 많이 지었는데 이 시의 내용은 현실비판적인 사회시로서 그 언어·품격 등은 악부시, 궁체시와 다소나마 관련이 있다.

대체로 긴 편의 사회시에서 대화형식이 많이 나오는데 비해 이 시는 편폭이 짧은데도 대화형식을 써서 사회비판을 가한 것이 특색이라고 할 수 있다.

변하에서

말라붙은 오십년 전의 변하를 손가락으로 가리키며 둘러보노라니
황제의 배 언제이면 이 마른 강을 평정할까?
변경에 귀환하면 동남쪽의 산물운송이 필요하니
멧대추 팥배나무 그 때까지 번성하지 말지어다.

汴河

指顧枯河五十年　　龍舟早晚定疏川?
還京却要東南運　　酸棗棠梨莫蓊•然

옹蓊 우거질 옹.

해설

이 시는 건도 6년(1170) 여름, 금나라에 사신 갔을 때 느낀 감회를 적은 72수의 조시組詩 중 제2수이다. 변하汴河는 변수汴水로서 북송대의 수도 변경汴京(하남성 개봉開封)에서 상구商邱에 이르는 강인데 동남쪽으로 회하淮河

와 연결되어 당송대唐宋代의 동남 각 지방의 산물들은 이 물길을 통해 수도로 운송되어졌다. 그러나 금나라에 함락된 후로는 이 수로가 없어지게 되었다. 작자의 주에 변하汴河는 사주泗州(회수 남안南岸의 우이盱眙) 이북으로는 모두 고갈되고 초목이 무성해졌다고 하였는데 이때의 변하는 남송의 경계 밖 회수淮水이북을 통칭한 것으로 보인다.

본래 회수淮水는 동쪽 바다로 유입되었는데 북송北宋이래로 황하를 남쪽으로 물길을 터서 회수淮水가 바다로 유입될 길이 침탈되었다. 청나라 때 황하가 다시 북쪽으로 옮겨진 후 회수淮水의 옛 길은 밭두둑이 되었고 바다로 흘러가지 못한 회수淮水물은 홍택洪澤호수에 고이게 되었다고 한다.

작자가 회수淮水이북을 건너고 보니 남도南渡 이후 50여 년 간 고갈된 회수淮水가 과연 남송의 국토가 회복되어 물길이 다시 열리게 될 것인지 알 수 없었고, 그러면 그때 가서 풍요로운 산물을 운송하도록 당분간은 남송에서 생산되는 농산물들이 풍성해지지 말아야 한다고 하였는데 이 같은 생각을 통해 애국심의 깊이를 느낄 수가 있다.

변경의 다리

변경의 다리 남북으로는 도성의 번화가인데
노인네들 해마다 광복군의 수레 돌아오길 기다리네.
눈물 참으며 소리 죽여 사신에게 묻기를
언제이면 정말로 왕의 군대 오게 되나?

> **州橋**
>
> 州橋南北是天街　　父老年年等駕回
> 忍淚失聲詢使者　　幾時眞有六軍來?

해설

이 시 역시 금나라에 사신 갔을 때의 작품인데 주교州橋는 본래 이름이 천한교天漢橋로 변경 궁성의 남쪽에 있었다. 변하汴河 위에 놓인 다리이나 나지막하여 그 밑으로 배들이 통행하지는 않았고 북송대 수도의 어로御路였다. 송나라에서는 북송의 수도 변경汴京을 '변주汴州'라고도 하였으므로 변경에 있는 천한교天漢橋를 '州橋'라고 간단히 칭한 것이다. (장택단張擇端의 〈청명상하도淸明上河圖〉 참조)

이 다리의 주변에는 모두 북송의 수도 변경의 풍모를 남기고 있지만 남송의 유로遺老들은 본국의 수복만을 고대하며 소리 죽여 사신에게 소식을 묻는다고 함으로써 국토상실의 아픔과 수복에의 열망을 표현하였다.

동파의 사당에서

화원방의 상횡당에
동파 선인을 모셔 두었다는 이야기를 듣고
왕년에 행락을 즐기던 곳 보려했더니
군대의 깃발과 철마만이 금빛 휘장 비추네.

東坡祠堂

化原坊裏尙黌•堂　　聞道蘇仙有奉嘗
想見當年行樂處　　牙旗鐵馬照金章

횡黌 글방, 학교.

해설

이 시 역시 금나라에 사신 갔을 때 지은 시이다. 작자는 북송의 대시인 소식의 사당祠堂이 있는 지금의 하북성河北省 정현定縣 지역 화원방化原坊에 가 보았다가 당시에 글월을 읊던 모습은 사라지고 군대의 깃발과 기마병으로 가득한 것을 보았다. 역시 금나라의 침탈로 인한 서글픈 변화를 표현한 것이다.

회동관에서

만 리 멀리 외로운 신하 목숨 경각에 달한 때
이 몸이 어찌 한 방울의 뜬 물거품이겠는가?
한나라 사신의 부절 들고 그와 생사를 함께 하리니
수양이 젖 생산할 때까지 가둘 필요 없다네.

> **會同館**
>
> 萬里孤臣致命秋　　此身何止一漚•浮?
> 提携漢節同生死　　休問羝羊•解乳不
>
> **구**漚 물거품 구, 담글 구. **저양**羝羊 수양.

해설

남송은 1162년 효종孝宗이 제위에 오른 뒤 화의파和議派를 축출하고 주전파主戰派를 등용하여 북벌을 추진하였지만 크게 성공을 거두지는 못하였고 1164년 금나라와의 화의를 통해 군신관계를 국가간의 관계에 가깝게 개선하고 공물貢物을 줄이는 약간의 성과를 거두었다. 그러나 조정에는 계속하여 국토를 회복하려는 의지를 주장하는 인물들이 끊이지 않았고 그 중의 한 사람인 범성대 역시 그러한 의지가 강하였기 때문에 효종에게 사신을 자청하여 비장한 각오로 금나라에 가서 위험을 무릅쓰고 국토의 일부 회수를 희망하는 국서國書를 전달하는 임무를 수행하였다. 이 무렵에 쓴 72수의 조시組詩는 굳센 각오로 떠난 눈에 비친 고국의 옛 땅에 대한 세밀하고 깊은 감회를 잘 표현했는데 그 중 마지막 작품인 이 시는 더욱 자신의 사명에 대한 불굴의 애국의지를 나타내고 있다.

끝 두 구는 전한前漢시대 소무蘇武의 고사를 쓴 것이다. 소무는 흉노에 사신 갔을 때 그곳에 구금되었는데 갈증은 눈을 먹는 것으로, 굶주림은 양탄자를 뜯어 먹는 것으로 버티면서도 손에 한漢나라의 사신의 부절符節(신표)를 쥔 채 당당함을 굽히지 않았다. 흉노에서는 그를 북해北海(북방의 먼 곳, 여기서는 시베리아 바이칼호를 가리킴)의 사람이 살지 않는 황무지로 보내 수양을 기르게 하고는 수양이 젖을 생산해야 풀어주겠다고 하여 소무는 19년이나 갇혀 있다가 한나라로 돌아왔다. 이 시는 그러한 소무의 정신으로 한漢나라, 즉 남송과 생사를 같이하겠다는 견고한 의지를 표현한 것이다.

마흔 여덟 굽이 고개

구부러져 나아가기 어려운 길 마치 변변찮은 벼슬길 같고
눈앞에 기울어진 모양은 사귀기 어렵다는 듯
세상길을 산길에다 비교해본다면
세상길 더욱 심해 천만 굽이라네.

> **四十八盤**
>
> 詰曲•不前如宦拙　　欹傾當面似交難
> 若將世路比山路　　世路更多千萬盤
>
> **힐곡**詰曲 詰屈과 같음. 구부러진 모양.

해설

이 시는 작자가 순희원년(1174) 사천四川지방의 제치사制置使가 되어 부임하러 갈 때 길이 협주峽州(호북성湖北省 서남지방, 삼협三峽이 있는 파동巴東지역)에 이르러 험한 산길을 오르면서 느낀 감회를 적은 것이다.

험난한 산세를 다양한 각도로 인간사人間事에 비유하여 표현하였는데, 끝 두 구는 구식句式상 서호西湖를 월나라 미인 서시西施에 비교했던 소식의 싯귀를 생각케 한다. 내용에 있어서도 인생을 조망하는 시야를 피력한 시들은 소식시의 달관達觀한 경지와 가깝게 생각된다.

눈 내리는 담장밖에 생선과 채소를 파는 소리가 몹시 고달프게 들려 느낀 바를 적음

광주리 들고 뛰어나오느라 감히 한가로울 틈 있으랴?
눈 붙은 정강이 언 수염 추위 참는 것 습관 되었네.
어찌 빗장 걸어놓고 앉아 지낼 줄 모르겠는가?
추위 견디기는 쉬워도 배고픔 참기는 어렵기에.

雪中聞牆外鬻•魚菜者, 求售之聲甚苦, 有感

飯籮•驅出敢偷閒　　雪脛•氷鬚慣忍寒
豈是不能扃•戸坐?　　忍寒猶可忍饑難

육鬻 팔다. **라**籮 키, 광주리. **경**脛 정강이, 종아리.
경扃 빗장 경, 문 경.

해설

이 시는 작자가 만년에 고향 석호石湖에서 은거생활을 할 때, 생선과 야채를 파느라 고생하는 행상을 두고 애민愛民의 정을 읊은 시이다. 첫 구는 진사도의 〈늦게 나오며 晩出〉시에서 〔세속에 부응하려면 감히 질병으로 사양하겠으며, 바람을 헤칠지라도 적게 달리겠는가? 應俗敢辭疾, 衝風寧小驅?〕라 읊은 것을 상기시키는 구절이다. 진사도는 관리로서 하루의 일과를 위해 백금 같은 몸을 꺼리지 않고 추운 겨울 길을 뛰어다닌다고 자신을 한탄하였는데 이 시는 동정적 시각을 가지고서 행상의 노고를 대신 읊었다. 아마도 작자가 어려서 힘든 생활을 이겨내고 뜻을 실현하는 것에 적극적이었던 삶을 살았기에 애민愛民의 정이 두터워진 듯하다.

사시사철의 전원을 틈틈이 읊음 〔四時田園雜興〕

해설

작자는 효종 순희9년(1182) 병으로 관직을 사퇴하고 고향에 돌아가 살았는데 이 무렵 쓴 대표작 〈사시전원잡흥四時田園雜興〉 60수는 《詩經》에서부터 보이는 농민생활을 읊은 전원시의 조류에 도연명류의 농가생활을 이상향으로 삼는 취향의 전원시와 원진元稹의 〈전가사田家詞〉 등에서 보이는 관리의 착취를 비판하는 유의 전원시를 모두 총괄한 새로운 전원시의 의미가 있다고 평가된다.(전종서錢鍾書 《송시선주宋詩箋注》, 장명張鳴 《송시권宋詩卷》 참조)

이 전원시는 순희13년(1186) 병이 좀 나은 후 옛날에 은거생활을 하였던 석호石湖의 농촌에서 생활하면서 그때 그때의 감상을 한 해 동안 적어 모은 것이다. 대부분의 내용은 농가의 실제적인 생활모습인데 작자가 그 속에서 어울려 지냈으므로 농후한 '진흙 향기'가 있다고 평가되기도 한다.(장명張鳴《송시권宋詩卷》) 그의 초기 시에서부터 일관된 현실사회에의 관심이라는 기조를 그대로 유지하고 있지만 그의 인생의 다양한 경험과 노년기의 은일생활의 한적함이 짧은 절구시 형식에 섬세하고도 원숙한 전원시의 정서를 담아내게 했다.

봄날의 전원을 읊음

산언덕의 보리와 밀밭 산을 이어 푸르고
물가의 밭은 푸른 잡초 아직 일구지 않았네.
복사꽃 살구꽃 가득한 마을은 봄빛이 비단 같은데
발로 박자 맞추며 노래 부르고 북 치며 청명절을 보내네.

> **春日田園雜興**
>
> 高田二麥接山青　　傍水低田綠未耕
>
> 桃杏滿村春似錦　　踏歌椎•鼓過清明
>
> **추**椎 쇠뭉치 추, 칠 추.

해설

청명절 무렵의 농가풍경을 묘사했는데 청명절은 동짓날로부터 105일째 되고 춘분으로부터 15일째 되는 음력으로는 3월, 양력으로는 4월 5, 6일경인 한식寒食무렵이다. 한식 때에는 바람이 드세고 비가 많이 오며 풍습상 사흘 동안 불을 때지 않고 엿과 보리죽을 끓여 먹는다.(《형초세시기荊楚歲時記》) 살구 씨를 조림 가공하여 엿을 묻혀 먹는 것이 이때의 풍습이다. 또는 청명절이 곧 한식이라고도 하며 이때에 아이들은 머리에 버들가지를 꽂고 집집마다 묘를 찾아 제사지내고 깨끗이 청소한다. 머리에 버들가지를 꽂는 것은 해독을 제거하기 위해서라 한다. 요遼나라의 풍습에는 이 날을 몹시 중시하여 그네를 달아놓고 하루 종일 즐겨 놀았지만 명明나라 이후로는 그런 풍습이 없어지게 되었다한다.(《연경세시기燕京歲時記》) 후대로 내려오면서 풍습이 달라지거나 중요시되지 않기도 했지만 청명절에는 글자 그대로 깨끗하고 밝다는 본래의 의미가 있다.

첫 두 구에서 높은 곳에 있는 밭에는 보리와 밀이 푸르러졌으나 물가의 낮은 논은 아직 일구지 않고 있다 하였는데 2구의 함축된 의미는 겨울철에 휴경상태였던 벼 밭에 풀이 무성한 것은 경작 시 토양에 퇴비가 되어주어 수확에 유리하다는 것이다. 또한 복사꽃 살구꽃 만개하여 풍년을 예고하니 마을 사람들이 흥겹게 청명절을 맞이하는 것이다.

늦은 봄의 전원을 읊음

호랑나비 쌍 지어 채소 꽃밭에 날아들고
낮은 긴데 농가에는 찾아오는 손님 없네.
닭이 울타리에 푸드덕거리고 개는 들창문에 짖어대니
행상이 차를 사러 온 것을 알겠구나.

晩春田園雜興

蝴蝶雙雙入菜花　　日長無客到田家
鷄飛過籬犬吠竇•　　知有行商來買茶

두竇 들창문 두.

해설

〈사시전원잡흥四時田園雜興〉은 봄, 늦봄, 여름, 가을 겨울 각기 12수로 되어 있는데 봄철을 읊은 시가 비중이 많음을 알 수 있다. 늦봄을 읊은 시들은 밭에는 각종 야채, 채소가 푸르고 논에는 모심기를 하는 등 풍경을 묘사했는데 이 시의 끝 구절에서 차를 사러 행상이 온 것을 읊은 것은 늦봄의 중국 농촌에 흔히 있는 풍경일 것이다. 한적하고 평화로운 느낌을 주나 그 조용함 속에 한편 모심기 하러 나간 농가의 바쁜 풍경이 감추어져 있다고 볼 수 있다.

여름날의 전원을 읊음

낮에는 나가 밭의 김매고 밤에는 실을 잣는데

촌마을의 자녀들도 각기 집안일 맡네.
어린애는 같이 밭 갈고 실 자을 줄 모르지만
뽕나무 그늘 아래서 오이 심는 걸 돕는다네.

> **夏日田園雜興**
>
> 晝出耘田夜績•麻　　村莊兒女各當家
> 童孫未解供耕織　　也傍桑陰學種瓜
>
> **적**績 길쌈, 실을 잣는 것.

해설

여름 풍경을 읊은 시들은 가장 많은 내용이 길쌈, 즉 베짜기에 관한 것인데 이 시 역시 낮에는 밭에 나가 김매고, 저녁에는 길쌈으로 종일토록 바쁜 여름철 농무農務로 하여 농가의 어린아이들도 간단한 일을 돕는다는 협동적인 모습을 그렸다.

가을날의 전원을 읊음

농사일 거의 다 되었어도 어려움 남았으니
비바람 조심해야하고 추위는 더욱 위험하네.
하늘에 글 올려 남은 것 빼어가지 말기를 호소하니
반은 진 빚을 갚아야하고 반은 관청에 내야 한다네.

> **秋日田園雜興**
>
> 垂•成穡•事苦艱難　　忌雨嫌風更怯寒
> 牋•訴天公休掠剩　　半償私債半輸官
>
> **수**垂 거의 수.　**색**穡 거둘 색, 농사 색.
> **전**牋 글 전, 문체이름 전

해설

이 시는 가을 추수에 있어서 어려움이 끊이지 않음을 이야기 했다. 2구에서 자연재해를 걱정하고 3구에서도 하늘, 즉 '天公'에게 수확물을 약탈해가지 말 것을 글로 호소한다 하였는데 의인법을 써서 표현한 것이겠지만 현실

풍자적인 의미가 있다. 끝 두구는 농가의 어려운 현실을 잘 드러내었다.

겨울날의 전원을 읊음

솔가지의 송진을 등잔기름으로 태우니
묵처럼 엉긴 그을음 집안의 창 어둑하네.
저물녘에 남쪽 창의 창호지를 닦으니
기울어 가는 석양이 두 배로 붉게 보이네.

冬日田園雜興

松節然膏當燭籠　凝煙如墨暗房櫳•
晚來拭淨南窓紙　便覺斜陽一倍紅

롱櫳 창 롱, 난간 롱.

해설

겨울철의 농가의 모습을 그린 시들 또한 사실적인 기법으로 섬세하게 묘사하였는데 이 시는 소나무의 수액인 송진을 기름으로 삼아 등잔불을 밝히니 그 그을음으로 해서 방안이 컴컴해졌다가 창을 닦고 내다보니 밖이 훨씬 환해 보인다는 농가의 겨울철의 사실적인 한 풍경을 그렸다.

63 양 만 리 楊萬里

양만리(1127~1206)는 길주吉州(강서성에 있음)사람이고 호가 성재誠齋이다. 소흥紹興24년(1154) 진사가 되었다. 가난한 집에 태어났으나 관리가 된 후로도 청빈한 생활을 하였다. 영주永州 영릉승零陵丞, 흥륭부興隆府의 부윤府尹, 종묘의 제사를 맡아보는 태상사太常寺의 태상박사太常博士, 상주常州의 태수, 광동廣東지방의 다염상평관茶鹽常平官, 이부吏部의 원외랑員外郎 등 직을 지냈는데 효종의 비위를 거스르는 일이 있어 균주筠州로 출임 되었다가 광종光宗 때 다시 비서성 장관인 비서감秘書監으로 등용되었다. 그후 금나라에서 명절 때 오는 금국하정단사金國賀正旦使의 접반사接伴使가 되어 사신을 영접하는 일을 맡아보기도 하였다. 대체로 낮은 직위의 관직을 지냈고 성격이 강직하여 말함에 삼감이 없었는데 이러한 기질은 작시에도 영향을 준 듯, 거침없이 써내려간 조어법造語法이 특징이다.

그는 육유보다 두 살이 어리고 범성대보다 한 살이 어려 세 사람은 다같이 남도南渡 무렵에 태어난 본격적인 남송인이라고 할 수 있다. 지역적 특성으로 하여 남송의 이 중흥시인들의 시는 대체로 중국의 전역을 무대로 했던 북송시대 시인들보다 남방특유의 부드러운 문학성향을 보여준다. 오월吳越지방의 민가民歌 형식과 유사한 짧은 절구시가 많이 지어졌고 그 민가에 쓰이던 "농儂"자가 보이는 것도 그 영향을 받았음을 알게 해 준다.

양만리의 경우 특히 〔활법活法〕이론을 발전시켜 〔투탈透脫〕이라는 기법(예: 〈화이천린시和李天麟詩〉〔시를 배움은 모름지기 철저히 벗어나야하니 손 가는대로 쓰면 절로 고고해진다네. 學詩須透脫, 信手自孤高〕)으로 참신한 구상을 격식에 얽매이지 않고 써내었으므로 고유한 '성재체誠齋體'를 이루었다고 평가된다. 전통적인 시법詩法에 구속받지 않고 쓴 구어체에 가까운 시들은 현대 백화시白話詩와 큰 차이가 없을 정도이다. 그러나 시어詩語를 아로새기지 않았을 뿐이고 심중의 의미를 표현해냄에 있어서는 섬세하고 조심스런 경향을 보인다.

백가도 나루터를 지나며

도성을 나오게 되니 일마다 고요한데
상수를 반쯤 건넜을 때 고깃배를 만났네.
어부가 고기 잡느라 급한 걸 알겠으니
봄 적삼 펄럭이고 두건 벗어졌다네.

> **過百家渡**
>
> 出得城來事事幽　　涉湘半濟值漁舟
>
> 也知漁父趁魚急　　翻著春衫不裹頭

해설

이 시는 흥륭興隆 원년(1163) 그의 두 번째 관직인 영주永州(호남성湖南省에 있음) 영릉승零陵丞 직을 마치고 그곳을 떠나오는 도중 백가도百家渡(상강湘江의 한 나루터)를 지나며 지은 시이다. 제1구는 구어체에 가까운 표현으로 한적한 시골길의 여로를 말하였다. 상강湘江에서 마주친 고기잡이배의 어부가 일에 몰두하여 의복이 흐트러진 모습을 통해 격식에 구애받지 않은 자연 속의 삶의 모습을 그려내었는데 그의 시에는 대자연과 그 속에 어우러진 삶을 그린 시가 많은 편이다. 영주永州에 있을 때 뒤에 재상이 된 장준張浚과 알게 되어 그를 스승으로 모시게 되었는데 '誠齋'라는 호도 '올바른 마음과 성실한 뜻正心誠意'의 공부를 강조했던 이학가理學家 장준張浚의 영향을 받아 취한 호이다.

한가로운 초여름 낮에 잠에서 깨어

매실 열매는 시큼하여 치아를 시리게 하고
파초의 푸름 비단 창에 나누어 비치네.
긴 낮에 자고 일어나니 아무 사념 없어
아이들이 버들 솜 잡아채는 걸 한가로이 바라보네.

閑居初夏午睡起

梅子留酸軟齒牙　　芭蕉分綠與窗紗
日長睡起無情思　　閑看兒童捉柳花

해설

이 시는 건도2년(1166) 양만리가 길주吉州의 고향집에 머물고 있을 때 지은 시이다. 여름날 오후의 한가로운 정취를 일상 속에서 특징을 포착하여 그려내었는데 이러한 점은 소식의 '심수상응心手相應(마음에 생각한 것을 순간에 포착하여 뜻대로 그려낸다)'의 예술론과 결부시켜 볼 수가 있다. 작자가 끝구에서 백거이의 싯귀〔뉘 다시 어린애의 유희를 배워 봄바람 따라 버들꽃을 잡으리오? 誰能更學孩童戲, 尋逐春風捉柳花?〕를 응용하여〔捉〕자의 쓰임을 높이 보고 이 시에다 압축하여 쓴 것도 그러한 각도에서 파악해 볼 수가 있다.

봄날에

봄에 취한 것은 술 때문이 아닌데
들길에 나서서 길을 묻지 않고 가네.
푸른 하늘은 어디에서 끝나는지?
흰 새가 날아가 사라지는 곳이라네.

春日

春醉非關酒　　郊行不問塗
靑天何處了?　　白鳥入空無

해설

이 시는 융흥隆興2년(1164) 부친상을 당한 이후 고향집에서 계속 머물던 시기 중 건도4년(1168) 봄에 지어졌다. 봄에 취하여 발길 닿는 대로 걷다가 바라본 하늘 풍경을 그렸는데 흰 새가 까마득히 하늘 속으로 사라지는 것을 말함으로써 광대무변한 하늘공간을 표현하였다. 짤막한 오언절구五言絶句 형식을 군더더기 없이 잘 활용하였다.

여름밤 시원함을 찾다가

밤더위가 여전히 낮 더위와 같아서
문을 열고 달빛 속에 잠시 서 있노라니
우거진 대나무 빽빽한 나무숲 벌레 우는 곳에서
때때로 엷은 냉기 풍겨오는 것은 바람 때문이 아니라네.

夏夜追凉

夜熱依然午熱同　　開門小立月明中
竹深樹密虫鳴處　　時有微凉不是風

해설

이 시 역시 건도 4년(1164) 여름의 작인데 평이한 언어로 꿈적 않는 여름밤 더위 속에 그나마 가는 풀벌레 소리가 청량한 느낌을 전해줌을 표현하였다.

이와 같은 섬세한 표현은 그가 훗날 금나라 사신을 응접하는 일을 맡아 양자강을 건널 때 지은 〈과양자강過揚子江〉시의 끝 부분에서 〔병을 가져다 강 깊은 곳의 물을 담아 차를 다리는데 있어서 최고의 공을 시험해 보리라. 携瓶自汲江心水, 要試煎茶第一功〕라 맺은 것을 두고 시의 전반적인 강렬한 애국시의 정조에 비해 '너무 약하다'라는 의문이 많았던 것과 비교해 볼 수가 있다. 범성대의 〈변하汴河〉시에서는 강토에 대한 애국심을 표현하여 국토수복이 되는 날까지 〔신 대추와 팥배나무는 무성해지지 말 것이라. 酸棗棠梨莫蓊然〕이라고 읊었는데, 남송의 명장들이 전사하며 지킨 귀중한 강토를 아끼는 마음을 일상사인 차 한 잔을 마시는 섬세한 공으로 함축시켜 표현한 것은 실상 강도가 약해 보인다. 그러나 곱고 가녀린 언어로 깊은 뜻을 나타내는 기법을 취한 것으로 본다면, 잃어버린 국토로 가는 기상을 일상적 취미에 관련한 여유로 표현한 것으로 볼 수 있다.

이처럼 양만리의 시는 육유나 범성대의 시와 비교할 때 의미의 표현에 있어 좀 더 부드럽고 완곡한 경우가 많은데, 끝 두 구를 앞에 나온 범성대의 만년작인 〈만춘전원잡흥晩春田園雜興〉 중 〔鷄飛過籬犬吠竇, 知有行商來買茶〕와 비교해 볼 때도 그 소리의 규모가 다름을 알 수 있다.

고달프게 읊조림

개미는 가을 옷 없고 기러기는 가죽옷 없어
서리 내린 날 먹이 찾으며 각기 근심하네.
추워 죽을 듯한지 기러기는 끊임없이 외치고
무릎 얼어붙은 개미 가다가 쉬네.
선생은 날이 환해지도록 고달피 읊조리는데
관아의 시자侍者가 와서 아침식사 재촉하네.
어린 자식은 책 읽느라 불러도 오지 않아
안궤의 누런 짠지 얹은 국수 다 식어버렸네.

苦吟

蟻無秋衣鴈無裘　霜天謀食各自愁
鴈聲寒死叫不歇　蟻膝凍僵行復休
先生苦吟日色晩　老鈴來催喫朝飯
小兒誦書呼不來　案頭冷却黃虀•麵

제虀 양념할 제.

해설

이 시는 순희 4년(1177) 상주常州의 태수 직에 임직해 있을 때 지은 시이다. 추운 날씨의 아침나절 고달프게 글귀(또는 싯귀)를 읊조리는 모습과 간소한 아침상을 통해 청빈한 생활상을 엿 볼 수 있다.

남방의 물위에 사는 사람들

하늘이 물에서의 생활 분부하여
어려서부터 파도를 밟게 하였네.
게 요리를 식량으로 삼으니 어찌 쌀밥 알겠는가?

파초 잎 엮어 옷감 만드니 비단이 필요 없네.
밤사이 봄물 불어 모래톱 삼키면
급히 아이 보내 갈대 싹을 베어오네.
평생토록 행역 길에서 늙어 감을 웃노니
은빛 파도산더미속이 더 집다운 집이라네.

蜑•戶

天公分付水生涯　從小敎他踏浪花
煮蟹•當糧那識米　緝蕉爲布不須紗
夜來春漲呑沙嘴　急遣兒童斸•荻芽
自笑平生老行路　銀山堆裏正浮家

단蜑 남녘 오랑캐. **해**蟹 게 해. **촉**斸 쪼개다, 찍다.

해설

이 시는 순희 7년(1180) 광동廣東지방의 다염상평관茶鹽常平官직에 임명된 후, 이듬해에 그곳의 남방소수민족의 생활상을 시로 그려낸 것이다. 물위에 거주하며 해산물을 주식으로 삼고 물이 불을 때를 틈타 물가의 갈대 싹을 베어오곤 하는 그들의 삶은 육지의 사람들과 격리된 생활이지만 작자가 자기 스스로의 떠도는 생활을 그에 비교하고는 파도 속에 떠 있는 배가 더 집답다고 본 것이다. 〔浮家〕는 당나라 장지화張志和의 고사故事를 쓴 것이다. 장지화는 유배당한 이후 다시는 관직에 나가지 않고 강호를 떠돌며 〔연파조도煙波釣徒: 강호의 낚싯꾼〕라 자칭하였는데 안진경顔眞卿이 그의 배가 낡은 것을 보고 좋은 배로 바꾸어주려 하자 대답하기를'떠다니는 집으로 삼아서 초수苕水와 잡수霅水(절강성浙江省에 있음)사이를 왕래하려 하노라'하고는 거절하였다한다. 객수客愁와 은일隱逸의 지향을 담은 시로 보인다.

새벽에 정자사를 나와 임자방을 전송하며

유월의 서호는 필경
풍광이 사시와 같지 않다네.
하늘에 닿은 연 잎사귀 그지없이 푸르고

연꽃 비추는 태양은 유달리 붉구나.

曉出淨慈寺送林子方	
畢竟西湖六月中	風光不與四時同
接天蓮葉無窮碧	映日荷花別樣紅

해설

이 시는 순희14년(1187) 항주杭州에서 상서성尙書省 좌사랑左司郎직을 지낼 때 벗이 복건성福建省의 재물운송을 맡아보는 전운판관轉運判官직으로 부임해 가는 것을 전송한 시이다. 풍광이 아름다운 서호를 두고 읊은 시가 많지만 이 시는 당시의 서호의 풍광이 유달리 의미가 있다고 하였는데 이는 벗을 전송하는 눈으로 볼 때 그렇게 보이는 것으로 역시 표면에 드러내지 않았지만 송별의 깊은 정이 담겨 있는 시이다.

강물

물빛은 본래 흰 색인데
깊이 쌓이면 절로 푸르러지네.
강물의 여신 무슨 약으로
천 리의 옥 부드럽게 하였나?
시인은 술이 깨지 않아
급히 맑은 강물 들이키는데
먹을 만한 깨끗한 단 것이 없어
이슬 맺힌 들국화를 씹네.

江水	
水色本正白	積深自成綠
江妃將底藥	軟此千里玉?
詩人酒未醒	快吸一川淥•
無物嚥•淸甘	和露嚼野菊

록淥 물 맑을 록. **연**嚥 침 삼킬 연, 목구멍 연.

해설

순희 15년(1188), 작자는 효종孝宗에게 작고한 주전파였던 장준張浚을 종묘의 제사에 모시자고 건의하였는데, 화의파들은 그에 반대하였다. 그 중의 한 사람인 홍매洪邁에 대해 토론을 거치지 않고 독단적으로 주장을 펴는 것이 '지록위마指鹿爲馬(사슴을 가리켜 말이라 함)'행위에 다름없다고 비난한 것이 효종의 비위를 거슬러서(효종이 자기를 진이세秦二世에 비유하였다고 생각함) 항주의 관직을 그만두고 균주筠州(강서성 고안高安) 태수로 나가게 되었다.

이 시는 그러한 배경을 염두에 두고 볼 때 전국시대 애국시인 굴원屈原이 모함을 받아 추방된 후 썼던 《초사楚辭》류 작품의 분위기를 연상시키는 바가 있다. 맑은 강물로 깨끗함을 은유한 것, 끝구에서 이슬과 국화꽃을 먹는다는 것 등이 고결한 충신의 성품을 이슬과 향초 등에 은유했던 초사의 기법과 같기 때문이다. 특히 1·2·3·4구에 보이는 '옥 같은 푸른 강물을 무슨 약을 뿌려 부드럽게 했는가'라는 표현은 양만리 시의 특징으로 지적되는 '기상奇想'의 한 예라고 할 수 있다. 착상의 신선함과 함께 〔軟〕자字로도 특징지어질 수 있는 시풍詩風에 있어서의 '음유미陰柔美'를 보여준다고 하겠다.

과주 나루터 마을을 지나며

밤에 풍랑 때문에 잠 못 이루었는데
새벽에 맑은 강 건너려니 안온해졌네.
몇 차례 동라 소리 나루터 도착을 알리고
회남 향한 배에 오르니 돛대에는 서리 어린 해
북위 태무제의 말죽은 곳엔 남겨진 유골 없고
금나라 완안량이 쌓았던 누대는 들판이 되었네.
남과 북이 전쟁 그친 지 삼십 년 동안
뽕나무밭 보리 밭두둑만 하늘에 닿아있네.

過瓜洲鎮

夜愁風浪不成眠　　曉渡淸平却晏然

數棒金鉦到江步	一檣霜日上淮船
佛狸馬死無遺骨	阿亮臺傾只野田
南北休兵三十載	桑疇麥壟正連天

해설

광종光宗 때에 작자는 비서성의 장관인 비서감秘書監직에 불리워졌고 그 해 가을 금국하정단사金國賀正旦使의 영접사신이 되어 금나라에서 소희紹熙 원년(1190) 원단을 축하하기 위해 파견한 사신을 맞이하러 가게 되었는데 이때 항주로부터 양자강揚子江, 홍택호洪澤湖, 회수淮水 등을 지나며 쓴 일련의 시들도 범성대가 금나라에 사신 갈 때 썼던 시들과 유사한 성격의 애국시들이다.

과주진瓜洲鎭은 양자강북안에 있는데 과주보瓜洲步, 과주도瓜洲渡라고도 하는 운하로 통하는 교통의 요지인 곳이다. 양자강을 건넌 후 과주를 지나면서 여로의 감회와 역사적 회고를 적었는데 5 · 6구는 멀리 남북조시대에 북위北魏의 태무제太武帝가 남조 송宋나라를 공격했다가 과주瓜洲에서 격패당한 것과, 가까이로는 1161년 금나라 해릉제海陵帝가 40만 대군을 이끌고 남송을 공격해 내려와 양자강을 사이에 두고 전투를 벌였던 고사故事를 쓴 것이다. 금나라 해릉제는 채석기采石磯의 전투에서 남송의 우윤문虞允文에게 패한 후, 다시 과주도瓜洲渡에 군대를 모아 누대를 쌓고 양자강을 넘어오려 하였으나 부하에게 피살되었고 금나라 군대는 격퇴되었다.

이 두 구는 그러한 남침에 저항한 전투배경이 있는 과주瓜洲에서 당시의 전란을 회고하고, 그 후 30여 년 간의 휴전상태로 하여 그곳이 농토로 변한 것을 보고 느낀 감회를 언급하였다. 화의보다 주전을 주장했던 작자의 평소 태도로 보아 이 시에는 주전主戰을 상기시키는 의지가 담겨 있다고 하겠다.

처음으로 회하에 들어서며

제1首

배가 홍택호숫가의 모래톱을 떠나
회하에 도착하니 마음이 편치 않네.

어찌 상건하만이 먼 곳이리오?
회하의 중류이북이 바로 하늘 끝이라네.

初入淮河	
船離洪澤岸頭沙	人到淮河意不佳
何必桑乾方是遠	中流以北卽天涯

해설

이 시 역시 금나라 사신을 영접하러 가는 길에 회하淮河에 처음 도착한 감회를 적은 4수의 시중 한 수이다. 상건하桑乾河는 산서성山西省 삭현朔縣에서 발원하여 북경北京, 천진天津을 지나 바다로 흘러 들어가는 강인데 북송대에 변방에 가까운 곳으로 여겼다. 남송인에게는 먼 상건하桑乾河가 변방이 아니고 회하淮河의 중류이북이 곧 금나라로서 변방인 셈이니 탄식하는 마음을 금치 못한 것이다.

제3首

양 강안의 배들 각기 분주히 다니는데
파도 흔적조차 엇갈리기 어렵다네.
오직 갈매기와 백로만이 거리낌 없이
남북을 오가며 자유로이 날아다니네.

兩岸舟船各背馳	波痕交涉亦難爲
只餘鷗鷺無拘管	北去南來自在飛

해설

이 시는 한 줄기 강물 회하淮河가 금나라와 송나라를 남북으로 나누어 그 물을 왕래하는 배들이 회하의 중간부분에서 각기 반대편으로만 다니니 강물조차 서로 거리를 두었고 오직 새들만이 자유로이 왕래한다 하였다. 인간세상의 전란에 아랑곳 않는 자연의 자유를 읊은 것은 앞에 나온 대복고戴復古의 〈회촌병후淮村兵後〉시에서 회남淮南지방의 황폐함을 아랑곳 않고 〔小桃無主自在開〕라고 읊은 것과 같은 경계라 하겠다.

상다갱 길에서

제1首

밭이랑이 서까래보다 가늘다하지 말라
바로 뽕나무밭과 채소밭이라네.
산자락에 송곳 둘만한 곳 집 짓도록 남겨 놓고는
감나무 밤나무는 모두 산꼭대기로 몰아 심었네.

> **桑茶坑道中**
>
> 田塍˙莫道細于椽˙　　便是桑園與菜園
> 嶺脚置錐留結屋　　盡驅柿栗上山巓
>
> **승**塍 밭두둑 승, 큰 들 승.　**연**椽 서까래.

해설

이 시는 소희紹熙3년(1192) 건강建康에서 임직하고 있을 때 상다갱桑茶坑(안휘성 경현涇縣)길을 지나며 지은 8수의 조시組詩 중 한 수이다. 작자는 그곳에서 농가의 생활상을 자세히 관찰하여 그렸는데 이 시는 지면을 아껴 농사짓고 나무를 심은 농촌의 알뜰한 모습을 잘 그려내었다.

제3首

강안을 끼고 모 심은 논 깊은 물 사이에 두었는데
동쪽 지방의 물을 어찌하여 서쪽에서 얻었나?
강물위에 단지 수로를 걸쳐 놓으면
공중에서 물이 날 듯이 지나온다네.

> 秧疇夾岸隔深溪　　東水何緣到得西?
> 溪面只消横一梘　　水從空里過如飛

해설

이 시는 강물위에 관개수로시설을 설치하여 논에다 물을 대는 수자원을 확보하는 농촌의 모습을 그렸다. 해당 지역의 농촌에 대한 구체적인 관찰을 작품화한 것이 일반적인 전원시와 다른 점이라 하겠다.

여름밤 달과 함께

고개 들어 보니 달이 하늘에 있는데
땅에 있는 내 그림자 비추네.
내가 움직이면 그림자도 움직이고
내가 멈추면 그림자도 멈추네.
나와 그림자가
하나인지 둘인지?
달이 내 그림자를 그려낼 수 있다면
스스로를 그려보면 어떠할까?
우연히 시냇가를 걷자니
달이 시냇물 속에 있네.
위 아래로 두 개의 둥근 달이 있는데
어느 것이 진짜인지?
또 물이 하늘이 된 것인지
또 하늘이 물이 된 것인지?

夏夜玩月

仰頭月在天　照我影在地
我行影亦行　我止影亦止
不知我與影　爲一定爲二?
月能寫我影　自寫却何似?
偶然步溪旁　月却在溪裡
上下兩輪月　若個是眞底?
爲復水是天　爲復天是水?

해설

이 시는 거침없이 써내려가 '활법活法'의 운용을 잘 알게 해준다. 현대 백화체白話體詩와 가까울 만큼 쉬운 글귀로 달과 함께 노닐면서 조금은 유치한 느낌을 주는 형이상적인 추론을 전개했는데 이백의 〈월하독작月下獨酌〉시와 같은 풍류의 의미보다 굴원의 〈천문天問〉에 가까운 의미를 띠고 있다. 양만리의 만년 시에는 이처럼 형이상학적 의문을 쉬운 백화체로 쓴 시들이 적지 않아 시에 '기상奇想(특이한 착상)'을 많이 담아내고 표현수법에 있어 시법詩法에 얽매이지 않는 '활법活法'을 자유로이 추구한 '양성재체楊誠齋體'의 한 단면을 볼 수 있다.

팔월 십이일 밤 성재에서 달을 바라봄

중추절이 가까웠는데 달은 이미 맑아
검푸른 장막에 둥그런 얼음같이 걸렸네.
홀연 느끼노니 오늘 밤의 달이
본래 하늘에 붙어있지 않고 홀로 가는 것을

> **八月十二日夜誠齋望月**
>
> 才近中秋月已清　　鴉青幕掛一團氷
> 忽然覺得今宵月　　元不粘•天獨自行
>
> **점**粘 붙을 점.

해설

이 시 역시 달을 보고 깊은 생각 끝에 쓴 일련의 시들 중 한 수인데 끝구의 표현은 시적 해석의 여지를 떠나서도 독자적인 '철리哲理'의 의미를 담고 있다 하겠다.

64 우 모 尤袤

우모(1127~1194)는 무석無錫(강소성에 있음)사람이고 소흥紹興 18년(1148) 진사가 된 뒤 태흥泰興(강소성에 있음)의 현령, 각지의 태수, 종묘의 일을 맡아보는 태상소경太常少卿 등 직을 지냈고 예부禮部의 상서尙書직에까지 이르렀다. 육유, 양만리, 범성대 등과 같이 남송의 사대시인으로 꼽히나 지은 시가 많이 실전되었고 전하는 작품도 나머지 시인들에 비해 성취가 높지 않다.

회남지방의 백성을 읊은 노래

회남 동쪽에서 배를 사고
회남 서쪽에서 전투 기구를 사네.
묻건대 무얼 하려 하는지?
산수요새를 조직하려 한다네.
대장이 오두막에 들렀는데
의기가 심히 웅장하네.
청삼 입은 두 명의 관리가
저녁 내내 호출하는데
호출이 다 끝나기도 전에
닭과 돼지를 잡네.
응접이 좀 소홀하면
앞으로 나가 곤장을 맞는다네.
동으로 달리고 서로 달리며
호미와 보습 팽개쳤네.
단도와 검을 살 돈이 없어
온 집안의 옷 다 저당 잡혔네.
작년에 강남에 흉년들었을 때

익은 곡식 찾아 강북으로 갔는데
강북에는 머물 수 없고
강남에는 돌아갈 수 없게 되었네.
부모님 나를 낳으시고는
내게 밭 갈고 양잠치는 것 가르쳤지
관청의 엄함을 모르고서
어찌 종군의 일 해낼 수 있으랴?
창을 쥐었어도 찌를 줄 모르고
활을 쥐었어도 쏠 줄 모르네.
요새 조직해봐야 무얼 하겠는가?
헛고생 분명 무익하다네.
떠돌고 또 떠돌며
추위 참고 또 굶주림 참네.
누가 천지를 너그럽다 하였나?
한 몸 의탁할 곳이 없구나.
회남 지방에 전쟁 있은 후
편안히 거처한 지 오래 되지 않았는데
죽은 자 삼처럼 쌓였고
산 자 몇이나 될지?
거친 촌에 해는 서로 기울고
두세 채 무너진 집
구제의 힘 미치지 못하니
이 근심을 어이할까?

淮民謠

東府買舟船　西府買器械
問儂欲何爲?　團結山水寨
寨長過我廬　意氣甚雄粗
靑衫兩承局　暮夜連勾呼
勾呼且未已　椎•剝到鷄豕

供應稍不如　向前受笞棰
驅東復驅西　棄却鋤與犁
無錢買刀劍　典盡渾家衣
去年江南荒　趁熟過江北
江北不可住　江南歸未得
父母生我時　教我學耕桑
不識官府嚴　安能事戎行
執槍不解刺　執弓不能射
團結我何爲　徒勞定無益
流離重流離　忍凍復忍飢
誰謂天地寬?　一身無所依
淮南喪亂後　安集亦未久
死者積如麻　生者能幾口?
荒村日西斜　破屋兩三家
撫摩力不給　將奈此擾何?

추棰 쇠뭉치 추.

해설

이 시는 난리나 어려움을 당한 백성들의 처지를 읊은 전형적인 악부시로서 회남淮南지방의 향군鄕軍의 고충을 토로해내었다. 송대에는 북송대로부터 관군 외에도 향군이 있었는데 당지의 인구 중 각 집에서 두 명의 장정 당 한 명을 뽑아 충당하였다. 여기서의 산수채山水寨는 향군조직을 가리킨다.

이때에 작자는 회남동로淮南東路에 속하는 강소성 태흥泰興현령직에 있었는데 양자강 이남지역에서 농사를 짓던 농민이 흉년을 피해 강북지역으로 옮겨갔다가 향군에 충당되어 전전하는 고통을 그린 것이다. 관리의 수탈과 비참한 참상을 통해 남송의 불안정한 국세 및 금나라와 대치하는 변경지역의 험난함을 알 수 있다.

미원휘의 〔소상기관도〕 그림에 부쳐 씀

강물과 하늘 만 리 멀리 아득하고
안개 덮인 나무 마을 하나 어렴풋하네.
외로운 봉창에서 직접 빗소리 듣지 못하는 것 외엔
황홀함이 마치 소상강에 서 있는 듯하다네.

> **題米元暉瀟湘圖**
>
> 萬里江天杳靄　　一村烟樹微茫
> 祇欠孤篷•聽雨　　恍如身在瀟湘
>
> **봉**篷 배뜸 봉, 대나무 및 껍질을 엮어 배위에 지붕처럼 씌운 것.

해설

이 시는 화가 미우인米友仁(자字 원휘元暉: 1086~1165)의 대표작인 〈소상기관도권瀟湘奇觀圖卷〉에 부친 제화시題畵詩이다. 미우인은 북송의 유명한 서화가書畵家 미불米芾의 아들로서 '소미小米'라고도 불려졌다. 그 그림은 현재 상해박물관에 수장되어 있는데 크기가 3.3미터 정도이고 당시 명가들이 감상하고 쓴 제화시題畵詩와 발문跋文이 첨부되어 있다. 우모는 그림을 칭송하는 제화시題畵詩를 짓고 그림 끝에 감상소감으로 발문跋文도 썼는데 이 시는 그가 쓴 두 수의 제화시중 한 수이다.

미우인이 그림에 부쳐 설명한 것에 따르면 그 그림은 암자에서 바라본 것을 그린 것으로, 평소에 소상강의 빼어난 모습을 익히 보곤 하였는데 대체로 이른 아침 흐릿하게 비가 내릴 때의 모습이 산수가 아름답고 온갖 자태가 드러난다고 하였다. 이 시는 그러한 심미관으로 소상강의 분위기를 그려낸 수묵화를 두고 그림의 뛰어남을 시로 읊은 것이다. 직접 외로이 배를 타고 새벽 빗소리를 듣는 것은 아니지만 홀연 소상강에 있는 것을 깨닫는다고 한 것은 그림이 전해주는 소상강의 "진취眞趣(참된 정취)"를 시로써 재현해 낸 것이다.

65 주 희 朱熹

주희(1130~1200)는 휘주徽州 무원婺源(강서성에 있음)사람이고 남검주南劍州 우계尤溪(복건성에 있음)에서 자라다가 건양建陽 고정考亭(복건성에 있음)에 옮겨가 살았다. 소흥 18년 진사가 된 뒤 천주泉州(복건성 해안가의 도시) 안현安縣의 주부主簿, 절동浙東지역의 차와 소금에 관한 전문사무를 담당하는 절동제다염浙東提茶鹽 등 직과 장주漳州, 담주潭州 등지의 태수를 지냈고 영종寧宗 때에는 궁중 환장각煥章閣의 자문관역인 대제待制겸 시강侍講으로 불리워 들여졌으나 권세가의 비위를 거스르게 되어 파면되었다. 그는 송대 신유학인 이학理學을 집대성한 사상가로 유명한데 문예에도 높은 식견이 있었다.

봄날

좋은 날에 꽃을 찾아 사수가에 가보니
가없는 경치 어느새 새로워졌네.
하릴없이 봄바람의 얼굴을 알아보려 들지 말라
수만 수천의 붉고 푸름 모두가 봄이라네.

春日

勝日尋芳泗水濱　　無邊光景一時新
等閑識得東風面　　萬紫千紅總是春

해설

이 시는 봄날의 감회를 읊은 시인데 첫 구의 사수泗水는 산동성 동쪽에 있는 강으로 공자의 고향을 지나 흐르고 공자가 생전에 그곳에서 제자들을 가르쳤었다. 남송대에는 이미 금나라의 땅이니 작자가 직접 사수泗水에 가서 봄 경치를 본 것이 아니라 추상적인 의미로 시를 쓴 것이다. 그렇게 볼 때 사수泗水는 공자의 도道를 비유한다고 볼 수 있고 공자가 강학했던 것처럼 주희도 강학하였던 것을 놓고 볼 때 봄날의 새로움은 송대의 신유학과 관련이 있을 것이다. 그러나 이러한 비유를 떠나서도 순수한 봄의 새로움을 시적으로 잘 형상화해내었다 하겠다.

책을 보며 느낀 감회

삼천 미터 네모난 연못 거울처럼 열리니
하늘빛과 구름 그림자속을 함께 배회하네.
묻건대 어찌하여 이처럼 맑은지?
근원에서 맑은 물이 흘러나오기 때문.

> **觀書有感**
>
> 半畝方塘一鑑•開　天光雲影共徘徊
> 問渠那得淸如許?　爲有源頭活水來
>
> **감**鑑 비칠 감, 거울 감.

해설

이 시 역시 책을 보며 느낀 감회를 적었지만 추상적인 의미를 구상화시켜 책 속의 세계를 연못과 하늘, 구름 등이 있는 공간으로 보고 그 속을 배회한다고 하였는데 끝 구절은 책 속에서 얻는 맑은 지혜를 끊임없이 샘솟는 생명력이 있는 것으로 보았다. 송대의 이학가理學家들이 지은 시는 대개가 어록이나 강의를 압운한 것 같은 느낌을 준다고 지적되는데 이러한 시들은 시적 형상화가 잘 된 편이다.

66 서 조 徐照

서조(?~1211)는 자가 영휘靈暉이고 온주溫州 영가永嘉(절강성에 있음)사람이다. 종신토록 벼슬길에 나가지 않았고 같은 고향출신인 서기徐璣(자 영연靈淵), 옹권翁卷(자 영서靈舒), 조사수趙師秀(자 영수靈秀) 등과 자주 시를 주고받았으므로 이들을 '영가사령永嘉四靈'이라고 부른다. 그들의 시는 대체로 오언율시에 뛰어났고 육유陸游 등 남송중흥기南宋中興期 사대시인四大詩人의 시와 달리 산수자연과 생활 속의 정서를 읊은 시가 많다.

옹권의 외딴집에서 묵으며 조사수를 기다렸으나 못 만나고

강성에 한차례 비 지난 뒤
가을 기운 밤이 되며 짙어가네.
귀뚜라미소리 다듬잇돌 가까이서 들리고
반딧불 빛 지부지기 풀에서 나오네.
달 움직임 느리니 새벽이 가까웠고
호각소리 그치더니 종소리 들리네.
다시 일어나 뜰 가를 거닐 제
그대 그리운 마음 어찌나 깊은지!

宿翁靈舒幽居, 期趙紫芝不至

江城過一雨　　秋氣入宵濃
蛩響移碪•石　　螢光出瓦松
月遲將近曉　　角盡卽聞鐘
又起行庭際　　思君恨幾重!

침碪 다듬잇돌 침.

해설

이 시는 옹권의 한적한 집에서 조사수를 기다리다가 못 만난 것을 시로 쓴 것이다. 조용한 거처에서 느끼는 시절과 시간의 변화를 세밀히 그렸는데 그것은 벗이 오기를 기다리는 마음에서 더욱 주의 깊게 느껴진 것이다.

옹권의 〔겨울날을 적음〕 시에 화답함

빼어난 구절 추위와 배고픔에서 나오는데
방종한 사람은 나의 청빈을 비웃네.
시냇가 걸으면 파도가 그림자 따라오고
대숲에서 읊조리면 새소리 응답하네.
술로 하늘의 운명 편히 여기며
봄 곁에서 자연의 정을 보게 되는데
밭 갈고 누에치기 비운 자루처럼 다 마쳤으니
무슨 일이 있어 나날을 영위할거나!

和翁靈舒〔冬日書事〕

秀句出寒餓　從人笑我清
步溪波逐影　吟竹鳥應聲
酒裏安天運　春邊見物情
耕桑猶罄•橐　何事可營生!

경罄 다할 경.

해설

이 시는 옹권의 시에 화답한 3수의 시중 제2수이다. 겨울날 자체가 춥고 황량하게 마련인데 이 시의 첫 두 구는 그것을 두드러지게 하였다. 나름대로 겨울의 한가로운 정취를 즐기기는 하지만 끝 구절의 생계에 대한 걱정은 개인적 처지와 일반적 전원생활을 함께 읊은 것으로 범성대가 전원생활을 객관적 시각에서 읊은 〈사시전원잡흥四時田園雜興〉 유의 시와 다른 면을 보인다.

67 서 기 徐璣

서기(1162~1214)는 원적이 복건성 해안가의 천주泉州 진강晋江인데 모친을 따라 절강성 영가永嘉에 가서 살았고 은음恩蔭으로 건안建安(복건성 건구建甌)주부主簿에 임명된 후, 영주永州(호남성에 있음)의 형법 및 소송을 담당하는 사리참군司理參軍, 고향에 가까운 용계현龍溪縣(복건성 장주漳州)의 현승縣丞 등 낮은 관직을 지냈다. 그의 시도 오언율시五言律詩가 많고 장편의 오언시로 국토회복이나 사회비판적 내용을 다룬 작품이 많이 보이나 칠언시의 성취가 더 높은 듯하다.

마공령 산 고개에서 숙박하며

배 묶어두고 새벽 기운 헤치며 평평한 모래펄 걸어
저녁에 구름 닿은 민가에 숙박하니,
새로 뜯은 채소에는 들 이슬 젖어있고
둘러 엮은 울타리엔 산꽃이 피어 있네.
문 앞에 마주한 푸른 산봉우리 자그맣고
집 뒤에선 비스듬히 하얀 물 흘러나오네.
부럽구나, 산 노인은 하는 일 없이
등나무 담장서편에서 벌 떼 드나드는 것 바라보네.

泊馬公嶺

維舟拂曉步平沙　　晚泊雲根第一家
新取菜蔬霑野露　　旋編籬落帶山花
門前相對青峰小　　屋後流來白水斜
可愛山翁無一事　　藤墻西畔看蜂衙

해설

이 시는 남송국토의 남단인 광동성 해안가의 혜양惠陽시 북쪽에 있는 산고개 마공령馬公嶺에서 민가를 찾아 숙박하며 느낀 정취를 읊은 시이다. 이처럼 낯선 곳에서 숙박하며 접하는 신선한 느낌을 읊은 시 역시 한 전형을 이룬다고 할 수 있는데 끝 두 구절에서 여로의 객수보다 민가의 한가롭고 안온한 정경을 읊은 것이 이채롭다.

새벽의 청량함

밭두둑엔 물 가득하고 벼 잎사귀 가지런한데
햇빛이 나무숲에 비치니 새벽안개 가라앉네.
꾀꼬리도 새벽의 청량함을 좋아하여
청산을 날아 그늘 속에 우네.

新涼

水滿田疇稻葉齊　　日光穿樹曉烟低
黃鶯也愛新涼好　　飛過青山影裏啼

해설

이 시는 이른 아침 농촌 풍경을 읊었는데 1・2구의 자연에 대한 세심한 관찰과 3・4구의 꾀꼬리의 움직임이 한 폭의 아침 풍경을 잘 전해준다.

68 옹 권 翁卷

옹권은 온주溫州 영가永嘉사람이고 정확한 생존시기가 밝혀져 있지 않지만 영가사령永嘉四靈 중 가장 늦게 세상을 떠났다. 종신토록 벼슬하지 않고 강호를 떠돌았기에 그의 시에는 외로운 신세를 한탄한 것이 많다.

봄날 유명원에게 화답함

처마 밑에 빗물 떨어지는 소리 견디기 어려웠는데
바람 그친 어젯밤 맑게 개었네.
섬돌에는 봄풀이 푸르고
지는 꽃잎 몇 개 가벼이 날리네.
분수를 아니 가난이 즐거워할 만하고
도모하는 일 없어 꿈도 맑다네.
그대가 옛적 은거생활 이야기 한 것을 보니
나처럼 이름을 피하고자 하는구나.

春日和劉明遠

不奈滴檐聲　風回昨夜晴
一階春草碧　幾片落花輕
知分貧堪樂　無營夢亦淸
看君話舊隱　如我願逃名

해설

이 시는 벗 유여우劉如愚(자 명원明遠)에게 화답하여 쓴 시이다. 유명원劉明遠은 서조徐照, 서기徐璣와도 화답한 시가 있는데 세속을 피하고 은거생활하기를 좋아하였던 인물이다. 이 시는 비 개인 봄날 안분지족함을 느끼는 감회를 적었는데 그것이 마침 벗의 은거생활에 대한 동경과 일치되어 공감을 표시한 것이다. 첫 구의 구법은 앞에 나온 소덕조蕭德藻의 〈등악양루登岳陽樓〉시의 수련首聯 〔不作蒼茫去, 眞成浪蕩游〕와 비교해 볼 만하다.

대나무를 읊음

나란히 심은 것이 숲을 이루었는데
날개 치듯 하는 소리 다른 숲과 다르다네.
추운 달밤 쌍지은 비둘기 잠들고
바람 멈추면 매미울음소리 들리네.
땅을 비춘 곳 이끼 더욱 푸르고
연못가에선 물속 깊어 보이네.
가난하게 사니 오는 손님 적은데
너로 하여 이 마음 달래보노라.

題竹

偶種得成陰　　翛翛過別林
月寒雙鴿睡　　風靜一蟬吟
映地添苔碧　　臨池覺水深
貧居來客少　　賴爾慰人心

해설

이 시는 대나무를 읊은 영물시咏物詩인데 대나무로 연상되기 쉬운'곧은 절조의 덕'을 직접적으로 읊지 않았고 자연스럽게 대나무 숲의 풍치와 푸름을 묘사해냄으로써 끝 두 구의 대나무의 덕德을 드러내었다.

들판을 바라봄

하늘은 온통 가을빛 맑게 개인 물가 서늘한데
가까이 멀리 무수한 산봉우리
한가로이 산에 올라 들 강물 보노라니

홀연 물속에 푸른 산이 보이네.

野望

一天秋色冷晴灣　　無數峰巒遠近間
閑上山來看野水　　忽于水底見靑山

해설

이 시는 맑은 가을날 산수를 감상한 흥취를 적었는데 끝 구절은 단순한 표현 속에 산수의 맑음과 푸름의 정점을 담아내었다.

69 조사수 趙師秀

조사수(1170~1219)는 광종光宗 소희 원년(1190년) 진사가 되었고 상원上元(강소성 강녕江寧)의 주부主簿, 금릉金陵(강소성 남경南京)의 보좌관역인 막종사幕從事, 균주筠州(강서성 고안高安)의 추관推官 등 직을 지냈다. 그는 만당晩唐시인 요합姚合, 가도賈島의 시를 모은 《이묘집二妙集》과 기타 시인들의 작품집인 《중묘집衆妙集》 등 오언율시를 위주로 한 작품선집을 편찬해낸 바 있다. 그의 작품은 사령四靈 중 가장 성취가 높다고 평가받고 있는데 역시 산수자연을 주제로 삼은 것이 많고 칠언시도 많이 지었다. 또한 영가사령시永嘉四靈詩의 특징인 '백묘白描(전고典故나 심사숙고에 치우친 수식을 쓰지 않고 표현하고자 하는 바를 묘사해냄)의 수법'으로 작품을 이룬 것이 많다.

냉천에 밤에 앉아

온 경내가 푸르고 침침한데
앞 산봉우리엔 마침 달이 떴네.
누각의 종소리 맑게 울려 퍼지고
연못물 밤에 보니 더욱 깊네.
청정하여 인간세상 아니니
텅 빈 허공에 불심 떠오르네.
머물 곳을 찾아 나섰더니
묵은 소나무 숲에서 바람이 맞이하네.

冷泉夜坐

衆境碧沉沉　　前峰月正臨
樓鐘晴聽響　　池水夜觀深
清淨非人世　　虛空見佛心

却尋來處宿	風起古松林

해설

이 시는 항주杭州 영은사靈恩寺앞 비래봉飛來峰아래에 있는 냉천冷泉에서 느낀 밤의 감회를 적은 시이다. 청정한 산사山寺의 밤의 정경이 절로 불심佛心을 자아내는 것을 공감할 수가 있다. 끝 두 구는 발길을 돌려 머물 곳으로 가는데 영은사로 통하는 길의 소나무 숲이 바람에 흔들리는 것을 읊어 냉천冷泉의 고요함을 더욱 일깨웠다.

장초한蔣肖韓 · 설사석薛師石 두 벗에게 씀

한밤의 맑은 한기 헌 솜옷에 스미는데
한 잔의 산 속의 차 향기로운 막걸리 같다.
새처럼 펄럭이는 대잎사귀엔 서리 막 내렸고
사람처럼 선 매화나무엔 달이 높다랗다.
욕심 없이 자연스런 마음 물과 같지만
도모하는 바 있으면 어찌 일이 터럭에 그칠까?
봄 되면 시원스럽고 한적한 두 벗을 찾아
함께 천대산에 올라 파도 이는 바다 볼거나.

呈蔣 · 薛二友

中夜淸寒入縕袍	一杯山茗當香醪•
禽翻竹葉霜初下	人立梅花月正高
無慾自然心似水	有營何止事如毛
春來擬約蕭閑伴	同上天臺看海濤

료醪 막걸리.

해설

이 시는 조용한 가을밤의 한정을 읊어 두 벗에게 부친 시이다. 작자는 밤의 정경 속에서 사색에 잠겼다가 두 벗을 생각하고 봄이 오면 함께 산에 오를 것을 기약하였는데 3구와 같은 세심한 자연에의 관찰은 호평을 받은 바 있다.(《매간시화梅磵詩話》) 5·6구는 마음이 고요하다가도 세상사에 따라 복잡하게 되는 것을 읊었는데 그러한 심사를 벗들과 함께 천대산에 올라 큰 바닷물을 바라보며 쓸어 내버리고자 하는 소망을 느낄 수가 있다.

다경루에서 저녁경치를 바라다봄

해지는 다경루의 난간에 기러기 날아가는데
왔다 갔다 하니 마치 옛 영웅들의 영혼 있는 듯하네.
조숫물 밀려오는 해안은 어렴풋이 하얗고
보리 이삭 팬 회남 지방은 구불구불 푸르네.
멀리서 온 상인은 배 대고 장사에 바쁘고
노승은 철옹성 가리키며 주의 지형을 설명해주네.
아직도 남은 바람이 군대의 호각소리 불어오니
그 소리 변방의 시름 불러일으켜 차마 듣기 어렵다네.

多景樓晩望

落日欄干與雁平	往來疑有舊英靈
潮生海口微茫白	麥秀淮南迤邐靑
遠賈泊舟趨地利	老僧指瓮說州形
殘風忽送吹營角	聲引邊愁不可聽

해설

이 시는 강소성江蘇城 진강鎭江 북고산北固山에 있는 다경루에서 저녁 경치를 바라다본 소감을 적은 시이다. 진강鎭江은 양자강가에 임한 도시로서 삼국시대 손권孫權과 유유劉裕 등 영웅이 활약했던 곳이고 진강鎭江 근처 단도丹徒에는 죽은 뒤 물에 장사지내 물결 따라 왔다 갔다 하는 오자서伍子胥의 영혼을 위로하는 오자서의 묘가 있다. 2구의 〔舊英靈〕은 이들을 가리킨다.

5·6구는 번화한 상업도시의 면모를 그렸는데 노승도 객지 인들에게 진강鎭江의 지형을 설명해준다는 것은 진강鎭江의 다경루가 호젓한 산사와 다

른 점을 보여준다. 〔瓮〕은 철옹성鐵瓮城으로 손권孫權이 지었다고 하는데 매우 견고하여 철옹성鐵瓮城이라 하였다한다. 7・8구는 군대의 호각소리를 통해 변방의 시름을 걱정한 것으로 남송의 불안정한 국세에 대한 염려를 담았다.

십 리를 남겨놓고

검은 두건위엔 누런 먼지
해 지는 거친 들판 더욱 두렵네.
대숲의 괴이한 새 울음소리 귀신같고
길가의 마른 나무는 신에게 제사하는 곳
먼 곳으로의 행역이 늙음을 재촉함을 알지만
높이 베게 배고 자는 것이 가난 구하지 못함을 어이 하리오?
이곳에서 도성까지 십 리밖에 안되니
내일 아침이면 자유의 몸도 그만이라네.

十里

烏紗巾上是黃塵　　落日荒原更恐人
竹裏怪禽啼似鬼　　道傍枯木祭爲神
亦知遠役能添老　　無奈高眠不救貧!
此地到城惟十里　　明朝難得自由身

해설

이 시는 작자가 균주筠州 고안高安(강서성에 있음) 추관推官으로 부임해 갈 때 성밖 십여 리에 이르러 지은 시이다. 부임지로 가는 길의 황량함과 낯설음, 그럼에도 불구하고 생계를 위해 노고와 속박을 감수해야하는 것에 대한 한탄이 잘 나타나 있다. 3구의 언어는 좀 과한 감이 있지만 가는 길의 거칠고 낯선 느낌을 전달해준다.

객을 기다리다가

매실 익는 시절에 집집마다 비 내리고
풀 푸르른 연못엔 곳곳마다 개구리소리
기약하고도 오지 않은 채 한밤이 넘어
한가로이 바둑돌 놓는데 등의 불꽃 지네.

約客

黃梅時節家家雨　青草池塘處處蛙
有約不來過夜半　閑敲棋子落燈花

해설

이 시는 밤늦은 시간에 객을 기다리는 정경을 그렸는데 쉽고 매끄러운 어조로 기다림의 정감을 형상화해내었다. 이 같은 시는 깎고 아로새기는 꾸밈과 전고의 남용 등의 수법을 쓰지 않은 백묘白描의 수법으로 작품을 이룬 것이다.

70 고 저 高翥

고저(1170~1241)는 창주滄州(산동성에 있음)사람이고 벼슬길에 오르지 않은 채 강호를 유랑하였던 강호파 시인 중의 한 사람이다.

가을에

뜰의 풀 가을빛 머금고 반쯤 시들었고
애처로운 귀뚜라미 소리에 가을 쓰르라미 답하네.
콩 꽃은 마치 이웃과 알고 지내는 것이 좋은 듯
살며시 덩굴을 담장 멀리 뻗었네.

> **秋日**
>
> 庭草銜秋自短長　　悲蛩傳響答寒螿•
> 豆花似解通鄰好　　引蔓殷勤遠過墻
>
> **장**螿 쓰르라미.

해설

이 시는 가을을 읊은 시인데 섬세한 관찰과 끝 두 구의 재기 있는 표현이 돋보인다.

남송시

말기시

71 대 복 고 戴復古

대복고(1167~1248?)는 태주台州 황암黃巖(절강성에 있음)사람이고 일생동안 벼슬길에 나가지 않았다. 비교적 널리 각지를 돌아다니면서 시가창작에 전념하여 남송 후반기에 강호를 널리 떠돌며 국세의 쇠퇴와 사회현실을 비판하는 시가를 많이 창작했던 '강호파江湖派' 시인들 중 대표적 인물로 꼽힌다.

강호파시인들은 '영가사령永嘉四靈'시인들처럼 산수자연이나 신세한탄을 읊기도 하였지만 사령四靈시인들이 주로 만당시晩唐詩의 영향을 받았음에 비해 남송중흥기의 육유, 양만리, 범성대 등의 시의 영향을 많이 받았고 강서시의 영향을 받은 시인들도 있었다. 따라서 서로 비슷한 시풍의 시를 썼던 사령四靈에 비할 때 내용과 풍격이 다양한데 대복고의 경우 젊어서 만당시晩唐詩와 강서시江西詩를 공부했고 후에 육유시陸游詩의 영향을 받아 시가 크게 진보했다. 아로새기는 수식보다 가볍고 경쾌한 자연스러움이 장점을 이루며 북송의 옛 땅을 그리고 남송의 쇠퇴를 걱정하는 애국시를 많이 지었다.

회하 물을 자주 들이키며

객이 와서 호량을 노닐며
자주 회하 물을 들이키네.
동남쪽의 물은 염분이 많아
이 물처럼 맛있지가 않다네.
봄바람이 푸른 파도에 불어오는데
중원 땅의 기운 진하구나.
북쪽 강안의 물 긷지 말게나
그 속에 영웅의 눈물 있으니.

頻酌淮河水

有客游濠梁　頻酌淮河水
東南水多咸　不如此水美
春風吹綠波　鬱鬱中原氣
莫向北岸汲　中有英雄淚

해설

이 시는 회하淮河의 물을 마시면서 강 건너편의 중원 땅을 생각하고 회한을 토로한 애국시의 일종이다. 첫 구의 〔濠梁〕은 안휘성安徽省 봉양현鳳陽縣 동북쪽 동호수東濠水가에 있는 교량이거나 또는 호수濠水 물위에 놓인 돌다리일 것이다. 《장자莊子 · 추수秋水》에는 장자가 이곳을 노닐며 혜자惠子와 '물고기의 낙을 아는 것'에 대해 토론하는 것이 나오는데 이 시에서 작자가 회하淮河의 '물맛을 아는 것'과도 어느 정도 관련이 있다 하겠다. 물과 영웅의 눈물을 결부시킨 것은 자연스런 연상이자 특출한 착상이라고도 볼 수 있는데 양만리 시에 보이는 '기상奇想'의 시화詩化가 계승되었음을 볼 수 있다.

경자년에 거듭 가뭄이 들어

공이와 절구는 그냥 놓여 있고
솥과 냄비에는 거미줄 쳐졌네.
배고파 울며 초목을 뜯어먹고
소리쳐 모여 산림을 채벌하네.
사람들 말소리엔 생기가 없는데
새 울음소리는 즐겁기만 하다.
곡식 값이 비싸다고 말하지 말라
채소도 또한 금값이라네.

庚子薦飢

杵臼•成虛設　蛛絲网釜鬵•
啼飢食草木　嘯聚斫山林
人語無生意　鳥啼空好音

休言谷價貴	菜亦貴如金

구臼 절구. **심**鬵 용가마, 큰 가마.

해설

이 시는 이종理宗 가희嘉熙4년(1240)에 지은 시인데 이 해 여름 강서성江西省, 절강성浙江省, 복건성福建省 일대에 큰 가뭄이 들고 메뚜기 재해가 잇달아 피해가 심각한 것을 묘사한 조시組詩 6수 중의 제3수이다. 전형적인 현실 비판적 사회시인데 첫 두 구의 거두절미한 본론의 전개는 황정견의 시에 많이 보이는 특징으로 이러한 유의 사회시에 잘 쓰이지 않았던 기법이고 5・6구의 아이러니컬한 표현 역시 새롭다고 하겠다.

강음의 부원당

가로 놓인 산 큰 강물 굽어보고 있고
부원당 앞에는 만 리 펼친 수심
가장 괴로운 것은 눈 길 가로막을 산이 없어
회남의 눈 끝닿는 곳이 국토의 끝이라는 것.

江陰浮遠堂

橫岡下瞰大江流	浮遠堂前萬里愁
最苦無山遮望眼	淮南極目盡神州

해설

이 시는 강소성江蘇省의 양자강을 앞에 두고 있는 강음江陰의 부원당에서 느낀 감회를 적었다. 부원당은 강음성江陰省의 북쪽 군산君山위에 있는데 양자강을 굽어보며 회남淮南지방을 마주하고 있는 경치가 아름다운 곳이다. 첫 구의 횡강橫岡은 바로 군산君山으로 일명 감강산瞰江山이라고도 하며 남송대에 산록에 군영을 두어 요새로 삼았다. 작자는 군산君山의 부원당에 올라 양자강을 굽어보며 탁 트인 회남淮南땅을 바라다보는데 절로 회남淮南지방 끝 너머의 중원 땅을 생각하고 수심에 잠긴 것이다.

병란뒤의 회하 촌마을

주인 없는 작은 복숭아나무 절로 꽃 피었고
망망한 안개 낀 풀밭엔 저녁 까마귀 떼
몇 군데 무너진 담장 옛 우물 둘렀는데
본래 하나하나가 인가였다네.

> **淮村兵後**
>
> 小桃無主自開花　　烟草茫茫帶晩鴉
> 幾處敗垣圍故井　　向來一一是人家

해설

이 시는 회하淮河가의 한 마을에서 옛 전란의 흔적을 보고 느낀 감회를 적은 시이다. 첫 구는 황량해진 마을에 여전히 봄이 온 것을 소식의 〔방생한 물고기와 자라는 사람을 따라오고 주인 없는 연꽃은 도처에 피어 있네. 放生魚鼈逐人來, 無主荷花到處開〕(〈유월 이십 칠 일 망호루취서六月二十七日望湖樓醉書〉) 구절을 연상시키는 수법으로 썼는데 무위자연無爲自然의 순환하는 생명력을 느끼게 한다.

고향을 그리며

강호를 삼 년 동안 떠돌다보니
처자식은 네 벽뿐인 집에 사네.
굶주림과 추위를 면할 수 없으리니
병들면 또한 어떠하랴?
날마다 고향 돌아가고픈 맘 간절한데
평소의 생계가 대책이 없어
수심에 차니 술도 취하지 않고
고향에서 온 편지 차마 읽지 못하네.

思家

湖海三年客　妻孥四壁居
饑寒應不免　疾病又何如?
日夜思歸切　平生作計疏
愁來仍酒醒　不忍讀家書

해설

이 시는 객지를 떠돌면서 고향에 두고 온 가족을 그린 시이다. 작자는 남송의 각지를 떠돌며 다녔기에 가족과 헤어져 있을 때가 많았고 고향집을 그린 작품을 적지 아니 썼다. 이 시는 진사도의 초기시의 대표작인 가족과의 이별을 읊은 시들의 전통을 이어 받아 〈기외구곽대부寄外舅郭大夫〉시의 운을 따라 지었다. 2구의 경우 〈기외구곽대부寄外舅郭大夫〉시의 2구 〔처와 자식은 옛 살던 곳에 있네 妻孥且舊居〕와 같은 구법이고 끝구는 〔몸시도 소식 전해오는 것 알고 싶지만 감히 어떠한지 묻지를 못하네. 深知報消息, 不敢問何如?〕 구절과 같은 경계境界이다. 진사도시의 가족과의 이별을 그린 시들은 가난으로 처자식을 장인에게 딸려 보낸 비참한 심정을 토로하였고 그 감정이 '진솔'한 것이 특징인데 이 시에는 자신에 대한 자책이 좀 더 강하게 표현되어 있다.

황승黃升의 《옥림시화玉林詩話》에서는 '진사도陳師道의 〈기외구곽대부寄外舅郭大夫〉 시가 전편이 두보의 시를 닮은 것이라면 대복고戴復古의 〈사가思家〉 시는 전편이 진사도의 시를 닮은 것이다'라고 한 바 있는데 이를 통해서 대복고시에서 강서시 및 두보시와의 영향 관계를 느낄 수가 있다.

72 화 악 華岳

화악華岳은 귀지貴池(안휘성에 있음)사람이고 가정嘉定연간에 무과武科에 일등으로 급제했다. 금나라를 치려다가 송나라에 손실을 안겨 준 한탁주韓侂冑를 죽이도록 청하였다가 죄를 받아 쫓겨났었고 또 한탁주韓侂冑를 미워했던 재상 사미원史彌遠에게도 반대한 죄로 곤장에 맞아 죽었다.

농가

제3首

농부가 물 호미질 치면 아들이 벼를 건네주고
아낙네가 베틀 당기면 딸은 베를 짜네.
벼 싹과 비단 다 되었다고 좋아해봐야 헛일이니
관청에 내고 빚 갚으면 남는 게 적다네.

田家

老農鋤水子收禾　　老婦攀機女織梭
苗絹已成空對喜　　納官還主外無多

해설

이 시는 전형적인 농촌현실을 풍자한 10수로 된 사회시인데 1・2구가 대구형식이면서 또한 한 구내에서도 대를 이루고 있어 리듬감을 준다.

제10首

아이 불러 새벽 헤치고 나무하러 가며
마누라에게 일찌감치 점심준비 부탁하네.
해 기울 때 빈속으로 집에 돌아와 보니
아직도 아궁이엔 다 타지 않은 나뭇가지 있네.

拂曉呼兒去采樵　　祝妻早辦午炊燒
日斜枵•腹歸家看　　尙有生枝炙未焦

효枵 속 빈 나무 효, 주린 배 효.

해설

이 시는 양식과 땔감이 풍성치 못한 농가의 빈한한 생활상을 그린 것인데 끝 구절은 간접적 표현으로 땔감이 모자라서 천천히 밥 짓고 있는 모습을 은유하였다.

73 섭소옹 葉紹翁

섭소옹은 건안建安(복건성에 있음)사람이고 영종寧宗, 이종理宗시대에 활약하였으며 학자 진덕수眞德秀와 가까운 벗이었다. 그의 시 역시 진기陳起의 《강호집江湖集》에 수록되었으므로 강호파 시인중의 한 사람으로 분류된다. 절구시를 잘 지었다.

동산에 놀러 갔으나 만나지 못함

나막신 굽이 푸른 이끼 밟을까봐인지
사립문 조용히 두드려도 오래도록 열지 않네.
동산에 가득한 봄빛 가둘 수가 없는지
한 가닥 붉은 살구꽃 담장 밖으로 나왔네.

游園不値

應憐屐齒印蒼苔　　小扣柴扉久不開
春色滿園關不住　　一枝紅杏出墻來

해설

이 시는 동산에 놀러 갔다가 주인을 만나지 못하고 그곳에서 느낀 감회를 적었는데 동산에 가득한 푸른 이끼 낀 길, 조용한 정원, 봄빛이 넘쳐 담장 밖으로 나온 살구꽃 가지 등의 묘사가 고요하고 화창한 봄날의 동산을 잘 전해준다. 끝구의 표현은 왕안석의 〔오직 살구꽃만이 객을 부르는 듯이 담에 기대어 지는 해 속에 몇 줄기 붉구나. 獨有杏花如喚客, 倚墻斜日數枝紅.〕(《살구꽃杏花》) 구절과 육유陸游의 〔버드나무도 봄빛을 끊어가릴 수가 없어 한 줄기 살구꽃이 담장어귀에 나와 있네. 楊柳不遮春色斷, 一枝紅杏出墻頭.〕(《말위에서 지음馬上作》) 구절 등에서 보이는 흔한 표현이지만 앞 두 구의 참신한 표현과 어울려 하나의 완정한 경계를 이루어 내었다.

74 유 극 장 劉克莊

유극장(1187~1269)은 흥화군興化軍 포전莆田(복건성 포전莆田)사람이고 영종寧宗 가정嘉定2년(1209) 은음恩蔭으로 관직을 얻어 진주眞州(강소성 의징현儀徵縣) 녹사참군錄事參軍, 연강沿江(양자강 연안지역인 듯)의 제사制司 준견准遣직을 지냈으나 의견이 맞지 않아 그만두고 남악묘南岳廟를 받드는 일을 했다. 이후 몇 군데에서 지방관직을 지냈고 순우淳祐6년(1246)에는 이종理宗이 그의 문필과 사학史學의 조예를 높이 사 진사출신을 하사하여 비서성秘書省 소감少監, 국사원國史院 편수編修, 중서성中書省의 중서사인中書舍人, 기거사인겸시강起居舍人兼侍講, 상서성의 병부시랑兵部侍郎, 공부상서工部尙書 등 직을 지냈다. 조정에서 직언과 간언을 서슴지 않았던 것처럼 시와 사의 창작에 있어서도 현실을 비판하는데 적극적이었다.

사詞작가로 유명하며 시에 있어서는 강호파江湖派시인 중 중요시인으로 꼽히는데 그의 시는 초기에는 사령四靈의 영향을 받아 만당시晩唐詩를 배웠으나 수준을 향상시킬 수 없다고 생각하여 육유, 양만리 등 남송 대시인의 시를 배웠고 그밖에 북송대北宋代의 시인, 강서시江西詩, 남도南渡무렵의 시인 및 당나라의 여러 작가들에게서도 두루 배워 일가를 이루었다. 그의 시의 내용은 쇠퇴해가는 국세를 걱정하고 현실을 비판하는 내용이 위주인데 변방에서 겪었던 것을 토대로 적은 일련의 악부시樂府詩들은 당나라 장적張籍, 왕건王建, 백거이白居易 등 신악부시新樂府詩의 현실주의 전통을 계승한 것이다.

무신년에 즉흥적으로 읊음

시인들 어찌 청삼을 입을 수 있겠는가?
올해엔 금나라에 비단 백만 필을 주기로 하였다네.
이제는 서호에 버드나무 그만 심고

뽕나무 더 기르고 누에 쳐야겠네.

> **戊辰卽事**
>
> 詩人安得有青衫? 今歲和戎百萬縑
>
> 從此西湖休揷柳 剩栽桑樹養吳蠶

해설

이 시는 영종寧宗 가정嘉定 원년(1208)에 지은 시인데 이 해의 두 해 전에 남송이 금을 치려하였다가 실패한 후, 북벌을 주장했던 한탁주韓侂胄를 죽이고 금나라와 화의를 맺어 은과 비단을 금나라에 각기 삼십만 냥(필)씩 더 주고 군 위무금으로 삼백만 냥을 별도로 더 주었다. 이 일로 하여 남송의 재정 부담이 심각해졌으므로 낮은 관리급인 시인들이 어디 청삼이나 제대로 입겠느냐는 걱정을 토로한 것이다. 청삼은 당송대의 관복으로 8품·9품의 낮은 문관이 입었었던 옷이다. 《시경詩經·정풍鄭風》의 〈자금子衿〉시에서는 푸른 옷깃의 옷을 입은 남자를 그리는 시가 있는데 이후 '청금青衿'은 공부하는 사람을 가리키는 뜻으로 쓰였다. 이 시를 쓸 때 작자의 나이가 22세였고 관직에 오르지 못한 상태였는데 공부하는 선비로서 금나라에 바칠 공물에 대해 걱정이 앞섬을 읊은 것이다.

성 쌓는 것을 풍자한 노래

수만 명의 장정들 망치질 쉬지 않으니
댕댕거리는 망치소리 땅의 여신 놀라게 하네.
마을 한 켠의 밭에다 기와 가마 만들고
하늘 바라보는 높은 나무 찍어 망루 만드네.
날씨 춥고 해 짧은데 공사일이 급하니
흰 방망이로 비바람처럼 꾸짖고 재촉하네.
한나라 가문의 승상 변방을 걱정하여
성 쌓는 공이 훌륭하면 좋은 관직 준다하니
옛적에 성이 없던 너른 들판에도
지금은 변방 지키는 봉화가 늘어섰네.

그대는 못 보았는가, 높은 성 들쭉날쭉한데
물고기 비늘같은 성 중에는 쓸쓸히 텅 비고 사람 없는 것을.

築城行

萬夫喧喧不停杵　杵聲丁丁驚后土
偏村開田起窯•灶　望靑斫木作樓櫓
天寒日短工役急　白棒訶•責如風雨
漢家丞相方憂邊　築城功高除美官
舊時廣野無城處　而今烽火列屯戍
君不見高城齾齾•　如魚鱗城中蕭疏空無人

요窯 기와가마 요, 오지그릇 요. **가**訶 성내어 꾸짖을 가.
알알齾齾 들쭉날쭉한 모양. 齾은 그릇 이빠질 알.

해설

이 시는 작자가 진주眞州의 녹사참군錄事參軍직을 지낼 때 변방을 지키는 성을 건축하는 것을 보고 악부시의 형식에 비판적 시각으로 쓴 것이다. 진주眞州는 양자강 북안에 있는데 회하가 홍택호로 흘러들어 양자강과 겹치는 지점 가까이에 있는 회동淮東지역이다. 당시 변방의 수비를 위해 최전방에 있는 병력을 끌어다 변방보다 안쪽지역에 산성山城을 쌓았는데 이것을 보고 그 폐해를 풍자한 것이다. 성 쌓는 것을 노래한 시는 예부터 있어왔는데 이 시에서는 남송의 조정에서 안일을 도모하여 진취적인 북벌을 추진하기보다 성 쌓는 공을 더 추켜세우는 것을 풍자한 것이다.

추위를 읊은 노래

시월의 변방에는 바람기세 사나워
관군이 걸친 가죽옷 얇게 느끼게 하네.
옷 가져다줄 칙사는 오고 있는 건지?
밤 길고 갑옷 엷어 잠들기 어렵다네.
장안성안에는 권세 높은 관리 많아
해 높이 솟아도 붉은 대문 집 드나드는 사람 없고

겹겹이 휘장과 발 병풍산처럼 치고
술에 취해 병풍 밖이 추운 줄도 모른다네.

苦寒行

十月邊頭風色惡　官軍身上衣裘薄
押衣敕使來不來?　夜長甲冷睡難着
長安城中多熱官　朱門日高未啓關
重重幃•箔•施屛山　中酒不知屛外寒

위幃 홑 휘장 위.　박箔 발 . 금박.

해설

이 시 역시 축성행築城行과 같은 맥락에서 변방에서는 추위 속에 떨고 있는데 후방의 수도에서는 권세 높은 고관들이 편안히 향락을 즐기고 있음을 풍자한 것이다. 장안성長安城은 남송의 수도 임안臨安(항주杭州)를 지칭한 것이다.

북방에서 온 사람

낙양의 이야기를 해주는데
흰 머리 더 늘게 하네.
궁성의 동산엔 말 석상 훼손되었고
황폐한 궁전엔 낙타동상 눈물 흘린다네.
오랑캐의 점령도 운이 다해 가
변방의 정황 잘못 전해지기 일쑤지만
옛 수도 변경의 처량한 여인들은
치장과 머리모양 여전히 선화 때 모양이라네.

北來人

試說東都事　添人白髮多
寢園殘石馬　廢殿泣銅駝
胡運占難久　邊情聽易訛

凄凉舊京女	妝髻尙宣和

해설

이 시는 금나라가 점령한 중원 땅에서 온 사람에게서 황폐해진 북송대의 서도西都 낙양洛陽의 이야기를 들은 것을 적었다. 후반 네 구는 금나라도 쇠퇴해가는 판이지만 변방에서 전해오는 소식을 정확히 파악하지 못하는 남송 조정에 대해 비판을 가한 한편 그럼에도 불구하고 중원 땅의 습속은 여전하여 여인네들이 북송 말 휘종徽宗 선화宣和연간의 치장을 그대로 따르고 있는 것을 언급함으로써 더욱 국토수복을 촉구하는 마음을 피력하였다.

신정에서

이곳은 진나라 때 사람들 모여 연회를 베풀던 곳
당시의 풍경도 지금과 같았으리라.
진나라의 누선이 오나라의 쇠줄 끊고 점령한 힘으로가 아니라
진나라 사대부들 부채 들고 청담을 나누던 공으로 지어진 듯.
가을 빛 속에 몇 몇 군데의 깃발
눈물 자욱 속 백 년간의 구릉과 궁궐.
흥망이 필경 무엇에 연유하는지?
청담을 숭상한 것만 나무라는 건 공평치 못한 듯하네.

新亭

此是晋人游集處	當時風景與今同
不幹鐵鎖樓船力	似是蒲葵麈•柄功
幾簇•旌旗秋色里	百年陵闕淚痕中
興亡畢竟緣何事?	專罪清談恐未公

주麈 사슴. **족**簇 모을 족.

해설

이 시는 강녕江寧에 있는 신정新亭을 두고 읊은 것이다. 신정은 강소성江蘇省 강녕江寧(지금의 남경南京: 동진東晋 때에 도읍지로 삼아 금성金城이라

하였고 후에 금릉金陵으로 불렸음) 성城의 남쪽 15리 되는 곳에 있는데 동진東晋초에 양자강을 넘어 온 대부들이 모여 연회를 베풀었던 곳이었다. 진晋나라는 사마염司馬炎이 위魏나라를 이어 제위에 오른 후 선제宣帝 사마의司馬懿의 증손 사마예司馬睿가 건업建業(삼국시대 오吳나라의 땅이었는데 진晋나라에서 건강현建康縣을 둠: 즉 송대의 강녕江寧)에 제후로 봉해졌다가 효민孝愍황제가 해를 당하자 그곳에서 대를 이어 제위에 올랐는데 이를 동진東晋이라 한다. 낙양洛陽이 산으로 둘러 싸였던 것과 같이 강녕江寧도 네 개의 산으로 둘러싸인 곳이어서 그곳에서 연회를 베풀면서 서진西晋의 도읍지와 강남江南의 산하가 같음을 보고 눈물을 흘렸다한다. 이 시에서는 금나라가 점령한 북송 땅에 대한 회상을 비유한 것으로 볼 수 있다.

3·4구는 서진西晋의 군대가 동쪽의 오吳나라를 정벌하며 양자강을 따라 내려올 때 오나라에서는 물위에 쇠줄을 깔아 막으려 하였으나 진나라 군대는 그것을 끊고 금릉金陵(강녕江寧)을 격파하고 오나라를 멸하였다. 이 시에서는 진나라가 이 지역을 차지하고 신정을 세운 것은 그러한 무력의 공이 아니라 빈랑나무 부채와 사슴털 꼬리로 만든 총채를 들고 청담淸談을 논했던 사대부들의 공이라고 보았다. 진나라는 청담淸談의 기풍이 지나치게 성하여 후에 나라를 그르친 요인으로 지적되기도 하는데 이 시에서는 진나라 때 성했던 청담에 대해 긍정적으로 보았다.

5·6구의 뜻은 가을 든 신정에서 눈앞의 경치를 보며 동진의 흥망을 생각하고 작자 역시 두고 온 북송의 궁궐과 산하를 애달파한 것이다. 그러나 내포된 의미는 남송의 쇠망해가는 역사를 한탄한 듯하다. 동진은 백여 년 간 지속되었고 작자가 이 시를 지을 당시 남송의 역사도 백여 년 쯤 되었으니 두 구절의 뜻은 서진이 양자강을 넘어와 오나라를 멸하고 동진을 세웠다가 다시 백여 년 만에 망한 것을 남송의 역사에 비교하여 그 성쇠를 탄식한 것이다. 끝 두 구절은 동진이 망한 것이 사대부들이 청담에 몰두한 것에 원인이 있었던 것만은 아니라고 함으로써 역시 남송 조정의 성쇠의 원인을 의론해본 것이다.

이 같은 시는 역사를 회고하고 감회를 읊은 점에서 일반적이기는 하지만 첫 구의 산문과 같은 글귀, 3·4구와 7·8구의 의론적 어조는 역사를 논한 의론문과 같은 느낌을 준다. 이 같은 의론이 나온 배경은 변방이 불안한 정국 속에서 뚜렷한 대책을 세우지 못하고 안일을 탐하던 당시 남송조정의 혼란한 현실과도 관계가 있을 것이다.

야성

부러진 화살촉 남긴 창, 간데없고
옛 시절에 불던 서풍 들판에 가득하네.
손권과 유비 등 영웅들은 봄꿈처럼 사라지고
천 년 전 왕희지와 사안이 올라 노닐던 곳 남아 있네.
높은 탑은 언제 지은 것인지?
저물녘 호가소리 옛 사람들의 근심 말해주는 듯.
신성한 중원 땅이 난간 북쪽에 있으니
올 때마다 번번이 누각에 오르기 두려워하네.

冶城

斷鏃遺槍不可求　　西風古意滿原頭
孫劉數子如春夢　　王謝千年有舊遊
高塔不知何代作?　　暮笳•似說昔人愁
神州只在闌干北　　度度來時怕上樓

가笳 갈잎 피리.

해설

이 시는 양자강 남안 강녕江寧의 조천궁朝天宮 일대에 있는 야성冶城에서 느낀 감회를 적은 시이다. 야성은 춘추春秋시대 오吳나라 왕 부차夫差가 세운 곳으로 철을 단련하여 병기兵器를 주조하였던 곳이다. 작자는 이곳에서 삼국시대의 영웅들과 동진의 왕희지王羲之·사안謝安 등을 추억하고 옛 생각에 잠겼으나 야성 저 너머엔 금나라에 점령된 중원 땅이 있는 것을 두고 역사의 풍상을 재삼 느끼며 차마 그곳을 바라보기 어렵다 하였으니 애국심의 깊이를 느낄 수 있다.

한식날 청명절에

적적한 촌락의 사립문에도
버드나무가지 걸어 세월을 기록하네.
월나라 땅에는 찬 음식 먹는 풍습 없지만
무덤에 갈 때는 스님과 함께 간다네.
한나라 당나라 황제의 능에는 보리밥도 놓여 있지 않겠지만
산 길 들길에는 배꽃이 피어 있으리라.
이끼 덮인 길에 한 잔 술 마시고 누워
성에서 저녁 알리는 호가 소리 아랑곳 않네.

寒食清明

寂寂柴門村落里　　也教揷柳記年華
禁烟不到粤人國　　上冢亦携龐老家
漢寢唐陵無麥飯　　山蹊野徑有梨花
一樽徑藉青苔臥　　莫管城頭奏暮笳

해설

이 시는 작자가 이종理宗 소정紹定5년(1232) 고향 복건성福建省 포전莆田에 있을 때 청명절을 맞아 지은 시이다. 한식날엔 불 때는 것을 금하고 찬 음식을 먹는 풍습이 있었는데 작자의 고향인 월粤지방에는 이런 풍습은 없지만 무덤에 제사 지내러 갈 때는 스님과 함께 간다는 것이다. 4구의 〔龐老家〕는 당나라 때 방온龐蘊이 석두화상石頭和尙과 친구가 된 후, 가산을 다 물 속에 빠뜨리고 온 식구가 출가하여 손으로 대나무 공예품을 만드는 것을 생계로 삼았지만 머리를 삭발하지는 않았기에 사람들이 방거사龐居士라 하였는데 여기서의 뜻은 아마 방온龐蘊처럼 가산을 시주하는 풍습이 있음을 말한 것이 아닌가 싶다.

5·6구의 뜻은 중원中原땅에 있는 한나라 당나라 제왕들의 무덤에는 제

사지내주는 사람도 없을 테지만 봄이 온 산야에는 배꽃이 피어 있으리라고 북송의 옛 땅을 추억한 것이다. 이러한 서글픈 생각에 이르자 시름에 잠겨 이끼 낀 들길에 누워 하염없이 저녁을 알리는 호가胡笳소리를 듣는 것이다. 청淸나라 기윤紀昀은 이 시가 '애처로운 맛이 있다(楚楚有致)'라 하였는데 명절을 맞아 북송의 중원 땅을 그리는 마음이 잔잔히 흐르는 시이다.

75 엄 우 嚴羽

엄우(1192~1245?)는 소주邵州(복건성에 있음) 사람이고 시론가로서 유명하다. 성당시盛唐詩를 가장 훌륭한 것으로 보았고 '묘오妙悟', '흥취興趣'가 있는 시를 중시하였다.

전란을 겪고 느낀 바를 적음

제1首

남은 오랑캐 멸하였다고 좋아했지
우환이 더욱 심해질 줄 어찌 알았을까?
새로이 전투 벌어진 길에 누런 구름 일고
옛 모래펄에 백골 즐비하네.
파촉 지방은 해마다 곡성이요
회수와 양자강유역은 몇 군현이 침략되었는지?
험난한 요새였던 양양 땅을
고개 돌려 바라보니 온통 애달프네.

有感

誤喜殘胡滅　　那知患更長
黃雲新戰路　　白骨舊沙場
巴蜀連年哭　　江淮幾郡瘡?
襄陽根本地　　回首一悲傷

해설

이 시는 이종理宗 단평端平 원년(1234) 송나라 군대와 몽고군이 연합하여 금나라를 멸한 뒤 남송이 북상하여 북송대의 수도 변경 및 낙양洛陽을 수복하였으나 몽고군이 이듬해 다시 남송을 침략한 것을 두고 읊은 6수의 조시

組詩 중 1수이다. 1234년 몽고족 원元나라의 군대가 송나라와 연합하여 금나라를 멸망시킨 뒤 몽고와 남송이 남북으로 대치하는 형세가 되었다. 황하 이남을 남송의 북방변방으로 경계를 삼았지만 남송은 승세를 틈타 북송대 수도 변경지방을 수복하고자 북상하였다가 몽고군에게 패하였고 결과적으로 몽고군으로 하여금 맹약을 깨뜨렸다는 비난과 침략의 구실을 안겨주어 이듬해 6월 호북성湖北省 일대 및 양자강 유역, 사천성四川省 등지가 침략을 받게 되었다. 전형적인 전쟁시로써 3·4구와 5·6구는 전통적인 대구법을 썼다.

제3首

듣건대 몽고군의 사신이
연래에 자주 입국한다 하네.
성스런 조정에선 전쟁을 그치고자
이역 오랑캐와 화친을 청했네.
오늘날 요임금 순 임금 같은 황제와
사직을 맡은 뭇 신하들은
묵서로 쓴 맹약의 속임을 막지 않으면
다시 수레 엎어질까 걱정해야 하리라.

聞道單于使　　年來入國頻
聖朝思息戰　　異域請和親
今日唐虞際　　群公社稷臣
不防盟墨詐　　須戒覆車新

해설

이 시 역시 참신한 표현보다 전통적이고 정중한 어조로 몽고군을 경계하는 내용을 썼다. 남송조정의 입장에서 볼 때는 몽고군이 맹약을 깨뜨린 것으로 생각되어 몽고군에 대한 경계를 재삼 강조한 것이다.

76 사 방 득 謝枋得

사방득(1226~1289)은 신주信州(강서성에 있음) 익양弋陽사람이고 문천상과 같은 해 보우寶祐4년(1256) 진사에 급제했다. 고관考官을 지낼 때에 가사도賈似道의 실정을 지적하였다가 쫓겨나 흥국군興國軍에 유배되었다. 덕우德祐원년(1275) 강동江東지방의 군사형법 조사관직인 제형提刑직을 지냈고, 강서江西지방의 조론사詔諭使직으로 신주信州를 지키다가 원나라 군대에게 침공된 후에는 변성명하고 건녕建寧의 산속에 숨어 살았다. 원나라에서 벼슬에 나오게 하였으나 거절하고 금식하다 죽었다.

무이산 속에서

십 년토록 집에 돌아갈 꿈 못 꾸고
푸른 산 들판의 강가에 홀로 섰네.
적막한 천지에 산 속의 비 그쳤는데
몇 생을 살아야 매화꽃 같은 절조를 닦을까?

武夷山中

十年無夢得還家　　獨立青峰野水涯
天地寂寥山雨歇　　幾生修得到梅花?

해설

이 시는 작자가 공제恭帝 덕우德祐 원년(1275) 고향 신주信州에서 기병하여 원나라와의 전란에서 패하고 복건성福建省지방으로 패주한 십 여 년 동안의 일을 회고하며 스스로를 독려하고 굴하지 않는 절조를 도모한 시이다. 작자는 이처럼 남송조정에 대해 뚜렷한 애국심을 가지고 있었기에 후에 원나라의 수도 대도大都로 압송되어 갔을 때 죽음을 불사한 것이다. 강한 의지가 뚜렷함에도 앞의 시에서와 같이 부드러운 문학적 표현으로 의지를 형상화한 것이 특징이라 하겠다.

경전암 암자의 복사꽃

진나라의 난을 피하기 위해 무릉도원 찾았더니
붉은 복사꽃 또 다시 한 해의 봄을 알리네.
날리는 꽃잎 흐르는 물에 떠내려 보내지 말지니
어부가 와서 나루터 어디인가 물을까 걱정이라네.

慶全庵桃花

尋得桃源好避秦　　桃紅又見一年春
花飛莫遣隨流水　　怕有漁郎來問津

해설

이 시는 작자가 만년에 원나라와의 전란을 피해 외진 곳의 한 암자에 머물러 있으면서 세상과 격절된 생활을 하는 것을 도연명陶淵明의 〈도화원기桃花源記〉의 고사를 빌려서 표현하였다. 원元 세조世祖 지원至元 23년(1286)부터 25년까지 원나라 조정에서는 작자를 위시한 남송의 신하들을 임용하고자 많은 애를 썼으나 작자는 〈각빙서却聘書〉를 써 사절하였다. 이 시는 작자가 그러한 압력을 피해 은거생활을 하는 것에 만족해하는 심경을 진秦나라의 유민들이 세상과 격리된 깊숙한 도화원에서 평화롭게 사는 것에 비유하여 경전암慶全庵의 물길에 떠내려간 복사꽃 꽃잎을 보고 외부인이 찾아올까 경계하였다.

77 문 천 상 文天祥

문천상(1236~1282)은 여릉廬陵(강서성 길안吉安)사람이고 이종理宗 보우寶祐4년(1256) 진사에 일등으로 급제했다. 호남湖南지방의 제형提刑, 감주贛州 태수 등 직을 지냈고 몽고족 원元나라 군대가 양자강을 건너 왔을 때엔 수도 임안臨安을 다스리고 있었다. 얼마 후에 우승상겸추밀사右丞相兼樞密使에 임명되었는데 원나라 세조世祖에게 스스로를 '송나라의 장원狀元재상'이라고 자부할 만큼 한족漢族에 대한 애국지사였다.

덕우德祐 2년(1276) 원나라 군영에 사신 갔다가 붙들려 고생 끝에 도망쳐 나왔고 이듬해인 단종端宗 경염景炎2년(1277) 강서江西지방에 진격하여 몇 곳의 주현州縣을 수복하였는데 얼마 후 다시 광동廣東으로 패주하여 몽고군에게 포로로 붙잡히게 되었다. 원나라 군대에 의해 대도大都(지금의 북경北京)에 호송되어 삼 년 동안 감금되었는데 끝끝내 투항하지 않고 늠름한 기개를 토로한 〈정기가正氣歌〉를 쓴 후 그곳에서 죽었다.

그는 원나라에서 쳐들어오기 전에는 호화로운 생활을 하였고 지은 시도 뚜렷한 성취가 없었는데 임안(즉 항주杭州)이 함락되는 등 곤경에 처하게 되면서 감정이 절실한 애국시를 많이 지어 남송말의 중요한 애국시인으로 꼽힌다. 특히 대도大都의 옥중에 감금되었을 때 당나라 '안사의 난'시기의 사회현실상을 잘 그려내어 '시사詩史'로 불리는 두보의 시구를 모아 오언절구시인 《집두시集杜詩》 200수를 짓기도 하였으니 그의 한족문화에 대한 강한 수호의지를 알 수 있다. 지금도 대만의 화련華連에는 천상天祥이라는 명소가 남아 있어 그에 대한 중국인들의 추모의 정을 알게 해준다.

궁궐로 달려가며

초지방의 달빛 봄 옷소매를 비추고
오지방의 서리 새벽 말안장을 적시네.

웅장한 기상 바다를 메울 듯하고
쓴 쓸개 맛 삼키며 나라의 운명을 근심하네.
하사받은 황금 주전자 부끄러워 분분히 애쓰며
기와처럼 구부려 몸 보전하는 건 아득히 탄식하네.
대장부는 무엇을 도모해야 하나?
하루에 천 년의 대계를 세워야 한다네.

赴闕

楚月穿春袖　　吳霜透曉韉•
壯心欲塡海　　苦膽•爲憂天
役役•慚金注　　悠悠嘆瓦全
丈夫竟何事?　　一日定千年

천韉 언치. 말안장류의 기구.(鞍具)　**담**膽 쓸개.
역역役役 心力을 기울이는 모양. 役은 힘써 일하다, 골몰하다의 뜻.

해설

이 시는 남송 공제恭帝 덕우德祐원년(1275) 원나라 군대가 남침했을 때 작자가 감주贛州(강서성에 있음)에서 기병하여 가산을 모두 군비로 충당하고 수도 임안(항주)으로 참전하러 갈 때 쓴 시이다. 당시 작자는 남송조정의 도움 요청을 받고 의병을 이끌고 감주를 출발하여 초지방과 오 지방을 거쳐 8월에 수도에 도착하였고 수도에서 수백 리 떨어진 평강平江(즉 소주蘇州)에 주둔하였는데 11월에 원나라 군대가 임안성臨安城을 격파하려하자 평강에서 궁궐로 달려가며 지은 시이다. 이 시는 원나라 군대를 물리쳐 나라를 보전하려는 웅지가 펼쳐져 있는 의미 있는 작품으로서 후에 작자가 덕우 2년부터 원나라 군대와의 항전을 시의 형식으로 기록한 《지남록指南錄》의 첫 머리에 이 작품을 두었다.

3·4구는 전고를 쓴 것인데 〔塡海〕는 염제炎帝의 딸이 동해를 노닐다가 빠져 죽자 정위精衛새가 되어 하루 종일 나무와 돌을 물어다 바다를 메웠다는 전설을 써서 원나라 군대를 막아 물리치려는 염원을 표현한 것이고 〔苦

膽]은 춘추시대 월나라 왕 구천勾踐이 오나라 왕 부차夫差에게 패한 후 원수를 갚기 위해 쓴 쓸개를 먹으며 '와신상담臥薪嘗膽'의 의지를 키웠던 것을 써서 원나라를 쳐부수고 남송을 지키려는 의지를 표현한 것이다.

5·6구는 덕우 원년 10월 황제가 황금으로 된 주전자를 하사하며 작자에게 도움이 되어 줄 것을 기대한 것에 부응하기 위해 분분히 애쓸 따름이지 안일을 도모하지는 않겠다는 뜻이다. 〔瓦全〕은 《북제서北齊書·원경안전元景安傳》에 '대장부는 차라리 옥처럼 부서질지언정 기와처럼 굽어 보전되어서는 안 된다'라 한 고사를 쓴 것으로 뜻을 굽혀 몸을 보전하는 것은 한탄할 일이라고 의지를 표현한 것이다.

끝구는 이러한 기상과 굳은 의지를 하루에 천 년의 대계를 세운다는 것으로써 맺었는데 이때의 '定'자의 쓰임은 한 구에서의 중요한 의미를 갖는 '자안字眼'이라기보다 전체 시를 총괄하는 중요한 의미가 있다고 하겠다.

느낀 바

내가 고정산에서 원나라군대에 붙잡히게 되자 원나라 군영에 사신 나온 것을 깊이 후회하였다. 옛 친구 유목과 진포당이 군대를 이끌고 남으로 물러갔다는 소식을 듣고 눈물을 절로 감출 수 없었다.

오직 원나라를 설득하려던 처음의 마음을 생각할 뿐
그 후 일어난 잘못된 일들 의론을 그쳐야하리.
나라를 위해 힘쓰려고 맹세한 것이
귀신이 있어 혼미하게 만든 듯.
밝은 달밤 베개를 밀치고
봄바람 부는 낮에 문 닫고 지내네.
옛 친구는 수많은 산 너머에 있으니
하늘 위 땅 아래 누구에게 이야기 하나?

所懷

予自高亭山爲北所留，深悔一出之誤. 聞故人劉小村，陳蒲塘引兵而南，流涕不自堪.

只把初心看　　休將近事論
誓爲天出力　　疑有鬼迷魂
明月夜推枕　　春風晝閉門
故人萬山外　　俯仰向誰言?

해설

이 시는 덕우 2년(1276) 원나라 군대가 임안성을 위협하게 되었을 때 작자가 원나라 진영에 사신으로 가서 담판 지으려 한 것이 잘못되어 그곳에 붙들리게 되고 투항파들이 오히려 원나라를 돕고 황제도 의병을 해산케 하는 등 역효과를 거두게 되자 괴로운 감회를 적은 시이다. 앞의 네 구는 그러한 연유를 겪은 심경을 일기 쓰듯 담담하게 서술하였고 후반 네 구는 전통적인 시적 표현을 썼는데 오언구의 형식을 잘 활용하여 쉽고 평이하면서도 섬세한 표현과 풍부한 감정을 담아내었다.

상주

상주는 송나라의 수양군이다. 원나라 군대가 그 견고한 수비를 분히 여겨 성을 격파하고 참혹하게 살상하였다. 죽은 자는 충의의 혼백이 되었으리니 애달프도다!

천 리에 펼친 산하에
전란으로 한 집도 안 남았네.
수양군의 견고한 수비 웅장하였네!
온 마을 도살한 것 원통하구나!
창천에 물어 볼 수 있다면
백성들이 무슨 죄가 있는지?
인접했던 옛적의 봉토,
가슴 두드리며 재삼 탄식하네.

常州

常州, 宋睢陽郡也. 北兵憤其堅守, 殺戮無遺種. 死者忠義之鬼! 哀哉!

山河千里在　　烟火一家無
壯甚睢陽守!　　寃哉馬邑屠!
蒼天如可問　　赤子果何辜?
脣齒提封舊　　撫膺三嘆吁!

해설

이 시는 덕우 2년(1276) 작자가 원나라군대에 잡혀 북송되어 갈 때 상주常州를 지나며 목도한 참상을 시로 적은 것이다. 상주는 강소성江蘇省 소주蘇州의 서북쪽에 위치한 곳으로 덕우 원년 원나라 군대의 공격을 받고 견고히 저항하다 격파되었다. 그 참상을 감정이 절실하게 적은 것을 통해 당시 전란의 참혹함을 느낄 수가 있다. 상주성常州城을 견고히 지켰던 군민들은 당나라 때 '안사의 난'을 해가 다하도록 결사적으로 막아냈던 수양군睢陽軍의 군민에 비교할 수 있는데 원나라 군대가 참혹하게 멸살한 것을 한탄한 것이다. 스스로 원나라 군대에 붙들려 가면서 전란의 참상을 읊었으니 전형적인 전쟁문학작품이라 하겠다.

양자강에서

며칠간 바람 따라 북해바다를 유랑하다가
양자강 큰 강물 하구河口에 다시 돌아왔네.
신하로서의 일편단심은 지남철처럼
남쪽을 가리키는 것을 멈추려 들지 않네.

揚子江

幾日隨風北海游　　回從揚子大江頭
臣心一片磁針石　　不指南方不肯休

해설

이 시는 작자가 덕우2년(1276) 원나라 군대에 의해 압송되어 가다가 진강鎭江에서 도망쳐 나와 진주眞州를 거쳐 남쪽으로 올 때 양자강이 원나라 군대에 의해 점령되었기에 강을 건너지 못하고 길을 돌아 북해北海(양자강 하구河口 이북의 해역海域)를 거쳐 양자강 하구를 통해 남하할 때 지은 시이다. 이 시 역시 겪었던 일을 일기처럼 쓴 셈이지만 후반 네 구절은 나라를 지키려는 변함없는 애국심을 지남철에 비유하여 표현하였다. 특히 끝 구는 두보가 자신이 시에서 최선의 구를 이루기 위해 '시구가 남을 놀라게 할 때까지 고심을 그치지 않는다(語不驚人不肯休)'라 한 것과 비슷한 어조로 일편단심이 한사코 남송조정을 향함을 토로하였다.

영정양 바다를 지나다가

경서를 통달하여 입신한 후 고난 길을 만나
사 년 동안을 창 칼 속에 쇠락하여졌네.
부서진 산하에 바람이 버들 솜 내던지고
떠도는 신세는 빗방울 맞는 부평초라네.
황공탄 물가에서 당황하고 두려워하고
영정양 바다에서 의지가지 할 데 없는 신세 한탄하네.
사람 태어나 예부터 누가 죽지 않았나?
일편단심 남겨 청사를 빛내리라.

過零丁洋

辛苦遭逢起一經　干戈寥落四周星
山河破碎風抛絮　身世飄搖雨打萍
惶恐灘頭說惶恐　零丁洋裏嘆零丁
人生自古誰無死?　留取丹心照汗青

해설

이 시는 상흥祥興원년(1278)에 영정양零丁洋(광동성 주강珠江 하구의 애산厓山 밖 해역)을 지나는 감회를 적은 유명한 시이다. 당시 송나라는 4년여에 걸친 원나라와의 전란 중에 어린 황제를 세우고 애산(광동성 신회현新會縣 남대해南大海 속에 있음)으로 옮겨갔는데 원나라 군대가 한인漢人 장홍범張弘范을 장수로 하여 애산을 공격해왔다. 남송의 장수 장세걸張世杰이 굳게 방어하는 것을 투항시키기 위해 광동의 해풍海豊 오파령五坡嶺에서 포로로 잡힌 작자에게 투항을 종용하는 편지를 써 줄 것을 요구했다. 문천상은 '내 스스로 나라를 구하지 못할지언정 남으로 하여금 조국을 배신케 하겠느냐' 하며 이 유명한 애국시를 지어 장홍범에게 보였다. 장홍범은 이 시에 감탄하고 더 이상 조르지 않고 문천상을 대도大都로 압송케 하였다. 장홍범은 이듬해 애산을 격파하고 애산의 바위에 '장홍범이 이곳에서 송나라를 멸하였다(張弘范滅宋于此)'라고 공을 기록하였는데 뒷사람이 그 앞에 '송宋나라의'를 덧붙여 써넣었다 하니 역사의 아이러니컬함을 볼 수 있다.

5·6구는 같은 음의 글자를 반복하여 써서 음악적 효과와 감정의 심도를 깊이 있게 표현하였다. 〔惶恐灘〕은 강서성 만안현萬安縣 감강贛江에 있는 험난한 여울로 작자는 덕우3년(1277) 강서성 공갱空坑에서 원나라에 패하여 군대를 잃고 가족도 붙잡혀 가게 되었는데 그 혼자만이 황공탄惶恐灘 일대를 거쳐 복건성福建省 정주汀州(지금의 복건성 장정長汀)로 도망갔다. 이 구절은 그때의 당황스런 심경을 적은 것이고 6구는 혼자서 원나라 군대에 포로로 붙잡혀 영정양零丁洋바다를 지나는 외로운 신세가 된 것을 읊었다. 〔零丁〕은 〔伶仃〕과 같은 뜻으로 '고독하다, 의지할 곳이 없다'의 뜻이다.

원나라와의 전란을 겪은 뒤의 혼란과 참상을 두루 서술한 후 끝까지 항거의 의지를 굽히지 않겠다는 뜻을 밝힌 '명지시明志詩'인데 음절효과를 몹시 살린 것은 아마 이 같은 '의사전달의 기능'이 뚜렷했기 때문일 것이다.

금릉 역에서

풀과 나무 덮인 별궁엔 석양이 되었는데
표류하는 외로운 구름 무엇에 의지하나?
산하의 풍경은 본래 다름없는데
성곽의 사람들은 반은 이미 달라졌네.

땅에 가득한 갈대꽃은 나처럼 늙어 가는데
옛 집 찾아온 제비는 누구 곁으로 날아가나?
이제부터 강남 길을 이별하게 되면
두견새 되어 피 토하며 돌아오리라.

金陵驛

草樹離宮轉夕暉　孤雲飄泊復何依?
山河風景元無異　城郭人民半已非
滿地蘆花和我老　舊家燕子傍誰飛?
從今別却江南路　化作啼鵑•帶血歸

견鵑 두견새.

해설

이 시는 작자가 상흥2년(1279) 대도大都로 압송되어 갈 때 금릉(강녕江寧: 지금의 남경南京)역을 지나면서 지은 시이다. 금릉 역은 남송 고종의 별궁을 개축한 것인데 황량하고 석양빛 지는 저녁이 되었다는 것은 남송조의 쇠운을 비유한 것이다. 원나라와의 전란을 겪은 뒤 성곽엔 남송사람들 적어져 제비가 돌아와도 옛 집 찾기 어려워졌다는 한탄과 양자강 이남의 길을 벗어나 북방으로 가게 되면 다시 돌아오기 어려우니 촉제蜀帝가 죽은 후 두견새 되어 울어대는 것처럼 고향을 그리는 영혼이 두견새처럼 피를 토하며 울 것이라 하였다. 두견새의 비유는 다른 작품에도 보이므로 작자가 당시 망국의 한을 깊이 품었음을 알 수가 있다.

바른 기운을 노래함

내가 북방 원나라에 잡혀가서 한 흙 토굴에 갇히게 되었다. 그 곳은 너비가 여덟 자, 깊이가 서른두 자 되는 곳으로 홑문이 나지막이 달렸고 작고 좁은 창문에 바닥이 더럽고 어둑 컴컴하였다. 이번 여름을 맞이하여서는 온갖 기운이 뒤덮여 모이고 빗물이 사방에서 흘러들어 침상과 안궤에 떠돌며 때로는 물기운을 이루고, 진흙 벽이 반쯤 적셔져 찌는 물거품 부글부글하여 때때로 흙의 기운을 이루고, 잠깐 맑았다가 폭염이 되면 바람기운이 꽉 막혀 때때로 태양의 기운을 이루고, 처마 그늘에 땔나무로 밥 지으면 찌는 듯한 더위가 때때로 불의 기운을 이루고 창고엔 남은 곡식 썩어 쌓아 들일 때마다 때때로 쌀기운을 이루고, 어깨를 나란히 하고 어지러이 뒤섞이니 비린내와 더러운 때가 때때로 사람의 기운이 되고, 혹은 변소가 혹은 썩은 시체가 혹은 썩은 쥐가 악기를 뿜어내어 때때로 더러운 기운이 된다. 이 같은 기운들이 쌓여 악기가 침투되면 병들지 않는 경우가 적다. 그리하여 허약함을 주는데 그곳에서 생활한 지 이에 이 년이 되었다. 별 탈이 없는 것은 아마 기를 잘 함양 하여 그런 것이리라. 그러한즉 또한 어떻게 기를 기르는 바를 알겠는가? 맹자가 말하기를: '나는 내 호연지기를 잘 기른다.'라 하였다. 저 기운들은 일곱 가지이고 나의 기운은 한 가지이지만 한 기운으로 일곱 기운을 대적한다면 내가 무엇을 근심하겠는가? 하물며 호연지기라는 것은 천지간의 올바른 기운인데. 〈올바른 기운의 노래〉를 한 수 짓는다.

천지간에 올바른 기운이 있어
잡다하게 많은 형체를 부여하네.
내려와서는 강과 산이 되고
올라가서는 해와 별이 되었네.
사람에게는 '호연지기'라 하니
충만하여 천지를 채우네.
나라의 앞길이 청명하고 편안할 때는
화기를 머금어 조정을 밝히고
시국이 곤궁할 때는 절조를 나타내어
하나씩, 하나씩 단청에 드리우네.
齊나라에서는 태사의 곧은 역사기록
晋나라에서는 사관 동호의 올바른 필법
秦나라에서는 진시황 습격한 장량의 몽둥이
漢나라에서는 흉노에 굽히지 않은 소무의 절개
엄안장군의 잘린 머리 되었고
시중 계소가 황제를 보위하다 흘린 피 되었고
수양태수 장순이 호령하다 부스러진 이 되었고

상산태수 안호경이 호통 치다 잘린 혀 되었고
혹은 요동지방의 관녕이 검은 모자 쓰고 빈한하게 지낸 것처럼
맑은 절조가 얼음과 눈처럼 역력하고
혹은 제갈량처럼 출사표를 내고
귀신되어 도울지언정 장렬히 전사하였고
혹은 조적이 양자강물에서 노를 치며 중원 땅을 평정치 못하면 돌아오지
　않으리라 한 것처럼
강개함이 오랑캐를 삼킬 듯 하였고
혹은 모반하려던 주자朱泚를 후려친 홀이 되어
반역자의 머리를 부스러뜨렸다네.
이 기운이 성대한 바는
늠름 열렬하여 만고토록 보존되니
그것이 해와 달을 꿰뚫을 때에는
생사가 어찌 논할 바 있으리오?
땅의 네 귀퉁이의 밧줄이 그로 인해 서고
하늘의 기둥이 그로 인해 존귀하네.
삼강오륜이 그 천명의 열매요
도의가 그것의 뿌리라네.
아아, 내가 액운을 만났건만
간신배들이 저항에 힘쓰지 않았네.
초나라 죄수처럼 끈 달린 갓을 쓰고
역참의 수레타고 북방 끝으로 압송되었네.
큰 가마솥 형구를 엿처럼 달게 여기나
죽으려 해도 죽을 수가 없네.
음침한 방엔 귀화만이 적적하고
뜰에는 봄이 왔어도 검은 하늘 답답하네.
소와 천리마가 마구간 같이하고
닭과 봉황이 먹이를 같이 하네.
하루아침에 안개와 이슬에 젖어
구덩이 속의 척박한 흙 되겠네.

이같이 다시 한 해를 난다면
온갖 나쁜 기운 절로 도지겠네.
슬프다, 이 눅눅한 곳이
나의 안락국이라니.
어찌 다른 교묘한 술수 있겠는가?
음양도 해칠 수 없다네.
이렇게 충정의 기운 밝히고 있으니
우러러 보매 뜬 구름조차 희네.
아득히 나의 마음 슬픈데
창천은 어디에 끝이 있나?
명철한 사람들은 날로 멀어져
남긴 모범이 옛날이 되었네.
바람 부는 처마아래 책 펴고 읽으니
옛 도가 얼굴빛을 비추네.

正氣歌

余囚北庭, 坐一土室. 室廣八尺, 深可四尋. 單扉低小, 白間短窄, 汚下而幽暗. 當此夏日, 諸氣萃然: 雨潦四集, 浮動床几, 時則爲水氣. 塗泥半朝, 蒸漚歷瀾, 時則爲土氣. 乍晴暴熱, 風道四塞, 時則爲日氣. 檐陰薪爨, 助長炎虐, 時則爲火氣. 倉腐寄頓, 陳陳逼人, 時則爲米氣. 駢肩雜遝, 腥臊汚垢, 時則爲人氣. 或圊溷, 或毁尸, 或腐鼠, 惡氣雜出, 時則爲穢氣. 疊是數氣, 當侵, 鮮不爲歷. 而予以孱弱, 俯仰其間, 于玆二年矣, 無恙, 是殆有養致然. 然爾亦安知所養何哉? 孟子曰: "我善養吾浩然之氣." 彼氣有七, 吾氣有一, 以一敵七, 吾何患焉. 況浩然者, 乃天地之正氣也. 作〈正氣歌〉一首.

天地有正氣　　雜然賦流形
下則爲河岳　　上則爲日星
于人曰浩然　　沛乎塞蒼冥
皇路當淸夷　　含和吐明庭

時窮節乃見　一一垂丹青
在齊太史簡　在晉董狐筆
在秦張良椎　在漢蘇武節
爲嚴將軍頭　爲嵇侍中血
爲張睢陽齒　爲顏常山舌
或爲遼東帽　淸操歷氷雪
或爲出師表　鬼神泣壯烈
或爲渡江楫　慷慨呑胡羯
或爲擊賊笏　逆豎頭破裂
是氣所磅礴　凜烈萬古存
當其貫日月　生死安足論?
地維賴以立　天柱賴以尊
三綱實系命　道義爲之根
嗟予遘陽九　隷也實不力
楚囚纓其冠　傳車送窮北
鼎鑊•甘如飴　求之不可得
陰房闃•鬼火　春院閟天黑
牛驥同一皂　鷄棲鳳凰食
一朝蒙霧露　分作溝中瘠
如此再寒暑　百沴自辟易
哀哉沮洳場　爲我安樂國
豈有他謬巧?　陰陽不能賊
顧此耿耿在　仰視浮雲白
悠悠我心悲　蒼天曷有極
哲人日以遠　典型在夙昔
風檐展書讀　古道照顏色

확鑊 가마. 가마솥.　**격**闃 고요하다.

해설

이 시는 작자가 상흥 원년(1278) 12월 광동廣東에서 포로가 된 후 이듬해 10월 원나라의 수도 대도(지금의 북경北京)의 토굴에 갇혀 지내게 되었을 때 지은 시이다. 작자는 그곳에서 투항을 거절하고 결연히 4년간의 포로생활을 버티다가 원나라 세조 지원至元19년(1283) 겨울 순국하였다. 이 시는 죽기 1년 전에 토굴 속에서 지은 시로 널리 알려진 명작이다. '正氣'는 천지간에 충만한 올바른 기운이라고 하였으니 사람에게 있어서는 맹자의 호연지기와 같은 것인데, 해와 달, 산과 강을 이루는 것이기도 하므로 원나라에게 침략당하여도 결코 멸살될 수 없는 민족정기로 볼 수 있다. 따라서 수많은 조대朝代를 거치면서 모반, 전란을 겪은 역사 속에서도 이 올바른 기운은 그 때마다 여러 인물들에게 발현되어 옳은 일을 행하는데 힘이 되었고 생사를 초월하여 만고토록 보전되어 온 것이다. 작자는 송나라의 멸망이라는 국난을 당하여 원나라 조정의 회유에도 결연히 굴하지 않고 민족의 정기를 천명하는 이 장편시를 지었으니 남송말의 대표적인 애국시인이자 한漢민족의 중요한 애국시인이라 하겠다.

한탄을 적음

푸른 홰나무 구름 그림자 황혼녘이 되었는데
달빛이 반쯤 문 닫은 감옥의 근심 비추네.
한 조각 마음은 천 조각으로 부서지고
수염은 열에 둘 밖에 안 남았네.
모래 밭가의 황곡새처럼 멀리 고개 돌려 바라보고
강산의 두견새처럼 헛되이 애간장 끊네.
소인배들과 더러운 사람들은 아랑곳 않고
붉은 갓에 백마타고 의기양양 한다네.

自嘆

綠槐雲影弄黃昏　　月照牢愁半掩門
一片心如千片碎　　十分須有二分存
沙邊黃鵠長回首　　江山杜鵑空斷魂
豎子溷人漫不省　　紅纓白馬意軒軒

해설

이 시는 작자가 감옥 속에서 송나라의 멸망을 애달파 하느라 가슴이 미어지고 먼 남쪽의 고향을 그리건만 원나라에 투항하여 벼슬을 얻은 소인배들은 더러운 사람들 아랑곳 않고 번듯하게 유유히 다니고 있는 것을 한탄한 것이다. 끝 두 구절은 원나라에서 벼슬하는 사람들을 가리키는데 7구의 〔豎子溷人〕은 경멸적 어감으로 쓰인 것으로 투항한 사람들과 이민족 원나라사람들을 가리킨 듯하다.

78 진 산 민 眞山民

진산민은 괄창括蒼(절강성 여수麗水)사람이고 남송 말엽 진사가 되었으나 은거하고 벼슬길에 나가지 않았으며 송나라가 망한 후 본래 이름을 쓰지 않고 산민山民이라 자칭하였다.

산 속의 정자에서 더위를 피하며

맑은 바람 들어오는 것 방해되지 않도록
주렴을 드리우지 말라 부탁하였네.
지형이 모두 더위 피하기 좋으나
사람들은 절로 폭염을 찾아가네.
드넓은 물에 대나무 기운 가득하고
네 개의 처마엔 바람 따라 소나무 소리
이곳에 있는 그윽한 운치는
많이 가져도 청렴함을 그르치지 않는다네.

山亭避暑

怕碍清風入　　丁寧莫下簾
地皆宜避暑　　人自要趨炎
竹色水千頃　　松聲風四檐
此中有幽致　　多取未傷廉

해설

이 시는 그윽한 산 속의 정자에서 더위를 피하는 것을 빌려 원나라 조정의 부름에 달려가 부귀를 도모하는 세태를 풍자하였다. 3·4구가 바로 그러한 뜻이다. 후반 네 구는 시원한 산속 정자의 운치를 잘 전해줌과 함께 격조 높게 피서의 고상함을 그려내었다.

79 왕원량 汪元量

왕원량(1241~1317?)은 전당錢塘(절강성 항주杭州)사람이고 도종度宗 함순咸淳년간에 진사가 되었는데 거문고를 잘 연주하여 궁정에서 일했다. 남송이 망한 후 황실가족들이 원나라에 붙잡혀 갈 때 함께 압송되어 갔는데 옥중에서 여러 차례 문천상을 방문하여 시가로 창화하기도 하였다. 뒤에는 도사가 되어 고향으로 돌아와 강호를 떠돌며 망국의 비애를 안고 지냈다.

취하여 읊조림

남원과 서궁엔 가시덤불 뾰족하고
감탕나무가지엔 까마귀 어지러이 우네.
북방사람들 둥근 난간을 둘러서서
붉은 매화꽃 가리키며 살구꽃이라 하네.

醉歌

南苑西宮棘露牙　　萬年枝上亂啼鴉
北人環立闌干曲　　手指紅梅作杏花

해설

이 시는 덕우 2년(1276) 정월 원나라 군대가 항주杭州 근처까지 침략해오자 송나라에서 사신을 보내 어린 공제恭帝를 도와 청정하던 사태후謝太后가 '신첩臣妾'이라 서명한 투항서를 전달케 했던 굴욕적인 사태를 당하고서 느낀 황당하고 처참한 심경을 읊은 10수의 조시組詩 가운데 한 수이다. 황폐해진 남송의 궁궐에 북방 원나라 사람들이 둘러서서 붉은 빛깔의 매화를 보고 살구꽃이라 한다고 읊은 것은 중국문화 속에서 전통적으로 고결한 품격의 상징으로 꼽히는 매화꽃을 비속한 살구꽃으로 만들어 놓은 이민족 원나라의 무지함을 풍자한 것이다.

호주가

제6首 북쪽을 바라보니 연주와 운주는 끝이 없는데
동쪽으로 흐르는 큰 강물은 유유하다.
겨울 까마귀 너머 한 조각 석양이
동남쪽 사백 개의 주를 가렸네.

湖州歌

北望燕雲不盡頭　　大江東去水悠悠
夕陽一片寒鴉外　　目斷東南四百州

해설

이 시는 남송 말 망국의 한을 읊은 규모가 가장 큰 조시組詩 〈호주가湖州歌〉 98수 중의 한 수이다. 덕우2년(1276) 2월 원나라 군대가 항주 동북쪽 고정산皐亭山에서 호주湖州(절강성 오흥吳興)로 침입해 와 송의 국새를 빼앗고 황실가족 및 궁인들을 북으로 압송해 갔는데 이 시는 그 침통함을 읊었다. 연주燕州는 연경燕京으로 지금의 북경지역이고 연주燕州와 운주雲州 등 황하 이북의 16주는 '연운燕雲16주'라 하는데 오대五代 때에 거란에게 넘어간 이래 북송 때 한 차례 수복한 적이 있으나 다시 금나라에 점령되었었다. 원나라는 연경燕京(즉 대도大都)에 도읍을 정했는데 이 시는 그곳으로 압송되어 가는 송나라사람들이 동남쪽 남송의 영토를 되돌아보며 서글퍼하는 심경을 읊은 것이다.

제38首 푸른 하늘 담담하고 달빛 어스름한데
회하 양안의 밭은 모두 전쟁터가 되었네.
궁녀는 잠들지 못하고 눈 뜬 채 앉아
양양의 함락을 통곡하는 노래 다시 듣고 있네.

靑天淡淡月荒荒	兩岸淮田盡戰場
宮女不眠開眼坐	更聽人唱〈哭襄陽〉

해설

이 시 역시 북송되어가는 길에 목도한 전쟁터가 된 회하淮河유역과 수심에 잠긴 궁녀가 잠 못 이루고 양양襄陽의 함락을 통곡하는 노래를 재삼 듣고 있는 것을 읊었다. 호북성湖北省에 있는 양양襄陽은 남송의 중요한 변방요새였는데 도종度宗 함순4년(1268) 원나라 군대가 쳐들어온 이래 장군 여문환呂文煥의 지휘 하에 군민이 6년 여간 굳게 저항하였으나 재상 가사도賈似道가 원군을 보내주지 않아 함순9년(1273) 함락되고 그 후로 원나라 군대가 파죽지세로 남하하여 남송이 멸망하는 계기가 되었다. 앞의 시와 같이 어느 정도 궁인의 견지와 감수성으로 망국의 한을 읊은 것이 두드러지는 점이다.

80 사 호 謝翶

사호(1249~1295)는 복안福安(복건성에 있음) 사람이고 원나라 군대가 남하했을 때 향병을 이끌고 문천상과 함께 원나라에 대항했다. 원나라에 망한 뒤에는 벼슬길에 나가지 않고 '월천음사月泉吟社'라는 시사詩社(시동호인 단체)를 만들어 활약하였던 남송 말 유민遺民시인 중의 대표적인 시인이다.

서대에서 그리운 사람을 곡함

저물어가는 해에 친했던 벗 문천상을 곡하노니
흰 태양 황량한 누대 아래 저물어가네.
오지방의 부춘강富春江 물에 떨어진 눈물
조수 따라 바닷물 되어 되돌아온다네.
처형시 입었던 옷의 피 푸르게 변했는데
땅의 여신은 그의 재주 아끼지 않았네.
아직 노쇠하지 않은 산중의 객으로서
응당 그를 위해 〈팔애시八哀詩〉를 읊어야 하리.

西臺哭所思

殘年哭知己　白日下荒臺
淚落吳江水　隨潮到海回
故衣猶染碧　后土不憐才
未老山中客　惟應賦〈八哀〉

해설

이 시는 작자의 지인知人이었던 문천상이 원나라에 항거하다 옥살이 끝에 처형당한 것을 애도하는 마음을 읊은 시이다. 작자는 문천상을 기리기 위해 문천상이 죽은 날이 되면 조용한 곳을 찾아 애도했는데 이 시를 쓴 서대西臺는 절강성浙江省 동려현桐廬縣 서쪽 부춘강富春江가에 있다. 작자는 지원至元 27년(1290) 몇몇 벗들과 서대西臺에 문천상의 신위를 모시고 제사를 지냈고 〈등서대통곡기登西臺慟哭記〉를 쓴 바 있다.

5구의 뜻은 《장자莊子 · 외물外物》편에서 '장홍萇弘이 촉蜀지방에서 죽었는데 그 피를 보관한 것이 삼년 되니 푸른색이 되었다'라 한 것을 응용한 것으로 문천상이 죽을 때 입었던 옷에 묻은 피가 세월 속에 푸르게 변색한 것을 가리킨다. 6구에서는 문천상의 애국의지가 신의 보살핌을 받지 못하고 죽음으로 그치게 된 것을 애석해 하였고 7 · 8구에서는 여력이 남은 자기가 응당 그를 기리는 시를 지어야 한다고 읊었다. 〈팔애시八哀詩〉는 두보가 장구령張九齡, 이광필李光弼 등 여덟 명의 유명 시인을 애도한 시인데 여기에서 빌려 자기의 벗 문천상을 애도하는 글을 짓는 것을 가리켰다.

81 임 경 희 林景熙

임경희(1242~1310)는 온주溫州 평양平陽(절강성에 있음)사람이고 함순 7년(1271) 태학생으로 천주泉州(복건성 진강현晋江縣) 학관學官의 교수敎授가 되었고 종정랑從政郎 등직을 지냈으나 송나라가 망한 후에 고향에 은거하면서 후학양성에 몰두하였다. 남송말의 유민遺民시인으로 남송 유로遺老로서 고국을 그리는 시를 많이 썼다.

산속 집의 창을 새로 도배했는데 전조의 조정에 올린 밀봉된 글이 있어 그것을 읽고 느낀 바를 적음

외로운 구름 벗하여 영동지방에 머무는데
사방의 산에 눈 내리려 하고 바닥의 난로 붉게 타네.
누군가 쓴 한 장의 이족을 방어하는 글이
산사의 창으로 하여금 북풍을 막게 하네.

山窓新糊，有故朝封事稿，閱之有感

偶伴孤雲宿嶺東　　四山欲雪地爐紅
何人一紙防秋疏　　却與山窓障北風

해설

이 시는 송나라가 망한 후 추운 겨울 산간의 한 집에서 창에 도배한 종이가 송조의 조정에 올린 변방을 방비하는 기밀대책을 쓴 글인 것을 보고 그 글이 실제로 북방 몽고족 원나라를 방비하는데 도움을 주지는 못하고 오히려 북풍을 막아내는데 일조를 하고 있다는 것으로써 망국에 대한 한탄과 여한을 토로하였다.

영동嶺東은 하남성河南省 강화현江華縣 남쪽 풍수馮水의 동쪽 강안에 있는 군영이름이다. '防秋疏'는 고대에 서북방의 유목민족이 가을철에 주로 침입해왔으므로 가을이 되면 변방의 수비를 강화했던 것을 '방추防秋'라 한 것에서 '변방을 방어하는 상소문'이란 뜻으로 쓰였다. 그러한 글은 대개 기밀보호를 위해 문서를 자루에 넣어 밀봉했는데 그 두터운 종이로 바람 몰아치는 창에 덧발라 추위를 막게 된 것을 두고 자조적인 한탄을 한 것이다.

또한 이 시의 발단이 된 '창에 붙여진 종이서류'는 북송이 금나라에 점령된 후 금나라에서 관직을 지낸 문인 유영劉迎이 〈양충신평원산수梁忠信平原山水〉시에서 먼 금나라에서 강남의 산수를 그린 그림을 마주한 감개를 읊어 〔밝은 창의 짧은 그림 어디에서 온 것인지? 明窓短幅來何處?〕라고 한 것과 비슷하니 아마 금나라에 있는 한족漢族문인들의 시가 남송에 전해진 것이 이 시에 반영된 듯하다.